CHUGOKU GOSENNEN
by CHIN Shunshin

Copyright © 1983 by CHIN Shunshin
All rights reserved.
Originally published in Japan by HEIBONSHA, Tokyo.
Korean translation rights arranged with
SEKYU SHA, Japan
through THE SAKAI AGENCY and BOOKPOST AGENCY.

진순신(陳舜臣) 중국 라이브러리

중국 오천년
2

진순신(陳舜臣) 중국 라이브러리

중국 오천년
2

진순신/이혁재 옮김

다락원

1권

고대 유적과 신화…9

문자와 청동기…31

은(殷)·주(周) 혁명…45

봉건 시대…62

춘추 시대에서 전국 시대로…76

통일의 길…96

대붕괴…111

불기 시작하는 한(漢) 왕조의 바람…133

영광의 시대…152

쇠퇴하는 한(漢)…169

한(漢)의 멸망과 부흥…187

긴축의 시대…207

파멸로 가는 길…227

삼국 정립(鼎立)과 통일…242

다시 분열로…259

허약했던 남조(南朝)…278

망국의 시…297

랴오둥에서 죽을 수는 없다…310

군웅(群雄) 멸망…9

당 제국의 시작…25

당 왕조의 나날들…41

대란과 여광(餘光)…57

멸망의 계보…74

대송춘추(大宋春秋)…92

해상(海上) 동맹…111

흔들리는 남북…122

초원의 풍운…140

흥망의 계보…155

해륙소연(海陸騷然)…168

역사의 명암…184

쯔진성(紫禁城)의 애환…201

퇴폐의 계절…218

깃발의 나라…232

3대 전후…247

잇따르는 국난…260

현대로…273

2권

진순신(陳舜臣)의 중국 노트 ──

천변만화(千變萬化)의 나라…289

역사를 안고 흐르는 황허…306

도교잡감(道敎雜感)…312

■일러두기

1. 중국 인명 표기는 제1차 중·영 전쟁(1839년)을 기준으로 이전
   은 한글 한자음에 한자를 병기하고, 이후는 중국어 발음 표기와
   원문을 병기한다.
   　예) 사마천(司馬遷), 마오쩌둥(毛澤東)
2. 지명 표기는 시대와 상관없이 현대 중국어 발음에 따른다.
   　예) 창장(長江), 베이징(北京)
3. 한자는 처음 한 번만 병기해 쓴다. 단, 동음이의어가 있어서 내용
   상 오해의 소지가 있을 경우에만 병기해 쓴다.
   　예) 산시성(陝西省), 산시성(山西省)
4. 중국 연호나 시호는 한글 한자음대로 적었다.
   　예) 정관(貞觀), 시황제(始皇帝)
5. 괄호 안의 내용은 저자 설명이며 역자가 단 주에만 '—옮긴이'
   라고 따로 적었다.
6. 그 밖의 고유명사는 브리태니커 백과사전 표기를 참고하였다.

"역사의 요점은 왕조의 흥성과 멸망이다"

— 진순신(陳舜臣)

군웅(群雄) 멸망

1

양제(煬帝)는 양저우(揚州)로 가면서 손자인 대왕(代王) 양유(楊侑)를 창안(長安)에, 또 다른 손자 양동(楊侗)을 뤄양(洛陽)에 머물게 한다. 그가 사랑하던 장남 양소(楊昭)는 요절했고, 원덕태자(元德太子)라는 시호를 받았다. 그는 손자들을 황태자로 책봉할 생각이었다. 황통 계승 자격이 있는 손자들을 분산시켜 수(隋) 왕조의 연명을 노렸으나 어리석은 짓이었다.

북조(北朝) 출신으로 남북을 통일한 수의 2대 황제로서 양제는 경제적으로 남쪽이 훨씬 윤택하다는 것을 알고 있었다. 중국 전체를 유지할 수 없다면, 남쪽이라도 확보하자고 생각했던 것 같다. 그러나 일단 천하를 통일한 국가는 붕괴할 때 전면적으로 무너지게 마련이다. 특히 양제 자신이 건설한 대운하에 의해 남북은 연결되어 있었다.

양제는 양저우에서 유흥에 빠져들었다. 그가 제국의 붕괴를 막으려 했음을 보여주는 흔적은 없다. 도둑은 들끓었고, 수의 지방 관청은 매일같이 공격받아 파괴되고 관리들은 살해되었다. 양제는 정신 이상을 일으켰는지도 모른다. 그의 존재는 신하들에게 큰 부담이었다.

양제가 남쪽으로 가기 전의 일이다. 안가타(安伽陀)라는 정체가 묘한 인물이 "도이(桃李)가 번영한다"라고 예언했다. 이씨가 천하를 찬탈할지도 모르므로, 이씨를 모조리 죽여야 한다는 어처구니없는 말을 한 것이다. 양제는 건국의 원훈 중 한 사람인 이목(李穆)의 손자 이혼(李渾)을 증오하고 있었다. 이혼은 황제 측근인 우문술(宇文述)의 미움을 받았고, 양제는 우문술로부터 이혼에 대한 험담을 수없이 들었을 것이다. 안가타는 이를 알고, 양제에게 그의 처형 구실을 제공하기 위해 그러한 예언을 한 것인지도 모른다. 이혼 일가는 반란을 꾀했다는 이유로 몰살당했다.

양현감(楊玄感)의 난에 관련되었으나 탈출에 성공했던 이밀(李密)은 이 얘기를 듣고 수를 무너뜨리고 천자가 된다는 '도이(桃李)'는 바로 자신이라고 생각했다. 그는 당시 도망 중이었다. 도(桃)는 도(逃)와 발음이 같다. 도이(桃李), 즉 도주하고 있는 이씨는 바로 자신이라고 생각한 것이다. 당시 사람들은 지금의 우리가 이해하기 힘들 정도로 예언을 깊이 신봉했다.

이밀은 다시 병력을 모으기보다는 기존 반란 집단에 들어가 이를 차지하는 것이 지름길이라고 판단해 적양(翟襄)이라는 협객 두령이 조직한 그룹에 들어갔다. 그곳에는 서세적(徐世勣)이란 유능한 인물이 있었으나, 이밀은 예정대로 적양의 윗자리에 올라서게 된다. 8주국(八柱國) 명문 출신이란 배경이 큰 역할을 했을지도 모른다. 도적 떼의 세계는 실력 위주여야 함에도 불구하고 남북조 시대의 귀족사회 분위기가 아직 남아 있었던 것이다. 문제(文帝)의 균전법 확대와 과거시험을 통한 관료 등용으로 귀족사회가 흔들렸으나, 아직 귀족사회의 전통이 뿌리까지 뽑힌 단계는 아니었다.

수는 반란군 진압에 군대를 동원했으나, 주로 규모가 작은 도적 떼를 진압하는 데 그쳤다. 또 궁지에 몰린 군소 집단들이 연합해, 규모가 큰 조직을 만들기 시작했다. 정부군에 공격당한 작은 반란 집단들이 자발적으로 큰 조직 밑으로 들어가는 형식이었다.

당시 최대 규모 집단으로는 허베이(河北)의 두건덕(竇建德) 집단이 있었다. 두건덕은 협객 출신으로 정부군에 가족을 몰살당한 뒤 고사달(高士達)의 반란군에 들어갔고, 고씨가 죽자 수령이 되었다. 그는 포용력이 있었고, 다른 반란 집단이 무차별하게 관리들을 죽인 반면 두건덕은 이들을 자신의 조직으로 흡수했다.

허난(河南)의 이밀 집단은 뤄커우창(洛口倉)을 점령한 뒤 세력이 급속히 커졌다. 앞에서 뤄커우창은 식량 창고들을 성으로 둘러싼 곳이다. 거대한 지하 저장소이며, 어지간한 빌딩은 충분히 들어갈 수 있을 정도로 규모가 큰 창고가 무려 3천 개나 있었다고 한다. 이곳을 점령하면 식량은 무진장 확보하게 된다. 이밀이 7천여 명의 병력으로 뤄커우창을 점령하자, 식량을 얻기 위해 그의 집단에 참가하는 사람들이 급증했다.

사람 행렬이 끊이지 않았고, 그 수는 수십만에 달한다.

사서에 있는 기록이다. 대업(大業) 13년(617년) 대기근이 닥쳤고, 이밀의 뤄커우창 점령은 그 다음해였으므로 사람들이 몰려든 것은 당연했다. 이내 허베이의 두건덕에 필적하는 집단으로 성장했다.

규모를 키운 이밀은 동도(東都) 뤄양을 공격했다. 성에는 양제의 손자 월왕(越王) 양동이 있었으나, 나이가 어려 중신들을 통제하지 못했다. 군 수뇌부인 배인기(裴仁基)와 소회정(蕭懷靜)이 마찰을 빚고 있었고, 배인기가 소회정을 죽인 뒤 이밀에게 투항했다. 이밀은 배인기에게 상주국(上柱國)이란 작위를 내리고 뤄양 공격 사령관으로 임명했다. 이전까지 수비하던 쪽의 책임자가 이번에는 공격 측의 지휘관이 된 것이다. 그럼에도 뤄양은 쉽게 함락되지 않았다.

이유는 뤄양에 식량이 충분했기 때문이다. 뤄양성 부근에는 뤄커우창 같은 대규모 식량 창고군인 후이뤄창(回洛倉)이 있었다. 이밀은 뤄양을 함락하기 위해서는 우선 후이뤄창을 점령해야 한다고 보고, 집요하게 후이뤄창을 공격했다. 뤄양의 운명은 바로 이 후이뤄창에 달려 있었다.

이밀은 우선 자신을 위공(魏公)이라고 칭했다. 공(公)에서 왕(王), 그리고 선양(禪讓)에 의해 황제가 된다는 권력의 역사를 귀족 출신 이밀은 잘 알고 있었던 것이다. 당시 반란 집단의 두목 중에는 멋대로 왕이나 황제라 칭하는 자들이 적지 않았다. 두건덕 역시 장락왕(長樂王)이라고 칭하고 있었다.

이밀은 구체적인 정권 구상을 갖고 있었다. 국호는 위(魏)로 정하고, 뤄양을 함락한 뒤 창안을 손에 넣어 선양받겠다는 계산이 있었다. 양제가 없다고는 하지만, 창안은 수 왕조의 수도이며 수의 황태손인 양유가 있으므로, 우선 그를 옹립한 뒤 선양받는다는 것이 귀족인 이밀의 상식이었다.

동쪽의 허베이성에 두건덕이란 큰 세력이 있었으나, 서쪽에는 그리 큰 조직이 없었다. 란저우(蘭州, 간쑤성甘肅省)에 설거(薛擧)라는 실력자가 있었으나, 거리상 란저우보다는 창안이 뤄양에 가까웠다. 이밀은 설거의 움직임을 살피면서 뤄양을 함락한 뒤 창안에 갈 계획이었다.

그러나 이밀이 예상치도 못했던 일이 발생했다. 타이위안(太原)의 유수(留守)이자 같은 8주국의 한 사람인 이연(李淵)이 돌연 산시(山西)에서 남하해 창안을 공격한 뒤, 당(唐) 왕조를 세운 것이다.

2

이밀은 방심했었다. 타이위안에서 창안까지는 거리도 멀었고, 이연은 호색한에다 우유부단한 보잘것없는 인물이라고 생각하고 있었다. 수의 지방 장관인 이연이 반란 집단을 모으고 있는 줄도 몰랐다. 이밀의 눈에 이연은 야심 없는 귀족으로만 비쳤던 것이다.

이연이 실제로 야심도 없고 여자를 좋아하는 인물이었는지도 모른다. 그러나 야심으로 불타는 측근들이 있었다. 그들이 이연을 혁명으로 내몰았다.

이연의 어머니는 독고씨(獨孤氏)로, 수 양제의 어머니 독고황후와는 자매 사이였다. 따라서 이연과 양제는 사촌 관계이다. 유수(留守)라는 관직은 황제를 대행해 지방을 관리하는 것이므로, 총감직에 해당한다. 이연의 부인 두씨(竇氏)는 아들 네 명을 낳았다. 이 중 3남 현패(玄覇)는 어려서 죽었다. 대업 13년(617년) 이연이 혁명을 일으켰을 때 장남 건성(建成)은 스물아홉, 차남 세민(世民)은 스물, 막내 아들 원길(元吉)은 열다섯 살이었다. 원길은 아직 어렸으나, 건성과 세민은 뛰어난 인물이었다. 젊은 만큼 야심도 강했다.

당 왕조도 수와 마찬가지로 차남 세민이 2대 황제가 된다. 황태자인 형을 쿠데타로 내쫓은 것이다. 세민이 바로 당 태종(太宗)이다. 당 왕조 멸망 때까지 태종 일가에서 황제가 계속 배출된다. 따라서 이 장기 왕조가 남긴 문헌에 이세민에 대한 나쁜 평가는 없다. 호색한이고 결단력 없는 아버지 이연을 혁명에 나서게 한 것은 바로 차남 이세민이라고 당시 문헌에 기록되어 있다.

타이위안에는 진양궁(晉陽宮)이라 불리는 이궁(離宮)이 있었다. 그곳에는 황제 이외에는 아무도 접근할 수 없었다. 그런데 진양궁감(晉陽宮監)인 배적(裴寂)과 이세민이 공모해 그곳 궁녀를 데리고 나와 이연에게 보냈다고 한다. 아무것도 모르고 호색한 이연은 그녀와 정분을 쌓았는데, 나중에 진양궁의 궁녀임을 알았다. 이 일로 이연은 "이 일이 주상께 알려지면 사형이다. 어차피 죽을 바에는……"이라며 혁명을 일으켰다는 소설 같은 얘기도 전해진다.

그러나 이보다 더 설득력 있는 얘기도 있다. 마읍(馬邑, 산시성山西

省)에서 돌궐의 침략을 막지 못했다는 이유로 타이위안 유수로서 국경을 책임지던 이연은 양저우로 출두할 것을 명령받는다. 그래서 어차피 엄벌을 받을 바에는 혁명을 하겠다고 결의했다는 것이다. 실제 수 왕조에 우호적이던 돌궐도 수의 혼란스러움을 틈타 빈번히 침공했다.

이연은 막내 원길만 타이위안에 머물게 하고 장남, 차남과 함께 창안으로 진격한다. 당시 스무 살인 세민보다는 스물아홉 살인 건성이 더 의지가 되었을 것이다. 세민 진영에 의해 씌어진 역사서도 건성을 결코 어리석은 인물로 표현하지는 않았다. 이연도 후일 그를 황태자로 세우므로 건성은 괜찮은 인물이었을 것이다.

거병했다고는 하지만 이연의 군대는 반란군이 아닌 정부군이었다. 병력 규모는 7월 진양(晋陽, 타이위안)을 떠났을 때는 3만, 10월에 관중(關中)에 들어갔을 때는 20만으로 늘어나 있었다. 격문도 돌리고 돈으로 산 병력도 있었겠지만, 새 왕조로 가는 막차를 놓치지 않으려는 무리도 적지 않았을 것이다. 상황은 이연에게 매우 유리했다. 수도를 지키던 수 왕조 정예 부대는 양제를 따라 강도(江都) 양저우에 가 있었기 때문에 관중의 정부군은 규모나 질에서 수준이 떨어졌다. 이연의 고민은 병력이 기본적으로 정부군이란 점에 있었다. 반정부 행동에 나선 명분을 마련해야 했다. 결국 고전적인 방법인 다음과 같은 내용의 격문을 발표했다.

의병을 일으켜 황실을 바로잡는다.

혁명의 성패를 결정하는 것은 병력이므로, 유문정(劉文靜)의 진언에 따라 돌궐에서 병력을 빌린다. 이는 병력 증강이란 의미 외에도 돌궐과 동맹 관계를 맺음으로써 배후를 공격당할 위험을 막는 효과가 있었다.

대군을 이끌고 뤄양을 공격 중인 이밀이, 창안으로 가는 이연을 차단할 우려가 있었다. 이연 진영은 이밀을 방심시키는 전략을 쓴다. 이밀은 각지에 격문을 돌리고 있었는데, 이때 이연이 '지천명(쉰 살) 넘어 별로 도움을 드릴 수는 없으나 당신을 맹주로 모시고 싶다' 라는 내용의 편지를 보낸다. 거기에는 이런 비굴한 표현도 썼다.

인반익부鱗攀翼附

용의 비늘, 봉황의 깃털처럼 붙어서 성은을 받고 싶다는 의미이다. 이연은 수 왕조 때부터 당국공(唐國公)으로 있었는데, 이때도 이밀에게 편지를 보내 "당신이 천하를 호령하게 되면, 동성(同姓)의 정을 생각해 지금의 당국공 자리에 봉해달라"고 요청한 적이 있다. 이를 읽은 이밀은 어떤 느낌을 가졌을까? 큰 뜻을 품은 자신에 비해, 현직에 연연하는 쉰 넘은 우유부단한 인물이라고 경멸하면서 한편으로는 동정심을 품었을지도 모른다.

이연의 남하군은 군령이 엄격했고, 약탈을 일체 금지시켜 주민들의 대환영을 받았다. 군대의 민가 숙박도 금지했다. 해방군의 면모를 유지한 것이다. 10월 창안성에 도착한 이연군은, 성 안으로 사자를 보냈으나 아무런 반응이 없었다. 결국 총공격이 단행되어 11월 병진날, 이연의 군대는 창안을 점령한다. 입성 후 처형된 자는 열 명 남짓에 불과했다고 한다. 마읍 관리로 있던 이정(李靖)이란 인물은 이연의 반란 사실을 양저우에 급히 알리려 했으나 도로가 막혀 창안에 묶이게 되었다. 그는 당연히 처형당할 운명이었으나 이세민에 의해 구명되었다고 한다. 그가 후일 당나라 장군으로 혁혁한 공을 세운 바로 그 이정 장군이다.

창안에 입성한 이연은 예정대로 행동한다. 양제의 손자 대왕 양유를 천흥전(天興殿)으로 맞아들여 즉위식을 거행했다. 양저우에 있던 수

의 황제 양제는 태상황(太上皇)으로 올려버렸다. 당국공 이연은 당왕
(唐王)이 되었고 무덕전(武德殿)을 승상부로 만들어 그곳에서 정무를
봤다. 왕이 되어 정부를 연 것인데, 이것이 선양의 준비 공작임을 모르
는 사람은 없었다.

3

뤄양을 공략하던 이밀은 이 소식을 듣고 무릎을 치며 한탄했을 것이
다. 양저우의 양제는 뤄양 구원을 위해 서역 출신 왕세충(王世充)을
총사령관으로 삼아 군대를 보냈다. 이밀 진영의 군대는 이밀파와 적양
파로 나뉘어 전력을 한 곳에 집중시킬 수 없었다. 조속히 창안으로 달
려가 이연을 공격해야 했지만 도저히 그럴 상황이 못 되었다. 내부 대
립은 적양을 살해함으로써 해소되었지만, 북상하는 왕세충의 군대와
의 싸움은 그 수습이 쉽지 않았다. 양저우의 양제는 뤄양을 수복하기
위해 왕세충을 보냈으나, 거의 자포자기 상태에 있었던 듯하다. 양제
는 거울을 보며 소황후(蕭皇后)에게 이렇게 말했다고 한다.

　　좋은 목(황제의 목), 과연 누가 이 내 목을 베어갈꼬.

결국 우문화급(宇文化及)이 양제의 목을 노려 쿠데타를 일으킨다.
그는 북주(北周)의 우문씨(宇文氏)와는 다른 계열이다. 북주의 우문
씨는 시의심 많은 문제가 몰살시켰으나, 우문화급은 양제의 가장 가까
운 측근인 우문술의 장남이었다. 우문술은 고구려 원정 때 총사령관을
맡았다. 우문화급의 동생 우문사급(宇文士及)은 양제의 사위이므로,
이 우문씨는 황실의 친척인 것이다.

우문화급은 다소 경박했고, 타인의 재물을 훔치다 칩거 명령을 받았

었다. 우문술은 임종을 앞두고 장남 화급의 죄를 용서해 달라고 탄원했다. 우문화급은 은사(恩赦)로 풀려났으나, 양제를 죽이는 쿠데타의 주모자가 된 것이다. 그러나 그는 주모자라기보다 그 역할을 강요받았다고 할 수 있다.

인심은 속속 양제에게서 떠나갔다. 양제는 궁정의 신하들에게 짐이 되었다. 신하뿐 아니라 황제를 보호해야 할 핵심 근위대인 효과영(驍果營)에서조차 반(反) 황제 감정이 농후했다. 효과영 병사는 모두 관중 출신이었고, 고향에 대한 그리움이 가득했다. 양제는 양저우에서 움직이려 하지 않았다. 고향에 돌아가려면 양제를 죽일 수밖에 없었다.

역사상 이렇게 간단한 쿠데타는 없었을 것이다. 쿠데타에 반대하는 세력이 없었기 때문이다. 우문화급은 겁쟁이였다. 그가 주모자가 된 것은, 쿠데타 주모자 역할을 거부했을 경우 살해당할 운명에 있었기 때문이다.

양제는 살해당할 때 칼을 꺼내든 근위장교에게 주모자가 누구인지 물었다. 그 장교는 이렇게 대답했다.

천하가 원한으로 가득 차 있다. 어디 한 사람뿐이겠는가.

주모자가 있어서 일어난 쿠데타가 아니라, 쿠데타 준비를 끝낸 뒤 주모자를 고른 것이다.

양제는 독을 먹고 죽길 원했으나 거절당하자, 몸에 둘렀던 허리띠를 풀러 장교에게 건네주었다. 양제는 장교에 의해 목 졸려 죽었고, 옆에서 울고 있던 열두 살 조왕(趙王) 양고(楊杲)도 살해당한다.

양제를 살해한 우문화급 일행은 북쪽으로 올라간다. 이들은 우선 양제의 조카 양호(楊浩)를 옹립했다. 그러나 이들 일행에 대해선 의문이 많다. 효과영 장교 중에는 1천여 명의 궁녀도 섞여 있었다. 대운하라도 그 많은 수를 한꺼번에 나를 수 없어서 사병들은 육로로 걸어갔다. 관중으로 돌아갈 때는 이밀의 세력권을 통과해야 한다. 이밀이 그들을 호락호락 통과시켜 줄 리 만무했다.

이밀은 아직도 뤄양을 공격하고 있었다. 그 뤄양성 내부 사정도 복잡했다. 양제로부터 뤄양 수복을 명령받은 서역 출신 왕세충은 군대를 이끌고 입성해 무력으로 주도권을 잡았다. 뤄양에 있던 중신 원문도(元文都)나 노초(盧楚)는 불만을 품었다. 양제 사망 소식이 전해지자 뤄양은 양제의 손자 양동을 옹립했다. 사서(史書)에 황태주(皇泰主)로 기록된 인물이다. 북으로 진격해 오는 쿠데타 군에는 수의 황제라고 칭하는 양호가 있었다. 창안에서 이연에 의해 옹립된 양유를 포함해 한때 수 왕조에는 황제를 칭하는 사람이 세 명이나 있었다. 이 중 창안의 양유는 양제가 피살된 지 두 달 만에 당의 이연에게 선양한다.

북상 중인 우문화급의 군대가 이밀과 싸워주면, 뤄양은 여유가 생기지만 만약 두 세력이 연합하면 뤄양의 운명은 풍전등화가 된다. 북상하는 병사 중에 수 왕조 병사들이 있기 때문에 다른 수의 황제가 있는 뤄양을 주적으로 보고 이밀과 연합할 가능성이 농후했다. 왕세충에게 정권을 빼앗긴 원문도 측, 즉 황태주의 원래 측근들은 이밀 귀순 공작을 추진했다.

뤄양은 왕세충의 독재 아래 있었다. 왕세충이 무력을 보유하고 있었기 때문이다. 원문도 측은 무력을 보유하고 있는 이밀을 귀순시켜 왕세충에 대한 견제 역할을 맡기려 했다. 황태주의 이름으로 이밀은 수의 위국공(魏國公), 태위(太尉), 상서령(尚書令), 동남도(東南道) 대행태행군원수(大行台行軍元帥)라는 어마어마한 관직을 부여받았다. 가짜 황제를 내세운 우문화급의 북상군을 토벌한 뒤, 뤄양으로 들어와 진짜 황제인 황태주를 보좌하라는 것이었다.

이밀은 우문화급의 군대를 격퇴했다. 황제를 죽인 뒤 고향으로 돌아갈 생각밖에 없는 군대에게 전의(戰意)가 있을 리 없었다. 속속 항복했고, 우문화급은 웨이현(魏縣, 허베이성)까지 도망가 거기서 황제 양호를 죽이고 스스로 제위에 올라 국호를 허(許)라 했다. 그러나 주요 장수들은 모두 이밀에게 항복한 상태여서 허는 이름뿐인 망명 왕조였다. 아니 패주(敗走) 왕조라고 해야 할 것이다. 결국 허베이성의 대집단인 두건덕의 공격을 받아 우문화급은 목을 베이고 만다. 두건덕은 그 머리를 동돌궐 가한(可汗)의 처가 되어 있던 양제의 딸 의성공주(義成公主)에게 보낸다.

우문화급을 패주시킨 이밀은 약속대로 뤄양에 들어가려 하나 왕세충이 이를 거부했다. 이밀에 대한 귀순 공작이, 사실은 반(反) 왕세충 공작임을 이 서역 출신 인물은 잘 알고 있었다. 왕세충은 뤄양 성 내의 반대파인 원문도 · 노초 등을 숙청하고 뤄양으로 향하던 이밀의 군사를 공격한다. 우문화급을 쳐부수고 마음을 놓고 있던 이밀은 대패했고, 창안의 이연 진영에 합류하기로 한다. 왕세충은 그 뒤 황태주를 폐하고, 스스로 제위에 올라 국호를 정(鄭)이라고 했다. 이로서 중국에서 수라는 국명은 완전히 사라졌다.

4

당의 역사는 이미 시작되었으나, 초기 창안을 본거지로 하는 당은 아직 군웅(群雄) 중 하나에 불과했다. 뤄양에는 정의 왕세충이 있었고, 허베이성의 실력자 두건덕은 국호를 하(夏)라고 했다. 서쪽은 란저우의 설거 부자 세력이 진(秦)이라 했고, 란저우의 서쪽 지역인 허시회랑(河西回廊)에서는 이궤(李軌)라는 지방 군벌이 양(涼)을 칭했다. 강남(江南)에서는 오(吳) · 초(楚) · 양(梁) 같은 군소 정권이 탄생했다. 당은 이들 중 조금 유력한 정권에 불과했다. 수 왕조의 수도인 창안을 본거지로 했기 때문에 수의 후계자란 느낌은 있었으나, 명실공히 후계자가 되기 위해서는 쓰러뜨려야 할 적들이 너무 많았다.

순서로 보면 당은 뤄양의 정을 공격해야 한다. 자칭 정나라 황제에 오른 왕세충은 원래 성이 지(支)여서 월지(月支, 씨氏라고도 씀) 사람이라는 말도 있다. '시성(豺聲)에 권발(卷髮)', 즉 목소리가 컸고 머리는 말고 있었다고 사서(史書)는 적고 있다. 당나라에 망명한 이밀은 왕세충 토벌을 자원해 허락받았다. 이밀의 부하들은 패전한 뒤 허난성 각지로 흩어졌다. 뤄양으로 투항하는 사람도 있었으나 이밀은 다시 규합하겠다는 희망을 버리지 않았다.

당으로서는 아직 완전히 신뢰할 수 없는 이밀을 왕세충과 싸우게 함으로써 두 진영의 세력 약화를 노렸고, 이밀은 싸움을 통해 세력 재건을 꿈꾸었던 것이다. 양현감을 권유하여 동란의 시초를 만든 것은 자신이었다는 자부심도 있었다. 한때 이연에게서 편지도 받았던 자신이 그의 부하로 들어간 데 대해 자존심도 상했을 것이다.

당 왕조는 이밀의 유능한 부하였던 위징(魏徵)과 서세적을 이밀로부터 떼어놓고, 대신 장보덕(張寶德)을 감시역으로 붙였다. 부대가 출발한 지 얼마 지나지 않아 장보덕은 '이밀은 반드시 반역할 것'이라고 창안에 보고했다. 창안은 이밀에게 홀로 돌아올 것을 명령했으나, 돌아가면 처형당할 것이 뻔하다고 판단한 이밀은 북방으로 도주했다. 그러나 결국 당 왕조 군사의 추격을 받아 살해된다. 추격 속도를 근거로 판단하건대 당의 군사는 그가 도주할 것을 이미 예상하고 행동한 것 같다. 결국 뤄양 공격은 이연의 차남 이세민이 지휘하게 된다. 당의 공격에 대비해 왕세충은 두건덕에게 지원을 요청한다. 서역 출신 고급관료 왕세충과 무협 출신 두건덕은 서로 잘 맞지 않았다. 당시까지의 관계 역시 그리 원만하지 못했다. 그러나 두건덕은 원군을 보내기로 한다. 뤄양이 함락되면 다음은 자신이 당의 공격을 받을 것이라고 생각했기 때문이다.

뤄양 공격 중 이세민은 허베이에서 두건덕의 군사가 진격해 왔다는 얘기를 듣고 뤄양에는 군사의 일부만 남기고 나머지 병력 전체를 쓰수이(泗水, 허난성)에 집결시켜 대승을 거둔다. 원군이 궤멸하자 왕세충은 전의를 상실했고, 당에 투항한다. 스스로 황제라 칭했던 두 사람, 정의 왕세충과 하의 두건덕은 창안으로 끌려간다. 왕세충은 목숨을 부지하지만 두건덕은 참수당했다. 왕세충은 뤄양 성문을 열 때 목숨을 부지하는 조건으로 투항했고, 이세민이 이를 승낙했기 때문인 것으로 전해진다.

스스로 제위에 오른, 당 왕조 입장에서 보면 반란군인 두 사람에 대한 처분은 불공평했다. 만약 둘 중 한 사람을 선택해야 했다면, 당으로서는 당연히 왕세충을 죽여야 했다. 왕세충은 인보연대제도(隣保連帶制度)를 만들어 공포정치를 했고, 인심을 잃었다. 반면 협객 출신의 두건덕은 당의 황족인 이연의 사촌 화이난(淮南)왕 이신통(李神通)과 동안공주(同安公主)를 후하게 대접한 일이 있다. 은혜를 원수로 갚은 당시 처벌은 당 왕조 초기 역사의 오점이라 할 수 있다.

공포정치를 편 왕세충을 죽였더라도 아무도 그를 위해 나서지 않았을 것이다. 그러나 협객 출신 두건덕을 처형했기 때문에 그의 맹우(盟友)인 유흑달(劉黑闥)이 반당(反唐) 전쟁을 일으킨다. 두건덕은 양제를 죽인 우문화급의 머리를, 양제의 딸이자 동돌궐 가한의 처가 되어 있던 의성공주에게 보냈다. 의성공주는 아버지의 원수를 갚아준 두건덕에게 감사를 표시했을 것이다. 당은 거병 당시 돌궐의 병력을 빌렸으나, 돌궐과의 관계는 그 후 점차 악화되었다. 이는 돌궐 내부에서 의성공주의 발언력이 강하다는 점과 관계가 있을 것이다. 의성공주는 동돌궐의 계민가한(啓民可汗)과 결혼했는데, 계민이 죽은 뒤 돌궐의 풍습에 따라 그의 아들 처라가한(處羅可汗)의 아내가 되었고, 처라가한이 죽자 다시 처라의 동생 힐리가한(頡利可汗)과 결혼했다. 수의 황녀가 돌궐 가한 3대의 아내가 되었으니 발언력이 상당했을 것이다.

선양의 형식은 취했지만, 수 왕조 입장에서 보면 당의 이연은 찬탈자였다. 돌궐 입장에서도 당이 거사했을 때 병력을 지원했으므로 이에 상응하는 보답을 기대했으나, 보답이 충분치 않다고 생각했을 수 있다. 이연의 차남 이세민이 뤄양 공격에 나섰을 때 돌궐은 뤄양의 왕세충과 손잡으려 했다. 양자간 사절이 오고갔다. 돌궐의 사절단은 소와 양 1만 마리를 뤄양에 보냈는데, 이를 당의 루저우(潞州) 총관(總管)이 습격했다. 소와 양은 식량 원조였을 것이다.

이연은 차남 이세민을 뤄양으로 보내고 동시에 황태자인 장남 건성을 북쪽 푸저우(蒲州)로 파견해 돌궐족의 공격에 대비하게 한다. 이는 당 왕조의 빙저우(幷州) 총관 이중문(李仲文)이란 자가 돌궐과 내통했고, 뤄양에서 전투가 시작되면 돌궐 기병과 함께 창안을 공격한다는 계획을 미리 알아냈기 때문에 취했던 조치였다.

왕세충과 두건덕을 동시에 멸망시킨 이세민의 공훈은 대단했다고 할 수 있다. 그러나 원정군이 떠나 허술해진 수도 창안이 돌궐의 공격을 받았다면 당 왕조는 궤멸했을 것이다. 이를 막아낸 황태자 이건성의 공적도 높이 평가해야 한다. 그러나 현실적으로 수비는 그리 빛이 나지 않는다. 아무래도 차남 이세민의 공적이 눈에 띄게 된다.

당 왕조가 두건덕을 처형하자 허베이성에서 유흑달의 반당(反唐) 투쟁이 벌어졌고, 투항했던 산둥(山東) 반도의 서원랑(徐圓朗)이 이에 호응했다. 유흑달은 돌궐과 손잡고 각지에서 당의 군사를 괴롭혔다. 한때 이세민을 공격해 포위하기까지 했다. 이러한 저항 세력을 진압한 것도 이세민이다. 유흑달은 패한 뒤 돌궐로 도주했다가 다시 남하해 당을 공격했다.

유흑달 세력이 평정된 것은 무덕(武德) 6년(623년)이므로 진왕(秦

王) 이세민이 뤄양 토벌을 위해 출정한 지 3년이 지난 후의 일이다. 다음해 2월, 위양군(漁陽郡, 현재의 베이징北京 부근)에서 연왕(燕王)을 칭했던 고개도(高開道)가 부하에게 살해당해, 주요 반당(反唐) 세력은 거의 소멸했다. 남쪽의 여러 정권들은 세력 공백 상태에서 우연히 부상한 존재이기 때문에 그리 큰 위협이 되지 못했고, 속속 무너져갔다.

서방의 큰 세력이던 설거는 서진(西秦)의 패왕(覇王)이라 칭했고, 푸펑(扶風, 산시성陝西省 싱핑현興平縣)에서 벌어진 이세민과의 전투에서 패하지만, 이내 재기한다. 그 후 이세민을 격파하고 창안 총공격을 준비하던 중 병사한다. 설거는 성격이 잔인해 덕망을 얻지 못했고, 아들 설인고(薛仁杲) 역시 폭군이어서 장수들은 속속 당에 투항했다. 마침내 설인고 자신이 투항했으나 창안에서 목을 베이고 만다. 이는 이연이 즉위한 무덕 원년(618년)의 일이다. 서방에 강력한 세력이 없어진 뒤에야 이세민의 뤄양 공격이 가능해졌다.

설거의 본거지였던 란저우의 서쪽 허시회랑에서 둔황(敦煌)까지를 지배하던 이궤라는 자가 대량황제(大涼皇帝)라고 칭하고 있었다. 당은 설거 세력의 침입을 막기 위해 그 배후에 있는 이궤와 손잡으려 했고, 사자들이 오가기도 했다. 설거 부자의 멸망과 당의 흥성을 본 이궤 진영의 사자와 간부들은 이궤에게 귀순할 것을 설득했으나 듣질 않았다. 이렇게 독선적인 지도자에게 운명을 맡길 수는 없다고 생각한 간부들은 이궤를 잡아 창안으로 보낸다. 무덕 2년(619년) 이궤는 창안에서 참수당한다. 이제 이세민은 출병할 때 서쪽의 위협을 전혀 걱정하지 않게 된다.

당은 황제라고 칭한 군웅(群雄) 모두를 죽였다. 오 왕조 황제를 칭한 이자통(李子通)은 당의 장수 두복위(杜伏威)에 패해 항복한 뒤 창안으로 보내졌다. 그는 한 번 탈출했으나, 다시 잡혀 처형당한다. 초 왕조 황제 임사홍(林士弘)은 장선안(張善安)이 이끄는 농민군과 연합해 한때 큰 세력을 이뤘으나, 연합이 분열되어 당의 장수 이정과의 전투에서 패배해 도주하다 죽었다. 남방의 여러 황제 중 양(梁)의 소선(蕭銑)은 과거 남조(南朝)의 양 왕조 후예로 알려져 혈통이 가장 명확한 인물인데, 그 역시 포로로 잡혀 창안에서 참수되었다.

사면되었던 정나라의 왕세충도 촉(蜀)으로 유배되던 중 지방 장관에게 살해당했다. 수 왕조 말기의 군웅들은 이렇게 속속 사라졌고, 당의 국기(國基)는 탄탄해졌다.

당 제국의 시작

1

역사는 승리자의 손에 의해 기록된다고 한다. 당연한 일이며, 여러 번 강조한 바 있다. '현무문(玄武門)의 변'이라 불리는 쿠데타 때 고조(高祖) 이연의 차남 이세민은 황태자인 형 이건성과 동생 이원길을 죽인다. 또 아버지를 퇴위시킨 뒤 스스로 제위에 올랐다. 그가 바로 고금(古今)의 명군으로 불리는 당 태종이다.

역사에 적힌 것을 토대로 판단할 경우 이세민의 무훈(武勳)은 엄청나다. 그러나 역사가 태종 이세민 측에 의해 기록되었음을 잊어서는 안된다. 이세민이 왕세충과 두건덕을 격파하고 있을 때 황태자 이건성은 돌궐의 침입에 대비하고 있었다. 이는 토벌 환경을 조성해, 허난성의 반대 세력 토벌을 가능하게 해준 것이다. 이건성은 이를 훌륭히 완수했다. 태종의 가신이던 사관(史官)들은 이건성의 공적을 최대한 줄여서 기록한 것 같다. 이에 반해 태종의 업적은 과장된 듯한 느낌이다.

아버지 이연에게 거사를 권유한 것이 태종이라고 기록되어 있다. 그러나 거사에 대한 기본 사료라 할 『당창업기거주(唐創業起居注)』에는 그렇게 기록되어 있지 않다. 이 책은 이연의 기실참군(記室參軍:문서 기록 담당)인 온대아(溫大雅)란 인물이 기록한 것이다. 거사, 창안 공략, 즉위에 이르기까지 357일간의 기록이다. 온대아는 이 문서에 타이위안에서 거사를 결심한 것은 이연 자신이었다고 적고 있다.

정사(正史)『구당서(舊唐書)』나『신당서(新唐書)』의 자료가 된 실록 집필에 수상쩍은 인물이 참여하고 있다. 따라서 태종이 거사를 권유했다는 것은 문제가 있는 기술일 가능성이 있다. 또 정사에서는 장수들의 공훈이 모두 태종의 것으로 둔갑해 있고, 패전의 책임은 장수들이 지고 있다.

설거 부자는 이세민의 군대를 격퇴한 뒤 창안 부근까지 진격했다. 정사는 이에 대해 은개산(殷開山)과 유문정(劉文靜)이 경솔했기 때문이라며 책임을 장수들에게 돌리고 있다. 그러나 두 사람은 이세민의 지휘 아래에 있었다. 무덕 3년(620년) 양사도(梁師都)란 자가 돌궐 병사와 함께 침공한 것을 행군총관(行軍總管) 단덕조(段德操)가 격파했으나, 단덕조가 이건성 휘하에 있었다는 기록이 없다. 조금 설명이 장황해지는 감은 있지만 타이위안 거사 뒤 최초로 창안을 공격한 것은 군두(軍頭) 뇌영길(雷永吉)로 되어 있다. 그러나『당창업기거주』에는 뇌영길은 동면군(東面軍)에 배속되었고, 창안 공격에는 이건성이 동면군, 이세민이 서면군을 지휘했다고 기록되어 있다. 가장 먼저 창안을 공격한 사람을 명시하지 않은 것이다. 공적을 가로채지는 않았지만, 실제 사실을 교묘히 기록함으로써 일종의 곡필을 하고 있다. 일단 이런 사항을 염두에 두고, 정사를 토대로 '현무문의 변'을 이야기하고자 한다.

진왕 이세민의 공적이 눈부시고 성망이 드높아, 황태자 이건성은 불안해졌을 것이다. 이연의 적자(嫡子)는 건성·세민·원길 셋뿐이다. 이원길은 거사 때 타이위안 유수가 되었으나, 북방 유무주(劉武周)의 공격을 받아 창안으로 패주했다. 이원길이 빼앗긴 빙저우를 수복한 것은 이세민이었다. 빙저우에서 개선한 뒤 숨 돌릴 틈도 없이 이번에는 왕세충 토벌에 나선다.

너무도 이세민의 공적이 두드러지기 때문에 고조 이연은 진왕이란 직책만으로는 부족하다고 여겨 천책상장(天策上將)이란 새로운 칭호를 부여하고 홍의궁(弘義宮)을 만들어주었다. 황태자인 이원길도 제왕(齊王)이었으므로 차남 세민을 위한 특별대우였음을 알 수 있다. 그리고 그 조치는 이세민 측근들에게 어떤 희망을 품게 한다.

형제간의 불화는 주변의 책략 때문에 일어나는 경우가 많다. 건국 초기 당 왕조는 황태자파와 진왕 이세민파로 나뉘어 격렬한 권력 투쟁을 벌였다. 이연의 적자는 세 명이지만, 후궁이 낳은 자녀까지 합하면 22남19녀이다. 두황후(寶皇后)는 세 명의 아들 외에 평양공주(平陽公主)를 낳았다. 후궁들은 자신들이 낳은 아들을 보호하기 위해 차기 황제 측에 붙었을 것이다. 정사(正史)에는 황태자와 원길에 대해 이렇게 적고 있다.

밖으로는 소인배, 안으로는 아첨꾼과 연결되었고, 고조가 총애하는 장첩여張婕妤와 윤덕비尹德妃는 모두 이들과 음란한 관계였다.

첩여나 덕비는 모두 여성의 직책명이다. 아버지의 애첩과 음란한 관계였다고는 하지만, 그녀들은 자신이 낳은 자녀의 장래를 위해 필요 이상으로 황태자에게 접근한 정도였을 것이다.

동궁파(東宮派)와 홍의궁파(弘義宮派)의 세력 다툼에서 적극적이었던 것은 당연히 후자였을 것이다. 황태자는 대과가 없는 한 제위(帝位)를 약속받은 상태이기 때문이다. 이세민파는 황태자를 무너뜨리지 않는 한 제위에 오를 수 없다.

밤낮 위(고조)에 세민을 고자질했다.

정사에 있는 기록이다. 그러나 세민파 역시 그랬을 것이며, 오히려 더 적극적이었을 것이다. 세민파에는 방현령(房玄齡)과 두여회(杜如晦)라는 책사가 있었다. 황태자파는 고조에게 이 두 사람을 추방시켜 달라고 상신한다. 자식들의 다툼에 당황한 고조는 두 사람의 책사를 세민으로부터 분리해 문제를 해결하려 했다.

황태자는 엄연히 황태자이기 때문에, 이러한 권력 투쟁의 책임은 세민에게 있고, 세민이 벌을 받아야 마땅하다고 여겼음에 틀림없다. 고조도 일단 세민을 처벌할 것을 생각했으나, 천하에 큰 공을 세운 세민이었기에 또다시 판단하기 어려워졌다. 이연의 이 같은 우유부단함 때문에 형제간 싸움은 한층 격렬해졌을 것이다. 정사에는 세민에 대한 처벌 의견은 황태자와 후궁의 직소(直訴)라고 기록되어 있다. 그러나 국가적 견지에서 보면 세민에 대한 처벌이 정론이므로 조정의 중립적인 신하들이 그런 의견을 냈을지도 모른다.

황태자파 중에도 위징(魏徵) 같은 사람은 이번 기회에 세민을 죽이자고 주장했다. 이미 상황은 돌이킬 수 없는 지경까지 온 것이다. 이세민도 형이 자신을 제거하려 한다고 직소했다. 이에 대해 고조는 "이 건에 대해서는 내일 아침 두 사람으로부터 애기를 듣겠다"라고 말했다. 자신 앞에 불러모아 화해시키려 한 것 같다.

이세민은 그 시점에서 쿠데타를 결심했다. 『자치통감(資治通鑑)』에는 '건성, 매우 인후(仁厚)하다'라고 적혀 있다. 인품도 좋고 큰 과오도 없었다. 후궁과 음란한 관계를 가졌다는 것은 승리한 측의 곡필(曲筆)로 봐야 할 것이다. 황태자는 아버지 앞에서 당당히 처신하면 되었지만, 이세민은 대역전 이외에는 방법이 없었다.

천자가 부르면 황태자도 황제 앞에 나가야 한다. 긴박한 상황이었기 때문에 황태자는 무장병의 호위를 받으며 현무문을 통해 입궐했다. 현무문은 궁전의 북문(北門)에 해당하며, 그곳에서부터는 부적(符籍:궁전에 들어가기 위한 허가증)이 있어야 한다. 2천여 명의 무장병 중 부적을 가진 사람은 적었기 때문에 대부분은 현무문 밖에서 기다리게 되었고, 황태자 이건성과 제왕 이원길은 소수 병력의 호위를 받으며 현무문으로 들어갔다.

현무문의 수비대장은 상하(常何)였다. 그는 황태자의 옛 부하였기 때문에 황태자는 안심했었던 듯하다. 그러나 상하는 이미 매수되어 있었다. 이세민은 현무문에 병사를 매복시켰는데, 이는 수비대장 상하를 끌어들이지 않는 한 불가능한 일이었다.

황태자 이건성과 제왕 이원길은 이곳에서 살해된다. 기습 공격이었다. 고조의 입조 명령은 황태자를 유인하기 위한 술책에 불과했다.

최근 둔황 석굴에서 엄청난 양의 고문서(古文書)가 발견되었다. 대부분은 슈타인(1862~1943년)과 페리오(1878~1945년)가 가져갔고, 페리오가 가져간 것 중 현재 파리국민도서관에 수장되어 있는 문서 2640호는 상하의 묘비명이다. 쿠데타는 무덕 9년(626년)의 일인데, 3년 뒤 상하는 장군 바로 밑인 2천 석 중랑장(中郎將)으로 승진했다고 씌어 있다.

이세민은 형과 동생을 죽이는 데 그치지 않았다. 형 건성과 동생 원길에게는 각각 다섯 명의 아들이 있었는데 이들도 모조리 죽여버렸다. 그해 고조는 예순둘, 이건성 서른여덟, 이세민 스물아홉, 이원길 스물네 살이었다. 쿠데타는 6월에 발생했고, 8월에는 고조가 퇴위하고 이세민이 즉위한다. 다음해 개원되어 정관(貞觀) 원년(627년)이 된다.

2

이세민은 형과 동생을 죽이고 찬탈을 자행한 자이다. 그렇기 때문에 더욱 명군이 되려 했고, 명군 전설을 만들어내려 했을 것이다. 그는 자신이 죽인 동생 원길의 아내를 황후로 삼았다. 윤리관이 엄격한 중국에서 아무리 명군이라 해도 이것만은 용서받을 수 없었다. 오랑캐와 마찬가지가 아니냐는 비판이 나왔다. 흉노와 돌궐은 친어머니 이외에 아버지의 아내와 첩을 아들이 이어받는 풍습이 있다. 의성공주가 돌궐에 시집가 아버지, 아들, 동생, 3대의 처가 된 예가 있다. 그러나 한족(漢族)의 입장에서 보면 윤리적으로 용서받을 수 없는 일이다.

당 왕조는 선비(鮮卑)의 서위(西魏), 북주(北周)의 8주국(八柱國) 중 한 명이다. 서량(西涼) 이고(李暠)의 7대손이라고 칭하고 있는데, 그렇다면 한족임이 분명하다. 그러나 당의 이씨는 역시 선비족이라는 설이 유력하다. 북위(北魏) 효문제(孝文帝) 당시 호성(胡姓)을 금지해 선비도 한족풍의 성으로 바꾸었고, 이로 인해 정확한 혈통을 알 수 없게 되었다. 일설에 따르면 당의 이씨는 원래 선비의 대야씨(大野氏)였다고 한다. 설사 이연이 이고의 7대손이라고 해도, 그의 어머니 독고씨는 독고신(獨孤信)의 딸로, 바로 선비 계열이다. 이연의 부인 두씨는 어머니가 우문태(宇文泰)의 딸 양양공주(襄陽公主)로, 북주 무제(武帝)의 누나이며 선비족 우문부(宇文部) 출신이다. 수의 양씨(楊氏)도 후한(後漢)의 태위 양진(楊震)의 후예라고 칭하지만, 선비 혈통이 농후하다.

태종 이세민은 당 왕조의 기초를 굳혔다는 의미에서 명군임에는 틀림없다. 쿠데타 뒤 그는 황태자파인 위징(魏徵)을 불러 "왜 우리 형제들을 이간시켰느냐"고 힐문하고 있다. 이때 위징은 "황태자는 당신을 죽이라는 내 의견에 따르지 않았기 때문에 화를 입은 것이오"라고 답한다. 죽음을 각오한 매우 대담한 발언이었다. 태종은 위징을 사면하고 후일 다시 그를 중요한 직책에 앉힌다. 죽음을 두려워하지 않고 발언하는 사람은 찾기 힘들며, 간언자로서 적임자이다. 8주국 사람이면 좋겠지만, 국가 운영을 위해 필요한 많은 인재를 가신만으로 충원할 수는 없었다. 당 왕조는 대대로 이어지는 가신이 적었고, 대부분 이씨

가문의 잡무를 처리해 온 집사들이었다. 즉 국가 대사를 처리할 수 있는, 능력을 갖춘 사람이 없었을 것이다. 현무문 쿠데타 때 활약한 위지경덕(尉遲敬德)은 사실 타이위안 유수인 제왕 이원길을 패퇴시킨 유무주와 동맹자였다. 태종이 실지회복전(失地回復戰)에서 포로로 잡았고, 쓸모가 있을 것 같아 사면해 준 인물이다. 위징은 황태자파였고, 그 이전에는 이밀의 부하였다. 서세적은 과거 도적 떼 적양의 부하로, 그 뒤 이밀 아래로 들어갔다. 서세적은 무공을 세워 이씨 성을 받았고 이세적이라 칭하게 된다. 태종을 의식해 그는 '세(世)' 자를 빼고 이적(李勣)으로 이름을 바꾼다. 이정의 경우 앞에서 말했듯이 이연의 모반을 양저우의 양제에게 급히 알리러 가다 붙잡혀 처형당할 위기에 있었으나 이세민이 사면했고, 후일 장군으로서 큰 공을 세웠다.

이러한 사례는 태종 이세민이 관대했다는 점만을 입증하는 것은 아니다. 반대로 당의 창업 때 얼마나 인재가 부족했는지를 보여준다. 관대했다면 자신의 조카들까지, 건성과 원길의 자식들까지 죽이지는 않았을 것이다.

태종의 정치는 재위 23년간 개원되지 않은 원호인 정관으로 집약된다. 중국에서 '정관의 치세'는 이상 시대를 의미한다. 일본에서도 세이와(淸和) 천황 시대(859~877년)에 정관이란 원호를 사용했다. 태종과 가신간 문답을 수록한 『정관정요(貞觀政要)』란 서적에 의해 선정 시대란 이미지는 실제보다 증폭되었음을 알 수 있다. 전국을 무대로 군웅(群雄)이 할거(割據)한 수 왕조 말기, 동란 직후였기 때문에 사람들은 피폐해 있었다. 휴식이 필요한 시대여서 매사에 소극적이었다. 양제의 사치가 나라를 멸망시킨 것을 직접 복격했기 때문에 일할 의욕을 잃을 수밖에 없었을 것이다.

수 양제의 대업 2년(606년) 전국 호수(戶數)는 약 9백만 호였으나, 당 태종 즉위 때는 3백만 호에도 이르지 못했다고 한다. 정관의 치세는 실질(實質)·강건(剛健)하고, 도덕이 확립된 점이 특징이다. 『구당서』에 나오는 유명한 문장이 있다.

　동쪽으로 바다에 이르고 남쪽으로 령嶺(광둥)에 이르기까지 모두
문을 닫지 않았고, 여행자는 양식을 갖고 다니지 않았다.

도적 걱정을 하지 않았고, 전국 각지에 급식 시설이 있어 여행자가 식량을 휴대할 필요가 없었다는 것이다. 태종의 위대함은 이러한 질서를 진(秦) 나라와 같은 엄벌주의가 아니라 사회 교육을 통해, 도덕 의식을 향상시켜 달성했다는 점에 있다. 군대는 맹훈련으로 단련되었고, 태종이 직접 훈련·감독하여 성적이 우수한 사람을 뽑아 상을 주었다. 군대는 강화되었고 군기가 엄격해져 자연히 치안도 좋아졌다.

　태종은 즉위 초에 큰 위기에 직면한다. 돌궐군이 창안 부근까지 진격해 온 것이다. 즉위 12일 만의 일이다. 국경 경비대는 주로 황태자 이건성 계열 군대였다. 현무문에서 황태자가 살해되어 국경 수비를 맡은 군사들은 동요했다. 국경 경비대가 전의를 상실했음을 알아차렸고, 돌궐은 이 기회를 놓치지 않고 남하한 것이다.

　돌궐의 힐리가한은 웨이수이(渭水)의 벤차오(便橋)까지 도착한 뒤, 군사(軍使:교전 중에, 군의 명령으로 교섭을 위해 적군에 파견되는 사람─옮긴이) 장수 집실사력(執失思力)을 창안에 보낸다. 창안까지 불과 70킬로미터의 지점이었다. 정사(正史)에 따르면, 태종은 돌궐의 사자를 잡고, 불과 여섯 명의 기병과 함께 현무문에서 벤차오까지 나갔다고 한다. 황제가 질주하면, 그 뒤에는 당연히 대군이 따른다. 힐리가한은 크게 겁먹고 화해를 신청했고, 태종은 이를 받아들여 당일로 궁전으로 돌아왔다고 한다.

　하지만 이해하기는 힘들다. 돌궐은 10여만 대군으로 남하했고, 당

시 창안에서 동원할 수 있는 병력은 3만에 불과했기 때문이다. 추측하건대 진실은 정사의 기록과 달랐을 것이다. 한 사관은 이정의 말을 이렇게 기록하고 있다.

국가의 전재산을 털어 돌궐에게 주며 화해를 구했다.

아마 이 말이 사실일 것이다. 이는 종종 정사에도 나타난다. 『신당서』에 나오는, 후일 이정이 돌궐을 격파했을 때 태종이 한 말이다.

자네가 웨이수이의 치욕을 씻었다.

상대가 겁을 먹고 퇴각했다면 왜 '치욕'이란 표현을 사용해야 했을까? 찬탈했다는 과오가 있기 때문에 태종은 종종 사실을 조작했던 것 같다.

돌궐에 대해선 3년 만에 설욕한다. 국방을 위해 군사를 맹훈련시켰다. 당시 이상 기후로 매년 눈이 많이 내렸고 돌궐에서는 가축의 피해가 컸다. 이런 상황에서 가한이 세금을 가혹하게 징수해 부하들이 반발한 것이 돌궐의 패배 원인이었다. 이상 기후는 당 왕조에도 큰 피해를 주었다. 그러나 식량을 비축하기가 힘든 유목 민족이, 농경 민족보다 이상 기후로 인한 피해를 더 크게 받게 마련이다. 당은 기회를 놓치지 않고 공격했고, 힐리가한을 생포하는 대승리를 거두었다.

3

돌궐의 힐리가한이 포로로 잡힌 것은 정관 4년(630년) 2월의 일이다. 중국 황제 당 태종은, 사이(四夷)의 수장으로부터 추대받아 천가

한(天可汗)으로도 불리게 된다. 나는 이때가 남북조가 종식되는 시기라고 생각한다.

'중국은 하나' 라는 관념을 만든 것은 진 시황제의 위업이었다. 그러나 그는 만리장성을 만들어 흉노에 대비했을 뿐, 중국이 하나의 우주 세계라는 생각에는 이르지 못했다. 흉노의 분열로 한(漢) 왕조 후기에는 흉노의 선우(單于)가 조공하기도 했으며, 과거에 비해 흉노 등 이민족을 중국의 한 부분으로 보는 시각이 점차 높아졌다. 5호16국 시대에는 다양한 민족이 화베이에 들어왔고, 전진(前秦)의 부견(符堅)처럼 사해혼일(四海混一) 사상이 태어난다. 또 북위 효문제처럼 '모든 사람은 인종과 민족에 관계없이 최고 수준의 문명 아래 통일되어야 한다' 는 생각을 가진 사람이, 자신의 생각을 실제 정치에서 실행했다. 북주(北周)는 그 동안 진행되었던 이러한 작업 중에서 지나친 부분을 수정했다. 수·당 시대에 들어와 선비계 황실을 한족으로 삼았고 여러 민족을 포용하는 방향으로 나아간다. 만약 이민족을 배척하는, 즉 사해혼일과 반대되는 입장에 서 있었다면 선비계의 한족화는 극히 어려웠을 것이다.

이연은 타이위안 거사 때 돌궐로부터 병력을 빌렸고, 이는 후세 사가들로부터 비판받았다. 그러나 이는 이연이 한족이었다는 전제가 성립될 때 나올 수 있는 비판이다. 만약 어떤 학설대로 이연이 선비족 대야씨라면 돌궐로부터 병력을 빌렸다 해도 전혀 이상할 것이 없다. 변방의 초원에 분산해 있던 각 부족들끼리는 그 같은 일이 다반사였기 때문이다. 병력을 빌리고, 그에 상응하는 대가를 지불하는 것이 초원의 법칙이다.

웨이수이의 벤차오까지 진격한 돌궐 10만 군이 돌연 철수한 것(=웨이수이의 치욕)도 이 같은 초원의 법칙을 알면 의문이 풀린다. 사자로 파견된 집실사력과 당나라는 대화했을 것이다. 돌궐이 창안을 유린한다면 많은 전리품을 얻을 수도 있으나, 창안의 지리를 잘 모르기 때문에 3만여 당 왕조 군사와 전투에서 큰 피해를 입을 수도 있다. 당 왕조는 그런 피해 가능성을 언급했을 것이다. 혹은 수 왕조의 의성공주를 처로 삼은 힐리가한이 처음부터 창안 공격을 생각하지 않았고, 위협을 통해 재물만 얻을 계산이었는지도 모른다. 이는 공격하지 않는 것에 대한 대가인 셈이다.

돌궐이 당 왕조에 항복한 것은 이상 기후에 따른 기아, 착취로 인한 민심 이반 때문만은 아니다. 돌궐 북부에는 철륵(鐵勒)이란 부족이 있었고, 7만여 호가 돌궐에 복속해 있었다. 당은 철륵의 수장에게 사절을 보내 당에 입조하게 한다. 돌궐로부터 독립을 원하던 의욕적인 이남(夷男)이란 인물이, 철륵의 수장이 되었을 때의 일이다. 입조한 철륵은 당에서 물자와 무기 원조를 받았을 것이다. 돌궐은 배후에 적이 생기게 되었고, 항복할 수밖에 없는 상황으로 몰렸다.

변방의 부족과 관계가 깊었던 당 왕조는 이렇게 큰 스케일의 외교가 가능했다. 일종의 우주 세계 국가의 골격을 갖추고 있었다. 당은 처음으로 세계제국이라 할 수 있는 정권이 되었고, 이를 중국에 뿌리내린다.

당이 멸망한 뒤, 송(宋)은 요(遼)·금(金)·원(元) 등 변방 민족과 대립했고, 반동적인 화이사상(華夷思想:중국이 자기 나라를 '중화中華'라 하여 중시하고, 딴 종족을 '이적夷狄'이라 하여 멸시하던 사상―옮긴이)이 나왔다. 그러나 원(元)·명(明)·청(淸)이란 흐름이 세계제국의 주류에 있었다. 다른 세계가 존재한다는 사실에 너무 무관심해질 경우, 세계제국 중국의 결함은 심각한 문제를 낳게 되는 것이다.

불교는 남북조에 이어 당 왕조 시대에도 융성했고, 세계제국 형성에 큰 공헌을 하고 있다. 현장삼장(玄奘 三藏)이 천축으로 구법(求法) 여행을 떠난 것이 이 시기이다. 현장이 탄생한 해를 600년 또는 602년으로 보는 두 가지 설이 있다. 모두 수나라 문제의 말년에 해당된다. 현장은 그런 수나라 말기의 동란 속에서 성장했던 것이다. 소년 시절 그는 뤄양에서 불법(佛法)을 수행하고 있었다. 서역인 왕세충이 뤄양의 독재자로 있던 시기이다. 그 뒤 현장은 창안에 간다. 당 왕조 건국 초기였고 불교계는 침체되어 있었다. 명승(名僧)·고승(高僧)·학승(學僧)들이 동란을 피해 각지로 흩어졌다. 그 중 쓰촨(四川)으로 이주한 사람들이 많아 현장은 청두(成都)에서 가르침을 받았다. 현무문의 난을 전후해 수도 창안이 안정을 찾아갈 무렵 그는 다시 창안으로 간다. 창안의 불교계도 서서히 활력을 찾고 있었다.

불교는 오래 전 중국에 전래되었지만, 아직 불전(佛典)은 완벽히 갖춰져 있지 않았다. 현장은 불법에 1백 가지 의문점을 갖고 있었다. 이를 해결하기 위해서는 불전이 있는 인도에 가야 했다. 천축에 가겠다고 조정에 청원했다 거절당했다. 당 왕조는 건국 10년을 맞고 있었으나 국경이 아직 불안정해 백성이 외국으로 나가는 것을 금하고 있었다. 그러나 현장은 포기하지 않았고, 밀출국 형식으로 옥문관(玉門關, 간쑤성)을 빠져나왔다. 그 후 모래바람과 폭설을 견뎌내고 목표를 달성했다는 유명한 이야기가 전해진다.

4

당 왕조 입장에서 돌궐을 멸망시켰다는 것은 곧 호수(戶數)가 늘어나고 세수(稅收)가 증대됨을 의미한다. 변방 민족이 약탈해 간 것 중에는 사람도 있었기 때문이다. 노비로 만들기 위해 한 마을 사람들을 모조리 데려가는 경우도 적지 않았다. 그 노비들이 속속 돌아온 것이다.

치안이 안정되고 정치 체제가 정비되자, 사람들의 근로 의욕도 높아졌다. 노동의 결과가 곧바로 생활 향상으로 이어졌기 때문이다. 당의 국력은 하루가 다르게 강해졌다.

현장삼장의 얘기로 돌아가자. 이우(伊吾, 현재의 하미哈密. 신장 웨이우얼자치구 동부에 있는 오아시스 도시—옮긴이)를 지나 투루판 분지에 가면 고창(高昌)이란 나라가 나타난다. 고창에는 다양한 민족이 살고 있었는데 국왕은 한족 국씨(麴氏)였다. 현장은 이곳에서 크게 환영받았고 돌아가는 길에 반드시 다시 들러달라는 부탁을 받는다. 현장이 고창을 떠난 직후, 고창 국왕 국문태(麴文泰)는 창안으로 입조한다. 수 왕조를 방문했던 국문태는 당연히 수와 당을 비교했을 것이다.

국문태는 양제 시절의 수 왕조를 목격했었다. 당시 양제는 아버지가 남겨준 재력을 호방하게 쓰고 있었다. 산재(散財)의 시대였고, 모든 것이 화려하고 아름다웠다. 수천 척의 용주(龍舟)를 대운하에 띄워 노는 장면은, 투루판 분지의 오아시스에서 자란 그에게 큰 충격이었을 것이다. 자랑하길 좋아했던 양제는 특히 외국에서 손님이 오면 돈을 아끼지 않았다. 두 번째로 중국을 방문했던 국문태는 수에 비해 당은 빈약한 국가라고 느꼈음에 틀림없다. 특히 귀로에 들른 량저우(涼州) 지방이 그 해 기근이 들어, 그런 느낌은 더욱 강렬했을 것이다.

현장삼장이 고창에 이어 도착한 곳이 언기(焉耆)였다. 현장은 이곳에서 냉대받았고, 하룻밤 묵은 뒤 바로 떠난다. 이 나라는 고창과 사이가 좋지 않았다. 그것도 모르고 현장은 고창 국왕이 써준 소개장을 언기 측에 보여주었던 것이다.

과거 언기에서 남하하는 길은 잉란(樓蘭)으로 연결된다. 이것이 실크로드의 옛길이다. 삼장이 도착했을 무렵 길은 막혀 있었고, 현장이 통과한 이우와 고창이 본 도로가 되어 있었다. 구(舊) 도로가 부활하면 언기는 실크로드의 요충지로서 다시 번성할 수 있다. 그래서 언기는 당에게 구 도로 재개를 요청했고, 태종은 협력을 약속했다.

구 도로가 부활하면 고창은 실크로드의 뒷길이 되고 만다. 교역에서 얻을 수 있는 이득도 격감한다. 국문태는 구 도로 부활을 막기 위해 언기를 공격했고, 언기는 당에 지원을 요청했다. 동맹 관계인 언기와 당이 구 도로 부활에 합의한 사실은 고창도 알고 있었다. 그러나 국문태는 당의 허약한 모습을 목격했기 때문에, 당을 두려워할 필요는 없다고 생각했다. 고창도 당에 입조했고, 우호국이긴 했다. 그러나 당 왕조는 언기에 대한 공격을 질책하기 위해 고창 국왕의 사죄를 요구했다. 국문태는 병을 이유로 입조를 거부했다.

태종의 최대 특징은 과감한 결단력이다. 황제의 자리도 현무문의 난이란 결단을 통해 손에 넣었다. 정관 13년(639년) 12월 태종은 고창에 원정군을 보내기로 결정한다. 그때까지도 국문태는 여전히 당의 군사력을 얕보고 있었다.

인간은 자신이 직접 본 것을 신뢰하는 경향이 있다. 국문태가 창안에 갔을 때 당은 매사에 소극적이었다. 수 왕조의 화려함이 없었다. 하지만 그것은 표면적인 것에 불과했다. 성읍은 초라해 보였겠지만 그곳에 실질·강건한 백성이 높은 윤리관을 갖고 열심히 일하고 있음을 보지 못했다. 국문태는 자신이 목격한 모든 것이 이미 10년 전 과거의 일이란 사실도 고려하지 않았다.

당의 대군이 속속 사막 입구에 집결하고 있다는 소식을 듣고서야 국문태는 공포를 느꼈고, 그 충격으로 죽고 만다. 세자 국지성(麴智盛)이 왕이 되었으나 당에 대항할 힘은 없었고 결국 성문을 열었다. 국문태의 여동생은 서돌궐 가한의 부인이었고, 서돌궐의 지원을 받을 수 있다고 기대했었다.

태종이 단호히 서역에 병력을 보낸 것은 언기처럼 당의 동맹국은 당왕조의 보호를 받는다는 사실을 다른 서역 국가들에게 보여주기 위해서였다. 동돌궐은 당에 항복했으나 서돌궐은 아직 당과 우호 관계를 맺지 않고 있었다. 언기가 패하는 것을 당 왕조가 방관할 경우, 서역은 서돌궐의 세력권에 들어갈 것이 뻔했다.

고창을 멸망시킨 뒤 태종은 신하들의 반대를 누르고 고창을 직할령으로 삼았고, 투루판 분지 서쪽에 있는 자오허성(交河城)에 안서도호부(安西都護府)를 설치하는 등 적극적인 서역 통치에 나선다.

간언(諫言)이 임무인 위징은 고창에서는 경제적으로 이득 볼 것이 적기 때문에, 국지성을 왕으로 삼고 당의 속국으로 만드는 것이 낫다고 상신했다. 태종은 위징의 간언을 존중했으나 이때는 자신의 생각을 관철했다. 투루판 분지를 직할령으로 한 것은 재물이나 세금을 원해서가 아니었다. 서역 경영, 즉 문화와 물자 교류를 통해 얻게 될 물심양면의 이득을 생각했던 것이다.

현장은 18년 만에 귀국하면서 과거 신세를 졌던 고창국을 찾았으나 이미 사라진 뒤였다. 그가 창안에 돌아온 것은 정관 19년(645년)이다. 태종은 이때 창안에 없었다. 고구려 원정을 위해 뤄양에서 군 통수부를 설치하고 있었다.

서역의 안서도호부는 후일 언기까지 직할령으로 편입하는 등 순조롭게 기능했다. 그러나 당의 동방 경영은 원만치 못했다. 수나라 멸망의 직접 원인이 고구려 원정이었음은 모두가 알고 있었다. 30년도 채지나지 않은 생생한 역사의 교훈이었다. 그럼에도 태종은 그 전철을 밟았다. 당의 조정에서도 반대하는 목소리가 높았고, 특히 저수량(褚遂良)이 필사적으로 친정(親征)에 반대했다. 그러나 태종의 의지는 꺾이지 않았다.

내가 살아 있는 동안에…….

이런 생각이 태종의 머리에 깊게 박혀 있었던 것 같다.

황태자로 세운 진왕(晉王) 이치(李治, 후일 고종高宗이 됨)는 병약했고, 오로지 인자하다는 점만을 내세울 수 있는 인물이었다.

태평 시대의 군주로서는 무난하지만, 당시 상황은 태평 시대라고 하기 힘들었다. 그래서 태종은 국방·외교 문제 같은 난제는 모두 자신이 해결한 뒤 후계자에게는 태평천하를 넘겨주려 했던 것이다.

고구려에서는 연개소문이 국왕을 죽이고 국왕의 동생을 왕으로 옹립했다. 당시 백제는 고구려와 연합해 신라를 압박하고 있었고, 신라가 당에 원조를 요청해 온다. 당 왕조는 연개소문의 쿠데타를 명분삼아 10만 병력을 보냈다.

이 공격은 실패로 끝난다. 랴오둥성(遼東城, 랴오닝성遼寧省)은 함락했으나, 안스성(安市城, 랴오닝성) 함락이 늦어지는 사이 겨울이 찾아왔던 것이다. 당은 철군했고, 고구려는 사죄사를 보냈다. 그러나 태종은 공격 의지를 굽히지 않았다. 비록 친정(親征)은 아니었으나 다시 병력을 보낸다. 정관 23년(649년) 4월 태종의 사망으로 고구려 원정은 중지되었다. 향년 쉰세 살이었다.

당 왕조의 나날들

1

고종은 온화하고 인자한 인물이었다. 어머니 장손황후(長孫皇后)가 별세하자 대자은사(大慈恩寺)를 건립하기도 했다. 이 사찰은 태종이 죽기 5개월 전 완성되었다. 절의 대안탑(大雁塔)은 지금도 시안(西安)에 있으며, 시안을 방문하는 관광객들에게 탑을 오르는 것은 필수 관광 코스이다. 현장은 이 절의 주지가 되었고, 인도에서 가져온 엄청난 양의 경문(經文)을 탑에 보관했다. 대안탑이 불전 도서관 겸 역경(譯經) 사업 본부가 된 것이다.

태종에겐 열네 명의 황자(皇子)가 있었으나 황위 계승권을 가진 자는 본부인 장손씨가 낳은 아들 세 명이었다. 승건(承乾), 태(泰), 치(治)의 순서였다. 장손씨도 선비계의 명문이었던 듯하며, 그녀의 오빠 장손무기(長孫無忌)는 현무문에서 큰 공을 세웠다. 그럼에도 황후 장손씨는 정치에 일절 간섭하지 않았고, 친족들도 정치에 관여하지 못하게 했다. 장손황후가 정관 10년(636년)에 사망한 뒤 태종이 죽기까지 13년간 황후가 없었다. 현무문에서 죽은 동생인 제왕 이원길의 처 양씨(楊氏)를 황후에 앉히려 했으나 신하들의 반대로 실현되지 못했다는 설이 있다. 양씨와의 사이에서 아들이 생길 경우 후계자 문제가 더욱 복잡해지기 때문에 반대했을 것이다.

우선 장손황후가 낳은 아들 중 장남인 이승건이 황태자가 되었다.

그러나 기행(奇行)이 많았고 다리도 불편했다. 이승건은 동성애 기질이 있어 태종을 격분하게 만들었다. 이승건은 칭심(稱心)이란 미소년을 사랑했다. 태종이 칭심을 처형하자, 이승건은 칭심의 동상을 만들어 궁녀들에게 칭심을 제사지내게 했고, 자신도 눈물 흘리며 동상 주변을 배회했다. 결국 태종은 그를 폐한다.

태와 치 중에서 선택해야 했다. 태는 네 번째, 치는 아홉 번째 아들이므로 당연히 태를 택해야 한다. 이태는 아버지와 성격이 매우 닮았다고 한다. 단, 너무 몸이 비만해서 태종은 그가 궁중에서 가마 타고 이동하는 것을 허락하고 있었다. 반면 이치는 병약했지만 인자했다. 결국 이치가 황태자로 옹립된다.

당 왕조는 안정기에 들어섰다. 태종과 닮은 적극적인 이태가 즉위할 경우 폐위당한 승건과 동생 치를 살해할 가능성이 있었다. 태종 자신이 현무문에서 형제를 죽였기 때문에, 아들 대에서는 그런 일이 되풀이 되는 것을 막고 싶었다.

황태자가 치로 결정되는 데는 장손황후의 오빠 장손무기의 적극적인 공작이 있었던 듯하다. 당 왕조의 중신과 외척으로서 권세를 떨치기 위해서는 자주적인 태보다는 인자한 치가 즉위하는 편이 나았기 때문일 것이다.

사실 고종 이치는 조종하기 쉬운 인물이었고, 장손무기는 황제를 꼭두각시로 만들려 했다. 그러나 장손무기가 손을 뻗치기도 전에 고종은 무조(武照)란 여성의 꼭두각시가 되고 만다. 무조는 고종의 아버지 태종의 후실이었다. 아버지의 애첩에 손을 댄 것인데, 이 사건도 당 왕조가 선비족이라는 학설의 유력한 근거가 되고 있다.

고종은 황태자 시절부터 무조를 좋아했다고 한다. 무조는 태종이 죽자 비구니가 되었는데, 고종이 그녀를 다시 후궁으로 맞이했다. 고종은 이미 부인 왕씨(王氏)가 있었고, 그녀가 황후가 되었다. 당시 후궁에서는 왕황후와 소숙비(蕭淑妃)가 마찰을 빚고 있었다. 고종의 마음은 황후보다 소숙비에게 기울어져 있었다. 일설에 따르면 소숙비를 견제하기 위해 왕황후가 무조를 환속(還俗)시켰다고 한다.

그러나 왕황후의 행동은 현명한 처사가 되지 못했다. 고종은 무조에게 마음을 빼앗겼고, 황후의 의도대로 소숙비는 몰락했다. 문제는 왕황후 자신까지도 황후 자리에서 쫓겨났다는 점이다. 마찰이 잦았던 황후와 소숙비 모두 처형당하고 만다.

무조는 무서운 여자였다. 그녀는 고종에게 황후 자리를 요구했고, 고종은 네 명의 중신과 상담했다. 저수량과 장손무기는 반대했고, 우지령(于志寧)은 침묵했으며, 이적(李勣)은 병을 이유로 참석하지 않았다. 태종도 동생 원길의 부인 양씨를 황후로 삼으려 했으나, 신하들이 반대하여 황후 자리를 공석으로 남겨두었었다. 당연히 무조도 고종의 아버지인 태종의 후궁이었으므로, 신하들은 반대했다.

병을 이유로 불참했던 이적은 나중에 고종에게 이렇게 말한다. "그것은 폐하의 집안일이므로 다른 사람에게 물을 필요가 없으십니다." 이 말은 고종에게 구원의 소리가 되었다. 반면 이적의 경력에 큰 오점으로 남았다. 이를 계기로 무조는 황후에 올랐다. 그녀가 바로 측천무후(則天武后)이다. 황후 책봉에 반대한 저수량과 장손무기는 좌천된 뒤 처형된다. 침묵을 지켰던 우지령도 좌천되었다. 찬성하지 않았던 것이 죄로 간주된 것이다.

무조가 황후에 오른 것은 영휘(永徽) 6년(655년)이며, 고종은 28년 뒤인 홍도(弘道) 원년(683년)에 사망한다. 아버지보다 3년 장수했으나 병약했고 극심한 두통에 시달렸다. 무조는 황후가 된 뒤 남편이 죽기까지 약 30년간 정무를 좌우했다. 고종이 죽은 뒤 20년은 완전히 무측천(武則天)의 시대였다. 그녀는 당 왕조를 없애고 주(周) 왕조를 만들어 스스로 황제가 되었다. 중국 역사상 처음이자 마지막 여성 황제였다. 19세기 말부터 20세기 초에 중국에서 막강한 권세를 휘둘렀던 서태후(西太后)조차 제위에는 오르지 않았다. 무조의 이름은 측천이었는데, 당 왕조 황후이자 주의 황제였기 때문에 측천무후보다는 무측천이라 해야 한다.

왕황후, 소숙비, 그리고 자신의 황후 책립에 반대한 자들을 죽였기 때문에 그녀는 잔인한 여제(女帝)라고 일컬어진다. 권력을 유지하기 위해, 또 자신의 의사를 관철하기 위해 그녀는 자신의 아들과 손자까지 죽였다. 황태자 이홍(李弘)은 배다른 형제인 의양공주(義陽公主)와 선성공주(宣城公主)를 동정했고, 결혼을 도와주어 어머니에게 살해당한다. 의양공주와 선성공주는 모두 소숙비의 딸이다. 『구당서』에는 황태자가 기운전(綺雲殿)에 묻혔다고만 적혀 있으나 『신당서』에는 분명히 이렇게 기록되어 있다.

천후天后, 황태자를 죽였다.

무측천이 낳은 아들 중 이홍 다음이 이현(李賢)이다. 이현은 뛰어난 학자였고 『후한서(後漢書)』의 주(註)를 만들었다. 그러나 어찌된 영문인지 이현은 무측천에 대한 모반 혐의로 바저우(巴州, 쓰촨성)로 귀양가 자살했다. 장회태자(章懷太子)란 시호를 받았는데, 최근 발굴된 이현의 묘에서 훌륭한 벽화가 나와 화제가 되었다.

결국 이현(李賢)의 동생 이현(李顯)이 황태자가 된다. 같은 무측천의 아들로, 두 형보다 자질이 떨어졌다. 과감한 어머니보다 소심한 아버지 고종을 닮았다. 중종(中宗)이라 불렸다. 중종에겐 아무런 권한도 없었다. 중종의 황후 위씨(韋氏)가 자신의 아버지를 요직에 앉히려다 무측천의 분노를 샀다. 중종은 여릉왕(廬陵王)으로 강등되었고, 동생 이단(李旦)이 즉위해 예종(睿宗)이 된다. 중종은 처형당하지 않은 것만으로도 안도의 한숨을 내쉬었을 것이다.

조정의 신하들은 다양한 서조(瑞兆)가 있었다며 무측천에게 제위에 오를 것을 청했다. 무측천이 국호를 주(周)로 바꾼 것은 690년의 일이다. 당의 황제였던 예종은 무씨 성을 받아 성신황제(聖神皇帝) 무측천의 황사(皇嗣:황위를 이을 황태자)가 된다. 그러나 무측천은 얼마 후 예종을 밀어내고, 중종을 다시 황사로 삼는다.

2

무측천이 정권을 잡았을 때 저항이 없었던 것은 아니다. 남편인 고종 자신이 부인의 권세욕을 우려해 그녀를 폐하려 했다. 상관의(上官儀)와 계획을 세웠으나 발각되고 말았다. 고종은 모든 죄를 상관의에게 뒤집어씌우고 무서운 부인으로부터 자신을 지켰다. 당시 조정에서는 황제와 황후를 부를 때 늘 이성(二聖)이란 표현을 사용했다. 동등하다는 얘기였다. 고종에게 무측천을 폐할 힘은 없었다.

고종 사망 1년 뒤 이경업(李敬業)이 주도한 반란이 일어났다. 격문은 초당사걸(初唐四傑) 중 한 사람으로 꼽히는 시인 낙빈왕(駱賓王)이 썼다. 거기에는 이런 명문이 있다.

고종 능陵의 흙이 아직 마르지 않았는데, 6척六尺의 고孤는 지금 어디에 있는가.

'6척의 고'는 성인이 된 유아(遺兒)란 의미이며 바로 '중종'을 말한다. 중종이 제위에서 쫓겨나고, 예종은 연금되어 정치에서 배제된 일을 비판한 것이다. 이경업의 반란 그룹은 무측천에 의해 좌천된 사람들로 구성되어 있었다. 무측천은 30만 대군을 보내 일거에 분쇄해 버렸다. 아무도 이경업의 반란 그룹에 호응하지 않았다. 조정 내의 복잡한 다툼은, 사실 서민과는 아무런 관계도 없는 일이었다. 상층부에서 어떤 일이 일어나거건, 일반 백성들의 생활에는 그리 큰 영향을 미치지 못했다. 서민이 호응하고 나설 이유가 없었던 것이다.

당시 설회의(薛懷義)라는 요승(妖僧)이 나타나 백마사(白馬寺)의 지주승이 된 뒤, 오랜 현안이던 명당(明堂)을 건립했다. 낙성 의식에서 뤄수이(洛水)의 신을 예배했다. 뤄수이에서 보도(寶圖)가 나와 새 왕조가 일어나는 서조(瑞兆)라고 여겼다. 그리고 하얀 돌에 여덟 글자가 적혀 있었다.

성모임인聖母臨人 영창제업永昌帝業

대강 '성모가 사람으로 임해, 영원히 제국을 번성하게 한다'는 내용으로, 여제의 출현을 예언하고 있다. 이는 무측천의 조카 무승사(武承嗣)가 조작한 것이며, 왕망(王莽) 시대에도 유사한 일이 벌어졌었다.

새 왕조가 탄생한다는 것이므로 당의 황족, 즉 고종의 숙부인 한왕(韓王) 이원가(李元嘉), 고종의 형과 가족들이 각지에서 황족을 규합해 거사했다. 이 역시 무측천이 간단히 제압했다. 고종의 조카 낭사왕(琅邪王) 이충(李沖)이 공을 독차지하기 위해 다른 황족에 앞서 홀로 거병했기 때문에, 각개격파(各個擊破)당하고 말았다. 황족들의 거사역시 일반 민중과는 전혀 관계가 없었다.

요승 설회의는 『대운경(大雲經)』에 정광천녀즉위(淨光天女卽位)란 내용이 있다며 무측천의 신 왕조 창건 환경을 조성한다. 『대운경』은 위조된 경문이다. 그러나 무측천은 이를 천하에 배포하고, 전국의 주(州)에 대운사 건립을 명령한다. 전국에 관사(官寺)를 두자는 발상은 견당사(遣唐使)에 의해 일본에 전해졌고, 이것이 일본 고쿠분지(國分

寺) 건립의 계기가 된다.

일본 정부는 열아홉 차례 견당사를 임명한다. 마지막으로 임명된 스가와라노미치자네(菅原道眞)는 실제로는 바다를 건너지 않았다. 그런 경우는 그 외에도 수차례 있었다. 2백여 년에 걸친 열아홉 차례 임명 중 무측천이 황후가 되어서 그녀의 시대가 끝나는 반세기 동안 다섯 차례나 임명된다. 아와타노마히토(粟田眞人)를 대사로 하는 제8차 견당사는 당이 아닌 주의 장안(長安) 2년(702년)에 도착, 장안 4년(704년) 7월에 귀국했으므로 견당사가 아닌 견주사(遣周使)라 해야 할 것이다. 당시 일본에서 가장 오래된 시가집인『만요슈(万葉集)』의 시인으로 유명한 야마노우에노오쿠라(山上憶良)가 동행했다.

목적을 달성한 무측천은 서서히 요승 설회의를 멀리하고, 어의(御醫) 심남구(沈南璆)를 측근으로 삼는다. 설회의는 명당을 불태우며 저항했으나, 무측천은 그를 즉시 처형시켜 버렸다. 혈육인 아들과 손자까지 죽였던 여인이다. 무측천이 다음에 총애한 것은 미소년 장역지(張易之) · 장창종(張昌宗) 형제였다.

무씨 일가는 권세를 누리게 된다. 무승사, 무삼사(武三思)와 같은 무측천의 조카들이 권력을 얻었다. 그들은 무측천의 후계자로서 주의 2대 황제 자리를 노렸으나, 원로인 재상 적인걸(狄仁傑)이 조카가 고모의 제사를 지내는 일은 있을 수 없다고 반대해 결국 아들에게 무씨 성을 주어 후계자로 삼았다.

무측천의 만년은 미소년 장씨 형제의 시대라고 할 수 있다. 황태자의 장남인 열아홉 살 이중윤(李重潤)과 열일곱 살 여동생 영태군주(永泰郡主)는 '장씨 형제가 궁중에 들어오는 것은 좋지 않다'는 내용의 대화를 나눴다고 무측천, 즉 친할머니에게 살해된다. 그뿐 아니라 영태군주의 남편이자 무승사의 장남인 무연기(武延基)도 살해당한다. 나이 든 무측천은 정신병자임이 분명한 것 같다. 오랜 기간 독재자로 지낼 경우 반드시 생기는 '광기'였는지도 모르겠다. 무씨 중에서도 사촌 오빠와 동생인 무회량(武懷良), 무회운(武懷雲), 언니의 아들 하란민지(賀蘭敏之)가 처형되었다.

밀고가 장려되었고, 거짓으로 밀고해도 처벌은 하지 않는다는 규칙이 만들어졌다. 정말 진저리쳐지는 시대였다. 그러나 무측천을 변호하는 사람도 적지 않다. 명(明) 시대 말기의 사상가 이탁오(李卓吾)가 그 중 한 사람이다.

그녀에 의해 살해당한 것은 황족이나 무씨 등 사회 최상층에 있던 사람뿐이며, 민중에겐 아무런 피해가 없었다는 것이다. 또 무측천은 사람 보는 눈이 뛰어나 훌륭한 인재를 등용했다고 본다. 새 왕조의 주인이 된 그녀에겐 인재가 필요했다. 양서 편찬을 명목으로 그녀는 문인을 모았다. 그들은 관직에 오르지는 않았으나, 공적 업무를 위해 궁중에 출입했기 때문에 현무문, 즉 북문 통행을 허락했다. 사람들은 그들을 북문학사(北門學士)라 불렀고, 무측천은 그들 중에서 인재를 찾아내 양성했다.

무측천이 죽은 뒤 당 왕조의 융성기인 개원(開元), 천보(天寶) 시대가 찾아오는데, 두 시기에 활약한 인재들 중 상당수가 무측천이 키워낸 사람들이다. 이탁오는 역대 왕 중 무측천만큼 사람 보는 눈이 뛰어난 사람은 없었다고 주장한다. "무측천만큼 즐거이 인재를 양성하고, 백성의 편안을 염두에 두고 노력했던 왕이 있었던가"라고 이탁오는 묻고 있다. 실제로 무측천 시대에 좌천된 집단이나 황족들의 반란은 있었으나 농민 폭동은 한 건도 기록되어 있지 않다.

무측천은 여자이자 아내이고, 어머니이자 할머니였다. 그러나 그녀를 한마디로 정의하자면 '정치가'이다. 건국 후 반세기 동안 당 왕조는 건국 원훈들의 문벌이 정치의 중심에 있었다. 새 왕조를 건설하기 위해 고생했던 원훈들의 가문은 2세, 3세로 내려가면서 특권에 빠져 타락하는 자가 많았다. 타락하지는 않더라도 상당수가 무능했다. 그런 둔재들이 문벌 덕에 요직을 독점하는 경우도 있었다. 무측천은 이를 일소(一掃)했다. 당 왕조 입장에서 보면 깨끗한 피를 수혈받은 셈이다. 모순되는 표현이긴 하지만 당 왕조는 멸망했어도 그녀 덕분에 보다 활력 넘치는 왕조로 부활할 수 있었다.

적인걸을 비롯한 당의 중신들이 당에서 주(周)로 나라를 찬탈당했음에도, 이를 허용한 데에는 이유가 있었을 것이다. 주의 황태자는 무씨 성을 받았다고는 하지만 당의 이씨이며 고종의 아들, 태종의 적손(嫡孫)이었다. 고령의 무측천에게는 주 왕조의 기초를 굳힐 시간이 충분하지 않았다. 그녀만 죽으면 원래의 당 왕조로 돌아갈 수 있었던 것이다.

실제로는 그녀의 죽음을 기다릴 필요도 없었다. 무측천이 병이 들자 여든 살의 원로 재상 장간지(張柬之)가 마침내 중요한 결단을 내린다. 무측천은 영선궁(迎仙宮)의 장생전(長生殿)에서 요양하고 있었다. 장간지는 그곳을 지키던 장씨 형제를 복도에서 베어죽이고 무측천에게 퇴위를 요구했다. 늙은 무측천은 아무런 저항도 하지 못했다. 신룡(神龍) 원년(705년) 정월의 일이다. 무측천이 죽은 것은 그해 11월, 향년 여든세 살이었다.

모든 것은 장씨 형제의 잘못으로 정리되었다. 무측천은 당 왕조를 찬탈한 대역무도한 인물이다. 그러나 중종의 어머니이며, 그로부터 2백 년 뒤 당은 멸망할 때까지 무측천의 피를 이어받은 황제가 이어졌기 때문에, 그녀를 반란자로 규정할 수는 없었다. 무측천이 죽은 뒤 그녀를 고종과 합장하는 일에 반대하는 중신들도 있었으나, 중종은 신하들의 의견을 물리치고 합장했다. 그 묘가 건릉(乾陵)이다. 무측천에게 살해당한 손자 이중윤과 손녀 영태군주는 각각 의덕태자(懿德太子)와 영태공주(永泰公主)로 추서(追敍:죽은 뒤 품계를 높여 줌—옮긴이)되었고 건릉 옆에 배총(陪塚:대형 고분 가까이에 둔 소형 고분. 고분 시대 중기에 많고, 인체를 매장하는 경우는 드물며 유물만 있는 것도 있다—옮긴이)이 조성되었다.

3

일본의 첫 번째 견당사는 당 왕조 정관 4년(630년)에 파견되었으나, 이에 앞서 견수사(遣隋使)가 있었다. 『일본서기(日本書紀:일본 최초의 역사서—옮긴이)』와 『수서(隋書)』는 이에 대한 기록에서 다소 차이가 난다. 그러나 세 차례 파견된 것이 확실한 듯하다. 첫 번째와 두 번째는 오노노이모코(小野妹子)가 대사로, 세 번째는 이누가미노미타스키(犬上御田鍬)가 대사로 갔다. 이누가미노미타스키는 다시 최초의 견당사 대사가 된다.

7세기 초 일본은 호족 투쟁이 계속되어 혼란 상태에 있었기 때문에 쇼토쿠(聖德) 태자는 대륙의 선진 문명을 흡수함으로써 정치를 쇄신하려 했다.

해가 뜨는 나라의 천자가, 해가 지는 나라의 천자에게 서書를 보낸다.

『수서』「왜국전(倭國傳)」에는 이때 당시 일본이 보낸 국서(國書)에 그와 같은 문구가 있어, 이를 본 양제는 오랑캐의 서한에 무례한 내용이 있다며 다시는 자신에게 이를 가져오지 말라고 지시했다는 내용이 있다. 야만인이기 때문에 하늘에 태양이 두 개가 아니듯이 천하에 두 명의 천자가 있을 수 없다는 사실을 알지 못한다고 생각했고, 이런 따위의 국서는 보고 싶지 않다고 말한 것이다. 양제는 이 문제로 크게 화를 내지도 않았다. 그 증거로 배세청(裴世淸)이란 자를 일본 사절단의 귀국에 동행시키고 있다. 그러나 이 국서 얘기는 『수서』에만 씌어 있다.

오노노이모코는 배세청을 환송하기 위해 다시 한번 수 왕조로 들어간다. 『일본서기』에 따르면 이때 일본 측 국서에는 이렇게 되어 있다.

동쪽의 천황, 경의로써 서쪽의 황제에게 말씀드린다.

그러나 이 문구 역시 『일본서기』에만 나온다. 당 태종은 사망 당시 완수하지 못한 고구려 정벌이 마음에 걸렸다. 고종의 유약함이 걱정되었던 것이다. 고종은 유약한 사람이었으나, 중신들이 잘 보필하고 있었다. 또 황후 무측천의 지나친 강건함이 고종의 모자람을 메워주었을 것이다. 무측천이 외교에 얼마나 간섭했는지는 모르겠으나, 당이 동방 정책을 실행하기 위해 원정군을 편성한 현경(顯慶) 5년(660년), 그녀는 이미 황후가 된 지 여섯 해에 접어들어 있었다.

동아시아 상황은 수 왕조 때와는 달라져 있었다. 수 왕조 때는 고구려라는 북의 강국이 백제와 신라를 위협하고 있었다. 이로 인해 백제는 수의 고구려 원정에 안내자 역할을 할 정도였다. 당 왕조 시대의 백제는 고구려와 일본을 연결하여 신라에 빼앗긴 영토를 회복하려 했다. 백제 왕자 풍장(豊璋)이 일본에 간 것도 동맹국간 인질 교환 차원이었다. 남과 북을 연결해 동쪽의 신라를 공격하려 한 백제는 대당(對唐) 외교를 경시하는 경향이 있었다. 백제는 당에도 사절을 파견했으나, 외교상 큰 비중을 두지는 않았던 것 같다.

이에 비해 신라에는 김춘추(金春秋)라는 영걸이 나타났다. 신라 제29대 무열왕(武烈王) 시기이다. 당시 신라는 백제에 대야성(大耶城)을 빼앗긴 상태였다. 김춘추는 고구려를 찾아갔고, 일본에 사절을 파견해 외교적 해결을 모색한다. 이 작업은 실패로 돌아갔으나, 김춘추는 당 태종이 죽기 직전 자신의 아들을 데리고 당을 찾았고, 그 후 대당 정책에 전념하게 된다. 신라는 당과의 관계 강화에 온 힘을 기울였고, 당의 외교 정책에 영향을 주려고 했다. 수에서 당 왕조에 걸쳐 대륙은 항상 랴오둥의 고구려를 주적(主敵)으로 지목하고 있었다. 그러나 주적이 백제로 바뀌게 된다. 물론 당이 신라의 외교 공작으로 주적을 바꾼 것은 아니었다. 신라와 함께 백제를 치면, 고구려가 고립될 것이라고 계산한 것이다. 어떤 나라건 가장 중시하는 것은 국익이다.

당과 신라 연합군은 백제로 진격한다. 현경 5년(660년) 8월, 당의 군사는 백제의 수도를 공격했고, 의자왕은 항복한다. 백제는 일본에 왕자 풍장의 송환과 지원을 요청했다. 일본에서는 사이메이(齊明) 천황이 친정(親征)을 결정했으나 그가 쓰쿠시(筑紫)의 아사쿠라노미야(朝倉宮)에서 사망하여, 덴지(天智) 천황이 즉위했다. 일본의 원군은 해로로 금강 하구인 백강(白江, 『일본서기』에는 백촌강白村江)으로 들어와 주류성(周留城)으로 향하지만 나당 연합군에 대패한다.

왜병을 백강 입구에서 만났다. 네 차례 싸워 모두 승리함. 배 4백 척이 불타고, 그 연기가 하늘을 덮었고 물은 온통 붉게 물들었다.

당의 기록이다. 용삭(龍朔) 3년(663년) 9월(『일본서기』에는 8월)의 일로 기록되어 있다. 백제는 부흥 전쟁에서도 패배했고, 풍장은 고구려로 망명했다.

당의 주된 목표는 역시 국경을 접한 고구려였다. 백제를 멸망시키고 신라와 연합함으로써 고구려를 고립시켰다. 백제를 공격한 당나라 장수 소정방(蘇定方)은 이미 고구려로 향하고 있었다. 역전의 명장 이적(李勣, 본명은 서세적)을 총사령으로 하는 당의 군사가 평양을 함락시킨 것은 총장(總章) 원년(668년) 9월의 일로, 백촌강 전투 5년 뒤의 일이다. 고구려는 수년간 기근과 '기이한 현상' 때문에 내분이 끊이질 않았다. 민심은 동요하고 있었다. 고구려는 과거 수의 문제, 양제, 또 당 태종에게도 패하지 않았으나, 이제 더 이상 그런 국력이 남아 있지 않았다. 당은 평양에 안동도호부(安東都護府)를 설치하고, 고구려 땅을 직할령으로 삼았다.

4

무측천 없는 당을 살펴보자. 중종은 아버지 고종을 닮아 인자했다. 황후 위씨는 권세욕이 강한 여자였다. 고종이 죽은 뒤 중종이 왕위에 오르지만, 무측천에 의해 폐위된다. 황후 위씨가 친정아버지를 요직에 앉히려 한 것을 알고 격분했기 때문이다. 무측천이 없어졌기 때문에 위씨는 다시 권세를 펼치게 되었다. 하나밖에 없던 아들 이중윤이 무측천에 의해 살해되었으므로 권세를 휘두르며 이를 보상받으려 했다.

위씨는 무측천을 모델로 삼아, 황후에서 여제로 등극하려 했다. 아들은 없지만 딸 안락공주(安樂公主)의 남편이 무삼사의 아들 무숭훈(武崇訓)이었다. 위씨는 여제가 되어 딸을 황태녀로 삼고, 자신에 이어 여제로 만들려 했다. 우선 자신이 황제가 되기 위해서는 남편 중종을 제거해야 했다.

중종이 복위하자 아들 이중준(李重俊)이 황태자가 되었다. 물론 위씨가 낳은 아들이 아니었다. 이중준은 용기는 있으나 비정상적인 인물이었다. 그는 당 왕조가 부활했음에도 무삼사가 여전히 정치적 영향력을 갖고 있는 것이 불만이었다. 더구나 무측천의 여비서였던 상관완아(上官婉兒)가 자신을 폐하고 안락공주를 황태녀로 세우려고 획책 중이란 사실을 들었다.

사려 깊지 못하고 의욕만 넘치는 황태자 이중준은 근위병을 시켜 무삼사·무숭훈 부자를 살해하고 궁궐로 들어갔다. 그러나 사전에 중종의 동의를 얻지 못해 쿠데타는 실패로 끝난다. 중종이 이중준 진영을 반란군으로 규정한 순간 실패로 끝나버린 것이다. 이중준은 중난산(終南山, 산시성陝西省)으로 도주했으나 부하에게 살해당했다. 경룡(景龍) 원년(707년)의 일이다.

마침내 위씨의 음모가 실행으로 옮겨진다. 중종은 이중준 사망 뒤 이중무(李重茂)란 소년을 황태자로 책봉했다. 위씨는 자신의 왕조를 창건할 때 이 소년을 폐하고, 안락공주를 황태녀로 세울 계획이었다. 물론 새 왕조를 탄생시키기 위해서는 남편 중종을 제거해야 했다. 믿기지 않는 일이지만 위씨는 안락공주와 모의해 중종을 독살해 버렸다. 남편이자 아버지이기도 한 사람을 죽이게 만드는 권력욕이 얼마나 소름끼치는 것인지 잘 보여준다.

이제 위씨 왕조 건국에 방해가 되는 존재는 중종의 동생이자, 무측천 시절 한 번 제위에 올랐던 예종 이단, 그리고 이단의 동생 태평공주(太平公主)였다. 태평공주도 권력욕이 강해 무측천은 그녀가 자신과 가장 닮았다고 말할 정도였다.

위씨는 남편을 살해한 뒤 이단과 태평공주를 제거할 계획이었다. 사서에 따르면 위씨 진영에 있던 병부시랑(兵部侍郎:국방부 차관) 최일용(崔日用)이 이단의 3남 이융기(李隆基)에게 위씨의 움직임을 상세히 전했다고 한다. 신 왕조 창건에는 무력이 필요하다. 위씨는 황후의 지위를 과신한 채, 군의 수뇌를 포섭했다. 그러나 최일용은 위황후가 무측천과는 상대가 되지 않는 형편없는 권력 맹신자임을 간파했다. 이들은 서둘러 다음 시대의 주역에게 접근했고, 그것이 이융기였다.

이융기는 당시 스물다섯이었고 수많은 사람들에게 그의 존재는 크게 부각되고 있었다. 위씨 쪽에서는 중종의 동생 이단과 권력욕이 자신 못지않은 태평공주만을 주목했지, 이융기의 출현은 전혀 예상하지 못했다.

중종은 이중준의 쿠데타 실패 3년 뒤 사망한다. 후에 현종(玄宗)이 되는 이융기는 이 실패에서 충분한 교훈을 얻었다.

중종 사망 18일 뒤에 이융기는 거병해 위씨와 안락공주를 살해했다. 이융기 측의 인물들은 모두 젊고 직책이 낮은 사람들이었다. 그의 사촌이자 고모인 태평공주의 아들 설숭간(薛崇簡)도 참가했다. 또 먼 훗날 마웨이(馬嵬, 산시성陝西省)에서 양귀비(楊貴妃)를 죽인 군사령관이 되는 진현례(陳玄禮)도 있었다. 진현례는 과의도위(果毅都尉)로 5, 6품 정도의 청년 장교였다.

위씨 진영에서도 군대를 장악하기 위해 위선(韋璿), 위파(韋播) 같은 친족을 군대에 투입, 장군 자리에 앉혀놓고 있었다. 그러나 신분이 급상승한 그들은 자신들의 권위를 과시하기 위해 병사들을 엄벌주의로 대했다. 매일같이 채찍으로 구타했고, 병사들의 원망은 깊어갔다. 위씨는 군대를 장악하기는커녕 적으로 돌리고 말았다. 소수의 쿠데타 중핵 부대가 돌입하자 근위병은 속속 위씨 공격에 동참했다.

위씨 친족은 처형되었고 거병 4일 만에 이융기의 아버지 이단이 즉위한다. 무측천 시대 때 비록 짧은 기간 동안이었지만 한 번 제위에 올랐던 인물이다. 이단의 장남 이성기(李成器)가 황태자가 되었으나, 그는 자진 사퇴했다. 위씨 처형과 이단의 즉위는 모두 3남 이융기의 공적이었다. 이융기의 태자 책봉은 당연한 것이었다.

예종은 매우 점잖은 황제였다. 황태자를 세웠으나 동생 태평공주를 무시할 수 없었다. 정사(正史)에는 그리 자세히 나오지 않지만, 그녀는 장씨 형제 제거에 큰 공을 세웠던 것으로 여겨진다. 사건이 진정된 뒤 그녀의 식읍(食邑:공신에게 내리어 그곳의 조세를 받아쓰게 하던 고을—옮긴이)이 3천 호에서 5천 호로 늘어난 것이 이를 가늠케 해준다. 이단도 5천 호였다. 위씨 처형에는 태평공주의 아들 설숭간이 참가했다. 무측천은 이 막내딸을 사랑해 비서로 삼았는데, 궁정에서 그녀의 인맥은 황태자 이상으로 커졌던 것 같다. 조정은 황태자파와 태평공주 파의 파벌 투쟁의 장으로 변해갔다.

태평공주를 뤄양으로 보내라고 예종에게 진언하는 대신도 있었으나 태평공주 측의 반격으로 실현되지 않았다. 예종은 자신이 제위에서 물러남으로써 정쟁을 끝내려 했다. 예종 퇴위로 황태자 이융기가 즉위하고, 궁지에 빠진 태평공주는 황제 암살을 시도하다 실패해 처형당했다.

정사에는 이렇게 나와 있으나 과연 예종의 퇴위가 자발적이었는지, 또 태평공주가 현종 이융기를 암살하려 했는지는 의심스럽다. 『태상황실록(太上皇實錄)』에는 태평공주가 종신 금고되었다고 기록되어 있으나, 정치적으로는 처형된 것과 마찬가지였다. 이융기는 즉위 다음 해인 713년 개원(開元)으로 개원(改元)했다.

대란과 여광(餘光)

1

현종(이융기)의 치세에는 두 가지 원호가 사용되었다. 29년간 사용한 개원(開元)과 14년간 사용한 천보(天寶)가 있다. 중국인은 이 40여 년을 '개원천보 시대'라 부르며, 당 왕조뿐 아니라 중국 역사상 최고 전성기로 간주한다. 양귀비가 등장하기 직전인 천보 원년(742년) 호부(戶部)의 보고로는 그해 호수가 852만 5천여 호, 인구 4,890만 9천8백 명으로 되어 있다. 전한(前漢)의 인구가 6천만 명이었음을 감안할 때 의외로 전성기의 당 왕조 인구가 적었다는 느낌이다. 그러나 적은 인구가 안정기의 배경 중 하나였는지도 모른다.

호족·귀족 세력을 삭감하기 위해 수가 채택한 균전제(均田制), 직분전(職分田)은 당 왕조에도 계승되었다. 일반인에겐 1경(一頃:1백무畝. 무는 토지 면적 단위의 하나로 30평에 해당함—옮긴이)의 토지를 부여했으나 이 중 80무는 구분전(口分田)이어서 죽거나 은퇴하면 반환해야 했다. 상속할 수 있는 것은 20무뿐이었다. 이에 비해 관직에 따라 부여되는 직분전은 상속 비율이 높았다. 최고 관료인 2품관은 은퇴 때 반환해야 할 전답이 12경, 영업전(永業田)은 50경에 달했다. 최하급직인 9품관은 직분전과 영업전이 각각 2경이었다. 그렇게 많은 토지를 받았던 것이다. 웬만한 관리, 즉 군의 경우 하사관 정도인 사람이 일반인보다 열 배나 많은 2백 무의 전답을 자손에게 물려줄 수 있었다. 당은 관료지상주의 사회였다. 남북조의 호족과 귀족을 소멸시키기 위해 관료우대책을 사용했다.

그러나 세월이 흐르면서 대관료를 배출한 친족은 영업전이 축적되어 점차 호족으로 변해갔다. 건국 1백 년이 지난 시점인 개원천보는 대관료가 귀족화된 시기였다. 더불어 화려한 시대였다. 반면 사회의 성격 변화에 따른 위험도 내포하고 있었다.

호부(戶部)에 보고된 세대 수나 인구 수는 균전법에 의거해 땅을 부여받고 이를 경작하는 가족을 기준으로 한 것이다. 이미 대지주 관료가 출현했기 때문에 소작인은 노비와 마찬가지였다. 호부 조사에서도 파악되지 않았으나 그 수는 적지 않았을 것이다. 영업전의 축적과 더불어 토지 매매도 이루어졌다. 고종 때는 황제가 지급한 토지를 매매하지 못하도록 하는 법령이 나왔다. 이는 토지 매매가 활발했고, 이로 인해 여러 문제가 발생하고 있었음을 보여주는 증거이다. 토지겸병(土地兼倂)이 확대되어 각지에 장원(莊園)이 형성된다. 관료뿐 아니라 사찰에서도 지속적으로 토지를 사들였다. 화려한 시대의 뒤에는 토지를 팔아야만 하는 불쌍한 농민이 많이 있었음을 잊어서는 안 된다. 그래도 현종 치세의 전반부는 음식, 의류 같은 물가가 싸서 살기 좋은 시절이었다.

15년 만에 다지히노아가타모리(多治比縣守)를 대사로 하는 제9차 견당사가 당에 도착한 것은 개원 5년(717년)으로, 당의 융성이 극에 달했던 시기이다. 일행 중 아베노나카마로(阿倍仲麻呂)와 승려 겐보(玄昉)도 있었다. 율령 국가를 추구하던 일본은 견당사를 통해 들어온 당의 제도를 골격으로 하는 체제로 옮겨가고 있었다. 일본은 대보(大寶) 원년(701년)에 대보 율령을 제정했다. 율령은 원본이 없어졌으나 다른 자료에 인용된 것들을 조합해서 어느 정도 내용을 복원할 수 있다. 제9차 견당사가 귀국한 양로(養老) 2년(718년)에 율령 수정 작업

이 시작되며, 이를 양로 율령이라 부른다. 그러나 대보 율령과 큰 차이
는 없었다고 한다.

　당 왕조의 중앙정부에는 중서(中書)·문하(門下)·상서(尙書)의 3
성(三省)이 있고 상서성 밑에 6부가 있었다. 이 중 중서성은 조칙(詔
勅)의 기초를 만드는 관청이었다. 소위 입안 부서로 그 장관을 중서령
(中書令)이라 부른다. 중서성에서 만든 조칙 초고를 심의하는 것이 문
하성으로, 그 장관은 문하시중(門下侍中)이다. 이렇게 완성된 조칙에
의해 실제 행정을 시행하는 것이 상서성이며 장관은 상서령(尙書令)
이다. 그러나 당 왕조에서 상서령은 공석으로 있었다. 태종이 황태자
시절 그 직책에 있었기 때문에, 이후 신하들이 감히 취임하지 못했던
것이다. 따라서 실제로는 차관인 좌우(左右)의 복사(僕射)가 장관에
해당했다.

　일본에서는 중서성에 해당하는 관청을 중무성(中務省)이라 하고,
장관을 중무경(中務卿)이라 불렀다. 친왕(親王:황제의 아들이나 형제ー
옮긴이)이 맡았기 때문에 중서왕(中書王)이라 불리기도 했다. 단, 일
본에서는 문하성에 해당하는 관청이 없었다. 조칙의 입안과 심의를 분
리하지 않은 것이다. 상서성은 일본의 태정관(太政官:최고 행정 기관ー
옮긴이)에 해당한다. 당 왕조에서는 공석으로 되어 있는 상서령은, 일
본의 태정대신에 해당하며 당의 좌우 복사가 일본의 좌대신, 우대신이
었다. 당에서는 상서성 아래 6부를 두었고, 그 장관을 상서라 불렀다.
당의 6부와 그 임무는 다음과 같다.

　　병부(兵部) ― 국방 치안〔병부兵部〕
　　형부(刑部) ― 법무 관계〔형부刑部〕
　　공부(工部) ― 건설 영선〔궁내宮內〕
　　이부(吏部) ― 관리 인사〔식부式部〕

호부(戶部) — 경제 재무〔민부民部〕

예부(禮部) — 교육 의례〔치부治部〕

괄호〔 〕 안의 일본의 관청명은 모두 성(省)으로 불렸다. 그러나 앞에
서 열거한 조직표는 개략적인 것이다. 예를 들어 공부(工部)가 궁내성
에 있었는지는 논란이 있는 듯하다. 일본에서는 이 6성에, 중서성에
해당하는 중무성과 공헌품 출납을 담당하는, 다이카 개신(大化改
新:645년 일본에서 일어나 쿠데타 직후에 실시된 일련의 정치 개혁. 이 개혁
조치를 통해 일본 황실은 중국 당의 제도를 본뜬 정치 체제를 갖추게 된다—
옮긴이) 이전의 대장성(大藏省) 이렇게 8성이 있었다.

당 왕조에서 공석이던 상서령에 해당하는 것이 일본의 태정대신이
었다. 이 역시 측궐관(則闕官:적임자가 없으면 임명하지 않아도 되는 자
리)이었다. 덴지 천황이 황태제(皇太弟)인 오아마노 황자(大海人皇
子, 후일 덴무天武 천황)가 집정하고 있는 것에 대항하기 위해 자신의
아들 오토모노(大友) 황자를 태정대신으로 임명한 것이 최초였다. 이
는 '임신(壬申)의 난'의 원인이 된다. 그 후 황태자가 태정대신에 오
르게 되며 덴안(天安) 2년(858년) 후지와라노요시후사(藤原良房)가
임명되기까지 신하로는 후지와라노나카마로(藤原仲麻呂)와 도쿄(道
鏡) 단 두 사람만 임명되었다. 전자는 태정대신을 태사(太師)로 개명
한 뒤 취임한 것이었고, 후자는 태정대신 선사(禪師)라 칭했다. 당의
제도가 일본에 영향을 미친 한 예였다.

관리를 감사·규탄하는 당의 어사대(御史臺, 장관은 어사대부御史大
夫)는 일본에서는 탄정대(彈正臺, 장관은 탄정윤彈正尹)였다. 교도소
를 관리하는 당의 대리시경(大理寺卿)은 일본에서는 검비위사(檢非
違使)로 명칭이 완전히 달랐다. 일본은 최대한 자립성을 유지하며, 당
의 제도를 채택하려 했다.

2

화려한 현종 시대 역시 사실은 위기에 직면해 있었다. 너무도 유명한 이백(李白), 두보(杜甫) 외에 『당시선(唐詩選)』 등으로 널리 알려진 왕유(王維)·맹호연(孟浩然)·잠삼(岑參)·왕창령(王昌齡)·장구령(張九齡)·상건(常建) 등은 이 시대 문학의 별이었다. 안진경(顏眞卿)의 글에서 나타나듯 호방함으로 가득 찬 문화였다.

그런 개원천보의 부흥도, 현종이 나이 들어감과 동시에 하강 곡선을 그리기 시작한다. 더구나 현종이 이를 깨닫지 못한 것은 당 왕조의 비극이었다.

고종이 아버지의 후궁인 무측천을 사랑한 것과는 반대로, 현종은 아들 모왕(瑁王)의 비(妃)를 사랑했다. 바로 양귀비였다. 천보 초기 그녀는 여도사(女道士)가 된 뒤(무측천은 여승이었다) 현종의 후궁으로 들어가 천보 4재(745년, 천보 3년부터는 연年 대신 재載를 사용) 때 귀비가 되었다. 현종은 정무를 재상 이임보(李林甫)에게 내맡긴 뒤 양귀비에게 빠져버렸다.

안록산(安祿山)과 사사명(史思明), 소위 '안사(安史)의 난'이 일어난 가장 큰 책임은 현종이 져야 한다. 양귀비 자신은 친인척이 적어, 그녀가 적극적으로 친족을 요직에 앉히려 하지는 않았다고 한다. 오히려 현종이 그녀를 위해 노름꾼처럼 형편없는 양국충(楊國忠)을 중용했다. 이에 책임져야 할 인물은 재상 이임보일 것이다. 그는 황족의 일원이면서 권세욕이 강해 자신의 지위에 위협이 될 유능한 인사를 속속 좌천시켜, 조정에는 기개 있는 관리들이 사라졌다고 한다. 승진이 빠르고, 재상 자리를 위협할 수 있는 인물은 변경의 사령관이다. 외적을 격퇴하면 큰 공으로 간주되기 때문이다. 그래서 이임보는 국경에 가까운 군단의 사령관으로 되도록 이족 출신을 기용했다고 한다. 안록산은

잡호(雜胡)라 해서 이란계와 돌궐의 혼혈아였다고 한다. 사사명도 잡
호였고 여섯 가지 언어에 능했다. 호시아랑(互市牙郞:교역 담당관) 경
력도 있었다. 설마 잡호가 재상의 자리를 노릴 리 없다고 여겨 이임보
는 이들을 북방 절도사로 임명했다.

　절도사는 황제의 대리로서 그 지방의 군사 · 행정의 실권을 장악한
다. 개원 말기에서 천보에 걸친 시기에 변경(청두成都와 광저우廣州를
포함)에 열 명의 절도사가 있었다. 안록산은 이 중 판양(范陽, 베이징
지방) · 허둥(河東, 타이위안 지방) · 핑루(平盧, 동북東北 지방) 세 곳의
절도사를 겸임했다. 그 안록산이 재상이 된 양국충과 견원지간이 되었
고, 결국 권력을 놓고 싸우는 관계가 된다. 이임보는 암살 공포증에 걸
려 천보 11재(752년)에 사망한다. '입에 꿀이 있고, 배에는 칼이 있
다' 는 처세의 달인 이임보가 조정에 있었다면, 어느 정도 충격을 완화
시켰을지도 모른다. 그러나 그의 사망으로 안록산과 양국충의 정면 대
결은 불가피하게 되었다.

　안록산은 호시아랑을 역임했고 인품이 좋았다. 양귀비와도 잘 지내
그의 양자가 됨으로써 현종을 즐겁게 했다. 불량소년 같았던 양국충이
성격이 고약했다고 한다. 경력 관리를 위해 서남 방면에 원정군을 출
병시키고 사령관이 되었으나 큰 실패를 맛본다. 그러나 양국충은 이를
승리했다고 보고할 정도로 형편없는 인간이었다. 이임보가 죽자, 양국
충은 이임보가 돌궐과 내통했다며 그의 친족을 탄압한다. 이 역시 자
신의 권세를 과시하기 위함이었다.

　상대가 이런 인간이기에 '황제 측근의 간신을 제거한다' 는 명목으
로 거사하지 않았다면 오히려 안록산이 역공을 받아 목숨을 잃었을지
도 모른다. 그의 거병은 천보 14재(755년) 11월의 일이다. 거사 명분
이 간신 양국충 제거였지만 분명 반란이었다. 당의 조정은 창안에 있
던 안록산의 아들 안경종(安慶宗)을 처형했고, 이 사실을 전해들은 안

록산은 통곡하며 격노했다고 한다. 거사는 본격적으로 반란이 된다. 뤄양을 점령한 안록산은 국호를 대연(大燕)이라 했고, 황제를 칭했다.

창안은 공포에 휩싸인다. 안록산 군대가 퉁관(潼關, 산시성陝西省)으로 진격하자, 당 왕조는 파미르를 넘은 용장 고선지(高仙芝)를 기용한다. 고선지는 고구려 출신 장군으로, 수년 전 탈라스 대평원에서 아바스 왕조의 이슬람군과의 전투에서 패배했었다.

군사령의 곁에는 감군(監軍)이라 불리는 환관이 있고, 감군은 황제에 직속되어 장군들을 감시한다. 고선지는 전략적으로 후퇴했고, 국가의 양식 창고를 개방했다. 감군이 이를 패퇴라고, 군량 절도라고 보고했고, 고선지와 함께 봉상청(封常淸)과 같은 장군이 처형당하고 만다. 창고를 그대로 두고 후퇴할 경우 안록산군의 차지가 되어 반란군의 전력에 보탬을 주게 된다. 그래서 백성들이 가져가도록 개방한 것이었다. 이렇게 당연한 조치를 취한 장군이 병사들 앞에서 참수형을 당했으니 병사들의 사기가 바닥에 떨어진 것은 당연했다.

천보 15재(756년) 6월, 퉁관은 안록산에게 넘어갔다. 고선지의 후임인 가서한(哥舒翰)은 항복했다. 그는 양국충의 의심을 받고 있었기 때문에 생명의 위협을 느끼고 있었다.

창안은 이제 절망적이었다. 6월 을미일 여명에 현종 일행은 용무대장군(龍武大將軍) 진현례가 이끄는 6군의 보호를 받으며 조용히 창안을 탈출한다. 다음날 숙박한 곳은 마웨이역(馬嵬驛)이었다. 굶주리고 지친 병사들은 모두 격분해 있었다. 병사들은 안록산이 양국충과의 반목 때문에 반란을 일으켰다는 사실을 알고 있었다. 정적이 황제의 곁에 있는 것에 대해 안록산은 불안을 느껴 벼랑 끝에 선 기분으로 거사한 것이었다. 6군 장병들의 표적은 양국충이었다. 마침 서쪽에서 찾아온 토번(吐蕃, 티베트)의 사절단이 양국충과 대화하고 있었다. 이를 보고 누군가가 "양국충이 외국인과 모반을 꾸미고 있다"고 외쳤고, 장병들은 일제히 달려가 그를 살해해 버렸다. 양국충 일가도 모두 살해되었다.

이런 상황에서는 현종도 양국충을 모반자로 인정하지 않을 수 없었다. 모반자를 살해한 장병의 충의를 칭찬했으나, 그래도 장병들은 황제의 진격 명령을 따르려 하지 않았다. 이들은 양귀비를 처형하라고 요구했다. 환관 고력사(高力士)가 양귀비를 목 졸라 죽인 뒤에야 군대는 출발했다.

3

현종은 촉으로 피난하던 도중 황태자에게 양위했다. 황태자인 숙종(肅宗) 이형(李亨)은 링우(靈武, 닝샤寧夏의 링우현靈武縣)에서 즉위했고, 위구르 등 변방 민족의 힘을 빌려 다음해 창안과 뤄양을 수복했다. 뤄양 수복은 안록산 진영이 내분에 빠졌기 때문에 가능했다. 그래도 아직 당 왕조에는 저력이 남아 있었다. 안록산은 실명 직전이었고 포악해져 있었다. 술에 만취해 있을 때 아들 안경서에게 살해되었다. 안록산의 젊은 단부인(段夫人)이 낳은 안경은(安慶恩)을 태자로 삼으려 했기 때문이었다. 안경서를 죽이고 반란군을 계승한 것이 부장(部將) 사사명이다. 사사명은 안록산의 동료 같은 존재였다. 반란군은 사사명을 지도자로 승인했다. 잠시 사사명은 뤄양을 탈환하며 기세를 올렸으나, 안록산과 마찬가지로 아들 사조의(史朝義)에게 살해당하는 운명을 맞는다.

당 왕조는 현종과 숙종이 모두 죽고, 대종(代宗)의 시대를 맞는다. 보응(寶應) 원년(762년) 반란군의 유력 간부 호인(胡人) 이회선(李懷仙)이 사조의를 죽인 뒤 당에 투항함으로써 9년에 걸친 대란은 막을 내렸다. 투항했다고는 하지만 이회선은 당의 절도사가 되어 멋대로 문무 관료를 임명하고 공부(貢賦)를 중앙에 바치지 않았다. 마치 당의 승인을 받은 독립 정권과도 같았다. 이회선도 대력(大曆) 3년(768년)에 부장(部將) 주희채(朱希彩)에게 살해된다. 주희채는 독립했으나 당 왕조는 그에게 압력을 가할 힘이 없어 결국 절도사 계승을 승인할 수밖에 없었다. 이후 허베이3진(河北三鎭)은 독립국처럼 행동한다. 중앙에 공부(貢賦)를 보내지 않는 것과 문무관의 임면권(任免權)을 가진 것을 가리켜 '허베이의 구사(舊事:관습)'라고 칭하게 된다.

허베이의 절도사는 세습되었기 때문에 군벌이라 불러야 할 것이다. 안사의 난 이후 당 왕조는 환관과 군벌이란 양대 세력에 휘둘리며, 오로지 선조의 여광(餘光)에 의지해 명맥을 유지하게 된다. 대종의 장남 덕종(德宗)은 현종의 증손자이며, 당 왕조 재건에 노력해 어느 정도 성과를 거둔다. 예를 들어 호적 재조사를 통해 당시까지 세금을 내지 않던 1백8십만 호를 찾아내 세수를 늘렸다. 상거래에도 거래액의 30분의 1을 세금으로 부과했다. 그러나 번진(藩鎭:절도사) 세습 폐지와 군벌 해소 문제에서는 성공을 거두었다고 평가하기 힘들다. 덕종의 정책에 불만을 가진 군벌이 한때 창안에서 반란을 일으켜 황제가 펑톈(奉天, 산시성陝西省)으로 피난 가야 했을 정도였다. 그 뒤 번진과 타협하여 소강 상태를 유지한다.

덕종 시대에 당의 약체화를 틈타 토번이 둔황을 포함한 허시(河西) 지역을 점령했다. 60년 뒤 둔황의 호족 장의조(張議潮)가 허시를 회복하지만, 이는 토번이 내분으로 약화되었기 때문에 가능했다. 중앙의 힘을 빌리지 않고 실지(失地)를 회복한 장의조는 귀의군절도사(歸義軍節度使)로 임명되지만, 그 역시 군벌화한 지방 정권이었다.

밀교(密敎)를 구하기 위해 공해(空海)가 당에 들어온 것은 덕종 정원(貞元) 20년(804년)의 일이다. 다음해 정월, 덕종이 죽자 순종(順宗)이 즉위하나, 질병으로 같은 해 8월 퇴위하고 장남 헌종(憲宗)이 즉위했다. 헌종은 당 왕조 중흥의 명군이라 불린다. 세수 확대 등 할아버지 덕종이 남긴 유산을 통해 금군(禁軍:근위군)을 증강하고 번진의 병력을 삭감했다. 복종하지 않은 번진에게는 과감히 토벌군을 보냈고, 강경책은 성공했다. 헌종 시대부터 지방 군벌의 힘은 약해졌으나, 역으로 환관 세력이 강해졌다. 과연 그를 명군으로 판정해야 할지는 의문이다. 중앙군을 증강하고 지방군을 약화시킨 것은 좋지만, 당 왕조 말기 지방에서 반란이 일어났을 때 지방에 이를 평정할 힘이 없었다. 결과적으로 헌종은 당 멸망을 초래한 셈이 된다.

헌종은 만년(마흔세 살)에 불로장수의 금단(金丹)을 먹고 그 부작용으로 자주 화를 내게 된다. 측근들이 사소한 잘못을 저질러도 죽였다고 한다. 측근이란 대부분 환관이다. 헌종이 약의 부작용을 가장해 환관을 처형했을 수도 있다. 만약 그랬다면 그것은 오히려 역효과였다. 환관들은 자신들의 목숨이 위태로웠기 때문에 헌종을 죽인 것으로 알려져 있다.

헌종은 장남이 죽은 뒤 3남 이항(李恒)을 황태자로 세웠다. 차남 이혼(李渾)은 어머니가 신분이 낮았기 때문이다. 그러나 지방으로 좌천되었다가 중앙으로 복귀한, 이혼의 유력한 후원자인 환관이 차남 옹립 운동을 벌였다. 일설에는 헌종이 황태자를 폐위하려 하자, 황태자 이항의 환관이 헌종을 죽였다는 분석도 있다. 그렇다면 황제는 환관의 꼭두각시에 불과했다는 얘기가 된다.

이항이 바로 목종(穆宗)이며 어리석은 인물이었다. 헌종이 폐위를 생각했을 정도로 능력이 떨어졌다. 그 시기에 허베이3진은 다시 중앙에 복종하지 않게 되었다. 그러나 목종은 아무런 조치도 취하지 못했고, 금단을 마시고 재위 4년 만에 죽었다. 장남 경종(敬宗)이 즉위했으나, 아버지 이상으로 어리석을 뿐 아니라 흉폭했고, 마음내키는 대로 일을 처리했다. 마음에 들지 않는 측근은 유배지로 보내거나 목을 잘랐다. 환관 이극명(李克明)이 결국 경종을 죽이고, 그의 숙부 이오(李悟)를 옹립하려 했다. 그러나 경종의 동생을 옹립하려는 환관 일파가 이극명과 이오를 살해했다. 이런 과정을 거쳐 경종의 동생 문종(文宗)이 즉위한다.

문종은 환관 덕에 즉위했으나 은혜 갚기를 강요하는 환관을 증오했다. 문종은 환관을 소탕하려 했으나 실패했다. 금군이 환관의 지휘 아래 있어서 역 쿠데타는 어려운 일이었다. 또 문종에겐 그럴 능력도 없었다. 그러한 문종이 궁정의 석류나무에 감로(하늘이 길조로 내린다는 이슬)가 내렸다고 속여 환관을 한 곳에 모아 모두 죽이려 했다. 이를 '감로(甘露)의 변'이라 한다. 당시 복병들은 장막 뒤에 숨어 있었으나, 장막이 바람에 날아가는 바람에 계획이 수포로 돌아갔다. 아주 엉성한 계획이었다.

4

'감로의 변'이 일어난 것은 태화(太和) 9년(835년) 11월의 일이다. 3년 뒤 일본은 오랜만에 견당사를 파견한다. 그 일원이었던 엔닌(圓仁)은 당에 남아 당시의 상세한 기록을 『입당구법순례행기(入唐求法巡禮行記)』로 남겼다.

당시 당 왕조는 당쟁(黨爭)의 시대였다. 사가는 '우이(牛李)의 당쟁'이라 부른다. 각 당(黨)의 총수(總帥) 이름을 딴 것이다. 우승유(牛僧孺)는 진사(進士) 수석 합격자이다. 당시 당의 정계에는 문벌이 좋아 요직에 오른 사람과 과거시험을 통해 요직에 오른 양대 계통이 있었다. 문벌을 배경으로 하지 않는 진사 출신자들은 대부분이 현 상태에 불만이었고, 현 상태 타파를 생각하고 있었다. 이에 비해 아버지가 재상이고 조부가 어사대부를 지냈던 이덕유(李德裕)는 문벌파의 리더였고, 당연히 보수적이었다. 우이 당쟁은 그룹간 권력 투쟁 성격이 강했고, 정견 대립은 그리 명확하지 않았다.

우승유가 재상이 되자 이덕유 일파는 모두 좌천되었다. 반면 무종(武宗)이 즉위해 이덕유가 재상이 되자 이번에는 우승유 일파가 모두 지방으로 쫓겨갔다. 정치는 방치되었다. 장기적인 계획 수립도 불가능했다.

양당은 자기 세력을 강화하기 위해 각각 환관과 손을 잡았다. 당쟁에 의해 국가의 활력이 얼마나 손실되었는지는 헤아릴 수 없을 정도이다. 감로의 변 이후 환관 전멸을 노렸던 문종은 사실상 환관의 포로가 되었다. 문종이 숨을 거두기까지 5년간 조정은 환관의 수중에 있었고, 우이 당쟁도 환관 파벌과 연결되어 복잡하게 전개되었다.

문종이 죽자 동생 무종(武宗)이 즉위했다. 경종부터 시작해 형제끼리 제위를 계승한다. 무종은 불교를 폐함으로써 후세에 이름을 남겼다. 그는 도교에 빠졌고, 조귀진(趙歸眞)이란 도사(道士)를 신임했다. 당시의 재상 이덕유는 무종이 조귀진을 신임하는 것이 불만이었다. 그러나 이덕유는 유가(儒家)였기 때문에, 불교 배척에 적극 반대하지 않았다. 또 정치가 입장에서 폐불령(廢佛令)이 가져다 줄 경제적 효과를 생각했을 것이다. 덕종 시절 호적 조사를 통해 경제를 재건하면서 세제 개혁도 동시에 단행했다. 당시까지의 부세(賦稅)를 폐지하고 양세법(兩稅法, 여름과 가을에 두 차례 납세해서 붙여진 이름)을 실시했다. 세출 규모를 정하고 그 액수를 과세하는 것이었으므로 세액은 일정하지 않았다. 세금은 전납(錢納)이 원칙이었다. 덕종의 세제 개혁은 상당한 효과를 거두었으나 이미 60년이란 세월이 흘렀고, 당의 재정은 어려워져 있었다.

회창(會昌) 5년(845년) 4천6백 곳의 관사(官寺)와 4만여 곳의 일반 사찰이 폐지되었다. 승려 26만 명이 환속되었다. 사찰 소유 양전(良

田) 1천만 경과 사찰에 속해 있던 노비 약 15만 명이 몰수되었다. 불교뿐 아니라 조로아스터교, 마니교, 경교(景教, 네스토리우스파 기독교) 등 도교 이외의 모든 종교가 탄압받았다. 승려의 환속은 면세 특권 상실을 의미한다. 사찰이 보유하던 엄청난 토지가 국유로 전환되어 재정에 도움을 주게 된다.

불교측도 반성할 점이 있었다. 안사의 난 당시 당 왕조는 전비(戰費)를 마련하기 위해 도첩(度牒)을 판매했다. 승려가 되기 위해선 도첩이 필요했다. 원래는 수행을 한 뒤에 받는 것이나 수행이 아닌 금전으로도 구할 수 있게 된 것이다. 도첩을 얻으면 평생 세금을 내지 않아도 되었다. 이런 상황에서 불교가 타락하지 않을 까닭이 없었다. 폐불령은 가혹한 것이었으나, 일부 승려의 타락으로 인해 불교에 대한 평판이 추락했다는 것도 폐불령의 배경 중 하나이다.

폐불령 다음해인 846년 3월 무종은 죽고, 선종(宣宗)이 즉위해 폐불령을 철회했다. 조귀진은 매맞아죽는 장살형(杖殺刑)에 처해졌다. 무종에겐 아들이 있었으나 너무 어리다는 이유로 목종의 동생, 즉 경종·문종·무종 황제의 숙부인 선종이 환관의 옹립을 받은 것이다. 어리다는 것은 구실에 불과했다. 무종의 아들이 즉위하면 아무래도 불리했다. 자신들의 힘으로 황제를 옹립해야 환관들은 또다시 권세를 휘두를 수 있게 된다.

선종은 즉위한 뒤 이덕유를 해임했다. 우승유가 중앙에 복귀하고 이당(李黨)은 모조리 좌천되었다. 이덕유는 하이난도(海南島)에 유배되어 3년 뒤 그곳에서 죽는다. 피비린내 나는 당쟁이었다.

일본의 헤이안(平安) 시대 귀족은 『백씨문집(白氏文集)』을 필독서로 삼고 있었다. 그 저자이며 자(字)가 낙천(樂天)인 백거이(白居易)는 무종 사망 5개월 뒤인 회창 6년 8월에 죽었다. 그는 문종의 태화 2년(828년) 형부시랑(刑部侍郎:법무부 차관)에 임명되었으나, 다음해

병을 핑계로 사임한다. 또 1년 뒤 하남윤(河南尹:뤄양 지사)이 되어 중앙을 떠났고, 이후 창안으로 돌아오지 않는다. 아마 되도록 당쟁에서 피신하고 싶었을 것이다.

선종 즉위 다음해 우승유는 사망했다. 정적 이덕유를 유배시킨 뒤였다. 우이 당쟁의 당수는 대부분 비슷한 시기에 죽고, 당쟁도 점차 진정되어 표면적으로는 소강 상태에 들어간 것처럼 보였다. 그러나 실제로는 당쟁조차 지속할 수 없을 만큼 당 왕조의 상황이 악화되어 있었다.

5

선종은 대중(大中) 13년(859년)에 죽고 장남 의종(懿宗)이 즉위한다. 선종은 오랜만에 나타난 명군이었다. 그러나 당쟁 억제, 환관과 신하간 접촉 금지 등 조정의 기강 확립에 몰두한 나머지 지방을 돌볼 여유가 없었다. 13년간이란 치세도 너무 짧았다. 소태종(小太宗)이라 불릴 정도의 명군이던 선종이 쉰 살에 죽은 것은 당 왕조의 불행이었다. 사망 원인은 이번에도 역시 도사가 권한 약(藥) 때문인 것으로 알려져 있다.

선종이 죽기 한 해 전인 858년부터 병란(兵亂)이란 형태로, 지방의 모순이 분출하기 시작했다. 당시 관료는 지방 근무지에서 군자금을 모으고 창안으로 돌아와 그 돈으로 요직을 사는 것이 전형적인 관행이었다. 자사(刺史)나 절도사 등 지방 장관의 군자금 모금으로 백성은 학정(虐政)에 시달려야 했다.

덕종 때부터 헌종까지 승계된 정책으로 허베이 일부를 제외하곤 절도사의 세력이 약해져 있었다. 그들이 중앙에 복귀했을 때 출세를 위한 근무 평정(評定)의 기준이 되는 것은 '진봉(進奉)'이었다.

양세법은 예산에 맞춰 징수하기 때문에 세액이 일정하지 않았다. 그러나 세출 규모가 줄어드는 경우는 극히 드물었고, 만성적인 증세(增稅)가 이어졌다. 당시 '선여(羨余)'란 관습이 있었다. 중앙에서 그 해의 할당 세액을 1백으로 정했다면 1백2십~1백3십을 거두는 것이다. 그 일부를 조정에 헌납하는데, 이것이 진봉(進奉)이다. 나머지는 자신의 군자금으로 삼는다. 자사와 절도사는 최대한 선여를 늘리려 했다. 착취당하는 것은 일반 서민뿐이 아니었고, 하급 병사의 급료도 착취 대상이 되었다.

지방 군대는 질이 나빴고, 상인이 장교를 겸해 백성을 착취하는 일이 많았다. 쉬안서(宣歙) 번진에 정훈(鄭薰)이란 관찰사가 파견되었을 때 군대가 폭동을 일으켰다. 청렴한 정훈이 착취를 못 하게 했기 때문에 강전태(康全泰)란 하급 장교가 두목이 되어 폭동을 일으킨 것이다. 당시 이처럼 폭동을 일으켜 마음에 들지 않는 장관을 추방하는 일이 종종 있었다. 강전태의 난은 용인할 수 있는 한도를 넘어선 듯, 화이난 절도사 최현(崔鉉)이 진압에 나섰고 두목 이하 도당 4백여 명의 목을 벴다. 이 반란에 당 왕조가 충격을 받았던 이유는, 발생 지역이 장난이었기 때문이다. 세력이 컸던 안사의 난을 진압할 수 있었던 것도 경제의 핵심인 장난을 당 왕조가 확보하고 있었기 때문이다. 소금이나 차 등 당의 조정이 전매를 통해 얻고 있는 재원은 엄청난 것이었다. 그런데 그 산지인 장난의 치안이 흔들린다는 것은 중대사였다. 당시까지 병란은 대개 북방에서 일어났으나, 당의 조정은 이들을 '교병(驕兵:교만한 군사―옮긴이)'이라 부르며 방치하고 있었다.

강전태는 처우에 불만을 품고 있던 병사들을 선동해 난을 일으켰으나 동기가 불순해 일반 민중은 동참하지 않았다. 그러나 선종이 죽은 해 12월 저장(浙江) 동부에서 구보(裘甫)란 인물이 지도한 반란은 민중에서 시작된 궐기였다. 반란 초기 1백여 명이 샹산현성(象山縣城, 저장성)을 함락했고, 정부군은 대패했다. 싼시(三溪, 안후이성安徽省)

에서 정부군과 전투를 벌였을 때 반란군은 수천 명으로 늘었고, 여기서도 대승을 거두어 한때 그 규모가 3만 명으로 늘어났다. 당의 조정은 안남도호(安南都護)였던 왕식(王式)을 기용했고, 대군을 동원해 이를 진압했다.

반란 진압에 공을 세운 왕식은 우닝(武寧) 절도사가 되었고 쉬저우(徐州)에 주재하게 된다. 당 왕조에게 우닝 번진은 매우 중요한 곳이다. 허베이3진은 중앙에 공부(貢賦)도 보내지 않는 등 반(半) 독립적인 지역이었다. 당은 허베이 쪽 수입은 아예 기대하지 않았고, 그들이 반란만 일으키지 않으면 무방하다는 입장이었다. 허베이3진의 반란은 당 왕조에 심각한 위협이 될 수 있으며, 이를 막는 제1선이 바로 우닝 번진이었다. 이로 인해 장병을 관대하게 대했고, 우닝은 교만한 병사들의 집합 장소가 되어 있었다. 엄격한 장관이 오면 소란을 일으켜 쫓아내려 했다. 엄격하기로 유명한 온장(溫璋)이란 인물이 절도사에 임명되자, 우닝의 병사들은 늘 그래왔던 것처럼 소동을 일으켜 취임을 방해했다. 온장의 후임으로 임명된 것이 왕식이다. 왕식은 구보의 난을 진압한 2진(二鎭)의 군대를 이끌고 임지에 도착해 우닝의 교병들을 모조리 죽였다. 많은 병사들이 도망갔고, 도적 떼가 되었다.

당시 윈난(雲南)의 난자오(南詔)에 불온한 움직임이 일었다. 당 왕조는 도적 떼로 변한 교병들을 다시 불러들여 난자오의 움직임에 대비하고자 했다. 교병 문제를 해결할 수 있는 일석이조의 방법이었다. 쉬저우에서 3천여 명의 군사를 모집했고, 과거의 죄는 일체 묻지 않는 조건으로 교병을 받아들였다. 3년 뒤 교체해 주겠다는 약속 아래 그들을 광시(廣西)로 보냈다. 그 중 일부인 8백 명은 구이저우(桂州, 구이린桂林)에 주둔했다. 그러나 약속한 3년이 지나도 교체해 주지 않았다. 교병들이 탄원할 때마다 앞으로 1년만 더 근무하라고 말해 온 것이 어느덧 6년에 이르렀다. 결국 병사들은 방훈(龐勛)을 맹주로 삼아 멋대로 쉬저우로 돌아가기 시작했다.

쉬저우에 접근했을 때 도적 떼로 변한 옛 동료들이 합세해 규모가 커졌다. 더구나 당시 쉬저우 지구 관찰사(장관)였던 최언증(崔彦曾)은 선여를 늘리기 위해 혹독히 착취했고, 주민들의 원성은 하늘을 찌를 듯했다. 결국 민중이 합세했다. 병사들은 구이린을 떠나면서 상관의 목을 베고 무기를 약탈했기 때문에 이미 반란군 신분이었으나, 쉬저우 부근에서 민중이 참가해 민란 성격이 추가되었다.

방훈은 쉬저우를 함락하고, 최언증을 살해했다. 병란 차원에 머물렀다면 이 같은 일은 불가능했을 것이다. 민란으로 변한 덕에 큰 힘을 얻은 것이다. 그러나 방훈은 자신의 힘을 과신해 조정이 자신을 절도사로 임명해 줄 것을 바라고 있었다. 아무리 기울어가는 당 왕조라 해도 아직 방훈의 요구를 들어줄 만큼 허술하지는 않았다. 시간을 벌기 위해 방훈의 요구를 받아들이는 척하다가 결국 우금오대장군(右金吾大將軍) 강승훈(康承訓)을 사령관으로 하는 토벌군을 보냈다. 병사 중에는 사타족(沙陀族)·토곡혼(吐谷渾)·달단(韃靼)·계필(契苾) 등 한족이 아닌 이족 수장이 이끄는 용맹스런 군대가 포함되어 있었다.

강승훈이 이끄는 8만 군대에 쫓긴 방훈은 볜허(汴河, 허난성)를 건너다 사타족의 공격을 받았고, 반란군 내에서 배반자가 나와 결국 토벌된다. 함통(咸通) 10년(869년) 9월의 일로, 구이린을 떠난 지 1년 2개월이 지나 있었다. 교병이 중심이 되었던 탓에 '격조 낮은' 반란이 되었고, 쉬저우를 함락시킨 뒤 약탈과 부녀 유괴와 같은 범죄에 몰두하면서 민심을 잃어갔다. 난의 말기에 내부에서 배신자가 많이 나온 것은 바로 이 때문이다. 강전태·구보·방훈 등 일련의 반란을 당 왕조가 원만히 평정할 수 있었던 것은 역시 과거 대당(大唐)의 여광(餘光)이 희미하게나마 남아 있었기 때문이다.

멸망의 계보

1

당의 여광(餘光)은 새로운 '광원(光源)'이 없는 한 결국은 사라지고 만다. 대제국 당의 여광은 방훈의 난까지는 어느 정도 빛을 발했으나, 다음에 일어난 황소(黃巢)의 난 때는 그 빛이 완전히 사그라졌음이 드러난다.

사실은 왕선지(王仙芝)가 먼저 거병하고 황소가 이에 호응했던 것인데, 난 도중에 왕선지가 죽어서 그 후에 맹주가 된 황소의 이름이 붙여졌다. 방훈 사망 6년 뒤의 일로, 그 사이 의종이 죽고 다섯 번째 아들 희종(僖宗)이 환관에 의해 옹립되었다. 왕선지는 그 2년 뒤인 건부(乾符) 2년(875년)에 거사한 것으로 알려져 있다. 거사 일시를 단정할 수 없는 것은, 당시 지방관들이 근무 평점을 올리기 위해 자신에게 불리한 내용은 보고하지 않았기 때문에 정사(正史)의 기록으로도 정확하게는 알 수가 없다.

왕선지와 황소는 현재의 산둥성 서쪽, 허난성 인접 지방 출신으로 두 사람 모두 불법으로 소금을 판매하고 있었다. 소금은 생활필수품이자 정부의 전매품이었다. 당나라의 재정은 소금 판매에 의존하는 부분이 매우 컸고, 재정이 악화되면 곧바로 소금 값을 올리곤 했다. 현종 시절까지는 소금 한 되(당 왕조 시기 한 되는 5.9리터)에 10전이었으나 덕종 때는 3백7십 전까지 폭등했다. 정부가 원가의 수십 수백 배나 되는 이익을 올리고 있었던 것이다. 이 재원을 확고히 유지하기 위해서는 사염(私鹽)을 엄중히 단속해야 했다. 당시 1석(一石:약 72킬로그램—옮긴이) 이상의 사염을 판매한 자는 사형에 처해졌다. 서민 입장에서 보면 정부 판매 가격보다 훨씬 싸게 소금을 구입할 수 있기 때문에 사염업자들을 증오할 이유는 없었다. 사실상 백성의 비호를 받고 있었다. 매우 위험한 사업이었기 때문에 업자간 관계가 긴밀했고 조직이 강력했다. 단속에 대비해 무장까지 하고 있었다.

왕선지가 반란을 일으키자 곧바로 많은 사람들이 호응했다. 연이은 가뭄과 홍수, 병충해로 세금을 내지 못해 도주한 사람들이 많았다. 왕선지도, 이에 호응한 황소도 거점을 정하지 않고 계속 이동하며 15개 주를 연이어 공격했다. 상황이 이렇게 되자 지방관도 보고하지 않을 수 없게 되었다. 핑루(平盧) 절도사 송위(宋威)는 각 도(道)의 병력을 동원해 이저우(沂州)에서 왕선지의 군대를 대파했다. 이때 왕선지가 죽었다고 보고받은 송위는 군대를 해산시켰다. 그러나 죽었다던 왕선지가 다시 나타나자 당 왕조는 병력을 재동원했다. 하지만 일단 해산했던 군대여서 완전히 전의를 잃은 상태였다. 왕선지는 양자이(陽翟)에서 동쪽으로 향했고 루저우(汝州)를 함락시켜 자사(刺史) 왕료(王鐐)를 생포했다. 왕료는 왕선지에게, 조정으로부터 관작을 받을 수 있도록 하겠다고 제안한다.

조정에서는 방훈조차 사면하지 않고 처형했는데, 작은 도적인 왕선지를 용서할 수는 없다는 의견이 대세였다. 그러나 왕료의 형 왕탁(王鐸)의 공작으로 감찰어사라는 정8품 관작을 주기로 한다. 왕선지는 이를 받아들이려 했으나 황소의 반대에 부딪혀 마음을 바꾼다. 사서(史書)에는 왕선지 혼자 관직을 받고 황소에겐 아무런 배려도 없었기 때문에 화를 냈다고 적혀 있다. 그러나 황소는 학식도 있고, 호탕한 사람이었다. 자신이 관직을 얻지 못해서라기보다는 왕선지가 정8품이란 하찮은 관직에 기뻐하는 모습에 화가 났을 것이다. 당시 황소가 왕선지를 구타했다는 말도 있다.

반란군은 이저우에서 두 갈래로 나뉜다. 왕선지가 3천여 명, 황소가 2천여 명 병사를 이끈 것으로 되어 있다. 그들은 나뉘었다가 다시 합치는 방식으로 정부군을 농락했다. 천하는 매우 소란스러워졌다. 사염제조단뿐 아니라, 논공행상에 불만을 가진 번진 간부들이 병사를 동원해 난리를 피웠다. 1만여 명 병력을 이끌고 강남 쑤저우(蘇州)와 창저우(常州)를 공격한 왕영(王郢)이 한 예이다. 그의 부하가 관직을 주겠다는 제의를 받고 배반함으로써 세력은 흩어지고 왕영은 처형된다. 아무리 저물어가는 왕조라고 하지만, 당의 관직은 여전히 매력이 있었던 모양이다.

사염 반란군이 신속히 이동했던 것은, 움직이면 움직일수록 세력이 늘었기 때문이다. 거사 3년째인 건부 5년(878년) 왕선지 병력은 후베이(湖北)의 장링(江陵)을 함락시켰다. 정부가 정예 사타족 기병을 동원한다는 사실을 들은 왕선지는 격분해 장링을 불태우는 등 대학살을 저지른다. 송위에 이어 초토사(招討使)가 된 증원유(曾元裕)는 이성을 잃은 왕선지 군사를 선저우(申州)에서 대파한다. 1만 명을 죽이고 1만 명을 포로로 잡았다. 이어 황메이(黃梅, 후베이성)까지 추격해 왕선지의 목을 벴다. 반란군 5만 명이 이곳에서 살해당했다. 허난성에서 후베이까지 남하한 왕선지는 30만 병력을 거느렸다고 한다. 실제로는 그 절반 정도였겠지만, 그래도 병력 규모가 최소한 10만 명은 되었을 것으로 보인다. 이들은 그 후 황소 진영에 합류한다.

황소도 인간이었다. 관료지상주의인 당 시대의 인물임을 감안할 때 그가 관직을 요구한 것도 이해할 수 있는 부분이다. 왕선지를 구타한 것은, 8품관이란 보잘것없는 관직을 주겠다는 제안에 백기를 든 데 화가 났던 것이리라. 황소는 충천대장군(衝天大將軍)이라 칭하며 서쪽의 뤄양을 공략하려 했다. 그러나 천하의 부도(副都)인 뤄양의 수비는 빈틈이 없었고, 황소는 결국 남하해야 했다. 당시 황소의 귀순을 제안하는 협상이 오갔다. 조정은 종3품의 우위장군(右衛將軍)을 제안했다. 조건은 무장 해제였다고 한다. 황소는 이를 거부했다. 황소의 군대는 장시(江西)에서 저둥(浙東)으로 향했고, 푸젠(福建)에 들어가서는 광저우 절도사 자리를 요구했다.

광저우는 당시에도 무역이 활발한 지역으로, 이런 곳을 적의 두목에게 맡길 수는 없었다. 당 조정이 요구를 거부하자, 황소는 광저우를 함락하고 절도사를 포로로 잡는다. 그러나 산둥·허난성 출신인 북방인을 중심으로 하는 황소 병력은 광저우의 풍토에 적응하지 못했다. 전염병으로 많은 병사를 잃은 뒤 별수없이 북상하게 된다. 아랍인 압 자이드의 책에는 황소가 광저우에서 12만 외국인을 죽였다고 묘사되어 있으나 의심스러운 부분이 많다. 중국의 사가는 황소와 같은 인물을 유적(流賊)이라 하여 최대한 좋지 않게 기록하는 경향이 있다. 따라서 외국인을 대량 학살했다면 반드시 그 내용이 남아 있어야 할 텐데, 중국측 문헌에는 이에 관한 내용이 없다. 압 자이드는 중국에 오지도 않았고, 그의 저술은 모두 타인으로부터 전해들은 정보였다. 문호를 개방한 광저우에 물론 외국인이 많았겠지만, 살해된 외국인이 12만 명에 달했다는 내용은 과장인 듯싶다.

황소의 병사들은 구이린에서 샹장(湘江)을 타고 후난(湖南), 후베이에 들어갔고, 다시 창장(長江 = 양쯔장揚子江)을 넘어 광명(廣明) 원년(880년) 11월, 마침내 뤄양을 함락한다. 현재의 창사(長沙) 부근이며, 정부군 10만 명을 소멸시켰다. 말 그대로 파죽지세였다. 황소를 「역신전(逆臣傳)」에 넣은 『신당서』에도 그의 군대는 군기가 엄했고, 노략질하지 않았으며, 단지 젊은이를 충원해 병력을 늘리기만 했다고 적혀 있다. 또 '유자(儒者)를 죽이면 안 된다. 죽이면 전군(全軍)이 전

멸한다' 는 내용의 군가를 불렀다고 전해진다. 황소의 군대는 지식인
의 참여에 힘을 기울였던 것 같다. 『신당서』에는 '관군이 난리를 틈타
노략질을 했다' 는 표현이 나온다. 실제 황소가 승리할 수 있었던 것은
민중이 그를 지지했기 때문이다.

당의 절도사 중에는 "적이 있기 때문에 조정이 우리를 대우해 주고
있다. 평화가 찾아오면 우리는 버림받을 것이다. 처벌받을지도 모른
다. 따라서 적을 전멸시키기보다 반란군 세력을 남겨두는 편이 낫다"
라고 말하는 사람조차 있었다. 전투에서 공을 세운 자는 조정의 신하
나 환관의 시기심의 대상이 되었다. 실제 방훈의 난을 평정한 강승훈
이 광둥으로 좌천된 전례가 있었다. 왕선지 사망설이 흘러나왔던 이저
우 전투에서, 왕식이 반란군을 적당히 봐주며 전투했다는 내용이 정사
인 『신당서』에 기록되어 있다.

황소 군대의 북상 때 화이난 절도사 고변(高駢)은 공을 독차지하기
위해 반란군을 곧 평정할 수 있다고 보고했다. 이 보고 때문에 각지에
서 대기 중이던 관군은 철수해 버렸고, 뤄양의 최고책임자 유윤장(劉
允章)은 모든 관료들을 이끌고 나가 황소를 맞이해야 했다.

2

뤄양 함락 후 다음달 황소는 60만 대군으로 퉁관을 돌파한다. 희종
은 소수 병력의 호위를 받으며 창안을 탈출, 밤낮으로 걸어 서쪽으로
도주했다. 안사의 난 때 현종과 마찬가지로 촉을 향해 행군했다. 환관
전령자(田令孜)가 이끄는 5백여 신책병(神策兵:호위병)의 호위를 받
을 뿐이었다. 대장군 진현례가 6군을 호위했던, 124년 전의 몽진(蒙
塵) 때와는 사정이 달랐다. 당시 현종은 촉으로 피난했으나, 황위를
박탈당한 숙종은 닝샤에 머물고 있었다.

희종이 대피한 날 오후 황소군의 선봉장수인 시존(柴存)이 창안에 입성했다. 황소는 창안에 남아 있던 황족 전원을 살해하고 12월 임진 날에 즉위식을 거행, 국호를 대제(大齊), 연호를 금통(金統)으로 정했다. 왕조를 수립하려면 관리가 필요하기 때문에, 4품관 이하 당의 관리를 그대로 기용했다. 그 이상은 내쫓았다. 60만 대군 대부분은 최종 단계인 뤄양 공략 때 참여한 군중이었다. '허난─장난─장시─저둥─푸젠─광둥', 그리고 '광시─후난─후베이─허난'이라는 장정(長征)에 참가한 사람들은 소수에 불과했다. 군기가 엄격했던 초기의 황소군을 잘 몰랐던 백성이 대부분이었다.

창안 입성 직후에는 빈민들에게 재물을 나눠주는 등 해방군의 면모를 과시했으나 며칠 지나자 약탈·방화·살인이 발생한다. 당시 관리들의 착취는 극심했고, 군인들은 관리들을 살해했다. 황소조차 이들을 제지할 수 없었다. 4품 이하는 그대로 기용한다고 포고했으나 극소수만이 모습을 드러냈다. 관리를 찾아내기 위해 가택 수사까지 했다.

황소의 군대는 처음부터 이동 집단이었다. 한 곳을 거점으로 삼아 활동한 일이 없었다. 창안은 이들이 처음으로 정주하게 된 곳이었다. 그러나 정주 생활에 익숙하지 않아 정치가 제대로 운영되지 않았다. 급조된 집단이라 사람들의 생각도 제각각이었다. 결국 의견 대립으로 내분 상태에 빠져든다.

창안은 점령했으나 지방에는 번진이 남아 있었다. 만약 황소의 제왕조가 순탄하게 궤도에 올라 인심을 얻었다면 번진도 귀순했을 것이다. 그러나 이에 실패하자, 지방은 황소 왕조가 그리 오래가지 못하리라 판단했고, 당 왕조의 종주권을 계속 인정했다.

황소는 지방에 토벌군을 보낸다. 유력한 장수였던 주온(朱溫)을 비롯해 황소 진영 내부에서도 왕조의 장래를 불안해하는 사람들이 나타나기 시작했다. 주온은 허중(河中) 절도사 왕중영(王重榮)과의 전투

에서 황소가 지원군을 보내주지 않자, 당 왕조 편으로 돌아섰다. 주온
의 배반은 황소에게 큰 타격을 주었다. 반면 당 왕조에게 그는 구세주
였다. 곧바로 좌금오대장군(左金吾大將軍)이란 관직을 내렸고, 전충
(全忠)이란 이름을 하사한다. 당 왕조 쪽으로 돌아선 이후의 그를 주
전충(朱全忠)이라 불러야 할 것이다.

옌먼(雁門) 절도사 이극용(李克用)이 창안을 탈환하기 위해 진격해
와 황소는 더욱 곤경에 빠졌다. 이극용은 터키계 사타족 수장으로 아
버지는 방훈의 난 당시 큰 공을 세워 국성(國姓)인 이씨를 사용할 수
있었다.

원래 외인 부대로, 이극용은 황소의 난을 틈타 수어저우(朔州)를 습
격하려다 실패해 초원으로 도주해 있었다. 사타족은 용맹스러운 기병
집단으로 유명하며, 당은 이들의 힘을 빌리기 위해 과거의 죄를 불문
에 붙였던 것이다. 완전한 사면을 받기 위해서는 공을 세워야 했다. 이
극용의 군대는 검은 옷을 입고 있었기 때문에 사람들은 '까마귀군'이
라 부르며 두려워했다.

이극용은 량톈포(梁田坡)에 주둔하던 15만 황소군을 격파하고 창
안으로 향했고, 2개월 뒤 황소는 창안에서 퇴각한다. 중화(中和) 3년
(883년) 4월의 일로 황소가 창안의 주인이었던 기간은 2년 4개월에
불과했다.

창안에서 퇴각한 후에도 황소는 1년 이상 각지에서 저항했다. 기록
에 따르면 당시는 엄청난 대기근이었고, 초근목피로 허기를 채웠다.
심지어 인육까지 먹었다는 기록이 나온다. 황소는 고향 부근 타이산
(泰山) 동남쪽 랑후산(狼虎山)에서 자살했다.

촉으로 피난 갔던 희종이 되돌아온 것은 창안이 수복된 지 1년 반이
지난 중화 5년(885년) 정월의 일이다. 황제는 돌아왔으나 창안은 물론
당 왕조 역시 더 이상 과거 당의 모습이 아니었다.

3

창안 수복에 큰 공을 세운 사람은 사타족 수장 이극용과, 원래 황소군의 핵심 간부였던 주전충이었다. 황소 진영에 있던 주전충을 공격해 귀순하게 만들었던 허중 절도사 왕중영도 공로자 중 한 명이다. 서쪽에서는 병졸 출신인 이무정(李茂貞)이 평샹(鳳翔) 절도사로서 눈부신 활약을 했다. 당 왕조 말기는 이들 실력자가 군벌로서 시대의 주역이 된다.

황제를 폐위시킬 정도로 권세를 휘둘렀던 환관도 무대에서 퇴장한다. 이제 세상을 움직이는 것은 오로지 무력이었다. 군벌이 힘을 얻는 것에 반비례해 황제의 권위는 하락했다. 환관들은 황제의 절대 권력에 의지해 권력을 휘둘렀으나 자신들의 주인이 무력해지면서 동시에 추락했다. 군벌 중에는 이극용과 주전충이 격렬히 대립했다. 이극용은 왕중영을 끌어들여 주전충을 제거하려 했으나, 왕중영은 주전충보다 환관 전령자를 먼저 공격하자고 제안한다. 당황한 전령자는 희종을 연행해 평샹까지 도주했다. 황제를 방패로 삼았던 것이다.

전령자는 병을 핑계로 쓰촨에 머물었고, 그와 함께 도주했던 희종은 문덕(文德) 원년(888년) 2월 겨우 창안으로 돌아왔으나 한 달 뒤 숨을 거둔다. 동생 소종(昭宗)이 즉위했다. 소종은 적어도 희종보다는 유능했던 것 같다. 기울어가는 당을 재건하기 위해 최선을 다했다. 그러나 그의 노력은 역으로 당의 멸망을 재촉하게 된다.

소종을 옹립한 것은 환관 양복공(楊復恭)이었으나, 그는 자신의 공을 과시하며 소종을 꼭두각시로 만들려 했다. 황제의 명령도 듣지 않았다. 소종은 주저하지 않고 '조정의 역적' 양복공을 파면했다. 양복공은 한중(漢中)으로 도주했고, 소종은 평샹 절도사 이무정에게 산남서도(山南西道) 초토사(招討使)를 겸임시켜 토벌케 했다. 토벌 성공 뒤 소종은 초토사 직책을 해제하려 했으나 이무정은 명령을 듣지 않았다. 그래서 소종은 다시 황족 담왕(覃王) 이사주(李嗣周)를 경서(京西) 초토사로 임명해 이무정 토벌을 지시했다. 신뢰할 수 있는 사람이 육친이나 측근밖에 없다는 것은, 바로 왕조가 말기를 맞고 있다는 증거이다. 토벌군은 패배했고, 이무정은 창안으로 진격해 책임자 처벌을 요구했다. 소종은 이들의 요구를 들어줄 수밖에 없었다.

아무도 왕조에 반기 드는 것을 두려워하지 않았다. 이극용은 사타족 군단을 이끌고 멋대로 타이위안으로 나아가 조정의 역적이 되었다. 이극용 역시 소종이 보낸 토벌군을 대파했다. 원래의 관직을 회복했을 뿐 아니라 오히려 중서령(中書令)이란 칭호를 얻어냈다.

이극용이나 주전충은 격렬히 대립했으나, 주전충이 우위에 있었다. 이극용 세력의 근간인 사타족이 변방에 있었던 반면 주전충은 소종과 가깝게 있었기 때문이다.

전통 있는 귀족 명문들도 불만이었다. 그들은 오랜 기간 환관에게 조정을 농락당했는데, 이제는 황소나 사타족 병졸에서 승진한 절도사에게 주도권을 빼앗겼기 때문이다. 귀족 중 한 사람인 최윤(崔胤)은 재상을 네 차례나 지내 최사입(崔四入)이란 별명으로 불렸다. 그는 우선 환관을 제거하기 위해 사병 출신 이무정을 이용하려 했다.

최윤은 소종과 모의해 이무정에게 3천 병력을 이끌고 창안에 주둔할 것을 요청했다. 환관 한전회(韓全誨)의 지휘 하에 있던 창안의 근위군을 누르기 위해서였다. 그러나 한전회는 평상에서 감군(監軍)으로 근무했었기 때문에 이무정과는 아는 사이였다. 황제의 요청을 받아 창안으로 들어온 평샹의 3천 병력은 오히려 환관의 힘을 강화하는 결과가 되고 말았다. 위협을 느낀 최윤은 주전충에게 구원을 요청했다.

주전충의 본거지는 다량(大梁, 현재의 허난성 카이펑시開封市)이었다. 최윤의 요청에 따라 주전충이 병력을 서쪽으로 움직이자, 환관들은 소종을 평샹으로 데려가버렸다. 주전충은 평샹을 공격하고 이무정은 항복했다. 천복(天復) 2년(902년)의 일이다. 주전충은 환관 숙청과 소종 인도를 요구했다. 20여 명의 환관이 처형되었다. 창안에 남아 있던 환관은 비교적 하급 환관들이었으나, 이들 역시 모두 처형되었다. 중당(中唐:대종에서 문종에 이르는 약 70년간) 이후 황제의 옹립자로서 권세를 누리던 환관들이 이로써 완전히 척결되었다.

그 뒤 주전충은 다량으로 돌아갔으나 환관 척결에 성공한 최윤은 창안에서 6천6백 명의 새로운 군대를 모집했다. 환관에 이어 이번에는 군벌을 억제하려 했다. 당시 주전충은 소종의 선양을 받아 제위에 오를 것을 생각하고 있었기 때문에 최윤의 움직임을 묵과할 수 없었다. 평샹 작전 2년 뒤인 천복 4년, 주전충은 최윤의 집을 포위하고 그 일당을 죽인 뒤 소종과 관료, 하인들을 강제로 뤄양으로 옮겼다. 창안에 대한 미련을 없애기 위해 철저히 파괴했고, 파괴된 궁전과 저택의 목재를 웨이수이에 띄워 동쪽으로 흘려보냈다. 대당(大唐)의 창안은 이때 지상에서 자취를 감추었다. 벽돌로 만들어진 대안탑(大雁塔)과 소안탑(小雁塔)만 파괴하기 어렵다는 이유로 피해를 입지 않고 현재까지 전해지고 있다.

의욕이 앞섰던 소종은 뤄양으로 이동 도중 은밀히 평샹의 이무정, 허둥(河東)의 이극용, 화이난의 양행밀(楊行密), 쓰촨의 왕건(王建) 등 각지의 유력 번진들에 밀서를 보내 구원을 요청했다. 이들 절도사는 밀서를 받고 주전충 토벌을 소리 높여 외쳤지만, 실제 병력을 움직인 사람은 없었다. 구원에 나섰다가 무방비인 자신들의 본거지가 공격받을 우려가 있었기 때문이다. 절도사들이 아무런 반응도 보이지 않았다면 그냥 넘어갈 수 있었겠으나, 입으로는 주전충 토벌을 외쳐댔기 때문에 소종은 곤경에 처하고 만다. 결국 주전충은 거추장스러운 소종을 살해한다.

당의 이연, 왕망 모두 어린 황제로부터 선양받았다. 서른여덟의 소종은 선양극을 하기에는 적절한 배우가 되지 못했다. 열세 살 휘왕(輝王) 이조(李祚)가 축(柷)으로 개명해 당의 마지막 황제로 즉위했다. 천우(天祐) 원년(904년) 4월의 일이다.

황사(皇嗣:대를 이을 사람―옮긴이)가 없기 때문에 종묘호(宗廟號)는 없고 사서에는 소선제(昭宣帝)로 기록되어 있다. 3년 뒤인 천우 4년 주전충은 소선제로부터 선양받아 제위에 오른다. 국호는 양(梁)이지만, 남북조 시대의 양(梁)과 구분하기 위해 사가들은 후량(後梁)이라 부른다. 원래 황소의 대간부였던 주온, 즉 주전충은 후량의 태조로 즉위한 뒤 황(晃)으로 개명한다.

당은 고조 이후 2백9십 년 만에 멸망했다. 선양한 소선제는 다음해 독살당하고, 아홉 명의 형제 모두 살해당한 뒤 구곡(九曲)이란 연못에 던져진다.

4

당 왕조 멸망 뒤 반세기 동안 주전충의 후량을 비롯해 단명 왕조가 다섯 번 교체되어 이를 5대(五代)라고 부른다. 주전충이 제위에 오른 뒤에도 다른 번진들은 이를 승인하지 않았다. 후량은 최전성기에 70여 주(州)를 지배했다고 한다. 당시 중국에는 3백5십여 주가 있었으므로 후량의 지배는 그 5분의 1에 불과했던 것이다. 지방에서는 절도사, 혹은 이를 탈취한 실력자가 독립해 있었다. 그 수가 10여 개여서 5대10국(五代十國)이라 부르는 것이 정확할 것이다.

주전충의 숙적이던 이극용은 후량 건국 다음해에 죽고, 장남 이존욱(李存勗)이 후계자가 되었다. 이존욱은 사타족 기병 조직을 만들어 착착 실력을 쌓아갔다. 후량에서는 주전충의 후계자 자리를 놓고 내분이 일어나, 차남 주우규(朱友珪)가 아버지를 죽이고 제위에 오르지만 3남 주우정(朱友貞)에게 다시 살해된다. 후량의 판도는 점차 이존욱에게 잠식되어 세력권이 20여 주로 축소되었고, 마침내 멸망한다. 이를 차지한 이존욱은 황제를 칭하게 된다. 그의 아버지 이극용은 본거지(현재의 산시성山西省)의 이름을 따서 진왕(晉王)으로 칭하며, 국호를 당으로 했다. 사가들은 이 정권을 후당(後唐)이라 부른다. 당의 국성(國姓) 이씨를 받았다는 인연도 있지만, 이존욱이 당에 매료되었기 때문에 같은 국호를 사용한 것이다. 그의 즉위는 923년으로, 후당의 장종(莊宗)이라 불린다.

빈농 출신의 주전충은 귀족·관료·환관과 같은 당의 잔재를 극단적으로 싫어했다. 주전충은 진사 출신 관료가 환관을 탁류, 자신들을 청류라고 불렀던 일을 기억하고 부하인 이진(李振)의 진언을 받아들여 그들을 황허(黃河)의 탁류에 던져넣어 살해한 적이 있다. 당의 재상인 배추(裴樞)도 그렇게 살해되었다. 이진은 수차례 과거에 낙방했으므로 진사들을 증오했을 것이다. 이러한 사례만 봐도 후량의 주전충이 당 유산을 파괴한 주범이었음을 알 수 있다. 그러나 사타족의 수장, 집에서 태어난 후당의 장종(=이존욱)은 당의 모습을 속속 부활시켰다. 환관을 채용했고, 사치를 즐기게 된다.

장종은 덕망을 잃고 말았다. 사치스런 궁중 생활을 유지하려고 재상 공겸(孔謙)을 시켜 전쟁으로 피폐해진 사람들을 더 착취하기 위해 온갖 방법을 다 동원했다. 전쟁에서 공을 세운 사령관이 환관의 비방으로 처형당하는 일이 벌어져 전국에서 불만이 확산되었고, 반란이 일어났다. 장종은 이를 진압하기 위해 이사원(李嗣源)을 파견한다. 이사원은 이극용의 양자 중 한 사람이었다.

당의 절도사나 환관은 부하의 충성을 보장받기 위해 형식적인 양자로 삼는 경우가 많았다. 수천 명을 양자로 둔 절도사도 있었다. 토벌군과 반란군이 이사원을 설득해 뤄양에 있던 장종을 공격하게 한다. 뤄양의 군대는 장종을 죽이고 항복한다. 이사원은 양자이긴 했으나 엄연히 후당의 군주 자격이 있었다. 이사원이 바로 명종(明宗)이며, 5대 명군의 한 명으로 꼽히는 명석한 인물이었다. 즉위 당시 이미 예순 살이 넘어 재위 기간은 7년에 불과했다. 그 사이 전쟁은 적었고 풍년이 이어졌다. 명종은 제대로 교육받지 못해 글을 읽지 못했다고 한다. 그러나 문맹도 그가 명군이 되는 데 장애가 되지 못했다. 단지 그는 장종과 반대되는 일만 하면 문제가 해결될 것이라고 생각했던 듯하다. 치밀하지 못했던 것이다. 예를 들어 장종이 장병에 대한 급료나 은상(恩賞)을 극단적으로 줄여 병란이 일어났다면 명종은 그 정반대로 장병의 급료를 크게 인상해 주었다. 실패한 원인의 정반대 정책을 취한다고 반드시 성공한다는 보장은 없다. 결국 후당의 군대는 돈으로 움직이는 존재가 되고 만다.

명종 사망을 전후해 큰 소란이 일어나며, 3남인 이종후(李從厚)가 즉위한다. 그가 민제(閔帝)이다. 민제에겐 두 명의 막강한 라이벌이 있었다. 명종의 사위인 허둥(河東) 절도사 석경당(石敬瑭)과 명종의 양자인 펑샹 절도사 이종가(李從珂)였다. 민제는 두 사람을 근거지에서 분리시키기 위해 인사 이동을 지시했다. 이종가를 허둥 절도사로 임명하려 하자 이종가는 이를 거부하고 반기를 들었다. 민제는 토벌군을 조직했으나 토벌군은 이미 돈으로 움직이는 군대로 변해 있었다. 펑샹에 도착해선 토벌에 나서지 않았을 뿐 아니라 이종가와 교섭해 은상을 받은 뒤 배반한다. 이종가는 자신의 병력과 민제의 토벌군을 이끌고 역으로 뤄양을 공격했다. 민제는 이를 막기 위해 국고를 바닥내면서까지 장병들에게 은상을 주고 반격하게 했다. 그러나 이들 장병역시 다시 이종가에 매수되어 민제를 배반한다. 뤄양을 방어해야 할 군대가 상금만 받아챙기고 배반한 것이다. 이종가는 이들을 이끌고 뤄양을 공격한다. 민제는 즉위 바로 다음해에 목숨을 잃고 이종가가 즉위한다.

이종가는 후당의 말제(末帝, 혹은 폐제廢帝)라고 한다. 그는 뤄양의 국고를 열어 나눠주겠다며 병사들의 배반을 유도했다. 그러나 막상 입성해 보니 국고는 비어 있었다. 말제가 할 수 있는 일은 가렴주구(苛斂誅求:세금을 가혹하게 거두어들여 백성을 못살게 들볶음―옮긴이)뿐이었다.

말제는 하나 남은 라이벌 허둥 절도사 석경당을 민제와 마찬가지로 허둥(산시山西)에서 타이핑(太平)으로 이동시키려 했다. 석경당 역시 말제가 민제에게 했던 것처럼 명령을 거부했다. 말제는 토벌군을 보내 진양의 석경당을 포위했다.

후당은 일개 절도사인 석경당을 누를 정도의 힘은 있었다. 석경당은 거란족에게 원군을 요청했다. 물론 대가가 있었다. 그 뒤 오랜 기간 현안이 된 옌윈16주(燕雲十六州)의 할양, 비단 30만 필, 수장의 아버지 호칭 사용 승낙을 거란족에 제안했다.

거란족은 몽골계 부족으로 알려져 있다. 거란은 네이멍구 초원에서 각 시대의 강력한 세력에 복속하며 유목 생활을 보내왔다. 물론 독립이 숙원이었다. 당 왕조 무측천 때도 독립하려다 실패했었다. 현종 당시 절도사 안록산의 주요 임무는 거란족의 발흥을 억지하는 것이었다. 당 왕조가 멸망하고 중원에서 약소 정권들이 교체될 때가 남진(南進)의 호기였다. 유목 민족은 뛰어난 지도자가 나타나면 단시간 내에 강성해진다. 거란족도 야율아보기(耶律阿保機)란 영걸이 나타나 당 왕조 말기에 독립했고, 서쪽의 당항족(黨項族, 티베트 계열)과 동쪽의 발해를 쓰러뜨렸다. 석경당이 구원을 요청했을 때 거란은 동서에 우환이 없었기 때문에 안심하고 남진할 수 있었다. 야율아보기는 926년에 죽고 2대 황제 야율덕광(耶律德光)의 시대가 왔다.

거란의 5만 기병은 진양 구원에 나섰다. 진양을 포위하던 후당의 병력은 사령관을 죽이고 거란군에 투항했다. 거란군은 다시 투항군을 이끌고 남하해 뤄양을 공격한다. 후당의 말제는 현무루(玄武樓)에 올라 불을 지르고 투신해 죽는다. 후당은 14년 만에 망했다. 진양의 석경당은 거란군의 뒤를 따라 뤄양에 들어와 즉위한다. 사가들은 이 정권을 후진(後晉)이라 부른다. 뤄양 정권의 교체는 936년의 일이다.

5

후진의 고조(高祖) 석경당은 즉위 다음해 뤄양에서 카이펑(開封, 벤징汴京)으로 천도했다. 당시 허난에서는 운하를 이용하든 육로를 이용하든 카이펑이 편리했다. 5대(五代)의 다섯 왕조 중 뤄양을 수도로 삼은 것은 후당뿐이었고, 나머지는 모두 카이펑이었다. 후진의 천도는 후량의 수도로 천도한 것이기도 했다.

거란의 원조를 받아 건국한 후진의 과제는 거란족으로부터 독립하는 일이었다. 942년 석경당이 죽었을 때 그의 아들은 아직 어렸고, 조카 석중귀(石重貴)가 2대 황제가 된다. 사실 석경당은 어린 황제를 즉위시킨 뒤 허둥 절도사 유지원(劉知遠)에게 보필하라는 유조(遺詔)를 남겼으나, 석중귀 일파가 이를 무시한 것이다. 석중귀는 출제(出帝)라 불린다. 즉위를 알리는 국서를 요(遼=거란)에 보냈으나, 요는 아들이 아닌 조카가 즉위한 것을 문제삼았다. 요는 후진의 상담을 받아들이지 않았고, 국서에 '약속 위반'이란 표현이 있는 것을 문제삼아 출병했다. 요 왕조 군사는 필사적으로 저항하는 후진의 병력을 격파, 마침내 946년 카이펑을 점령하고 출제를 포로로 잡았다. 후진은 불과 11년 만에 멸망했다.

후진이 단명한 이유 중 하나는 요의 군사가 남하했을 때 허둥 절도사 유지원이 일체 저항하지 않았기 때문이다. 유지원은 석경당의 유언이 무시당했음을 알고 후진의 멸망을 방임했다. 그리고 스스로 진양에서 즉위해 국호를 한(漢)이라 했다. 사가들은 후한(後漢)이라 부른다. 광무제(光武帝)가 세운 장기 왕조 후한(後漢)과 혼동을 피하기 위해 중국에서는 동한(東漢)이라 부르는 경우가 많다. 단명 왕조가 이어졌던 5대 왕조 중에서도 가장 짧은 기간인 불과 4년 만에 후한 왕조는 멸망한다.

후한 고조 유지원이 남긴 유일한 업적은 진양에서 남하함으로써 카이펑을 점령했던 요를 북으로 쫓아낸 일이다. 카이펑으로 천도한 다음해 유지원은 죽고, 차남 유승우(劉承祐)가 즉위하나 내분이 심해진다. 은제(隱帝)로 불리는 유승우는 무력을 보유한 장수들을 제거하려 한다. 호국(護國) 절도사 이수정(李守貞)의 난을 평정한 추밀사(樞密使) 곽위(郭威)도 숙청하려 했으나 곽위가 카이펑으로 역진격해 왔다. 은제는 함락되기 전 가신에게 살해당한다.

곽위는 5대의 마지막 왕조인 후주(後周)의 태조가 되었다. 954년 곽위가 죽고, 황후 시씨(柴氏)의 조카 시영(柴榮)이 2대 황제가 되었다. 언뜻 이해하기 힘든 계승이다. 아마도 시영이 어려서부터 곽위의 품에서 자랐고, 자질이 뛰어나 후계자로 공인되어 있었던 것 같다. 후주의 세종(世宗)이라 불리는 시영은 5대 제일의 명군으로 꼽힌다. 예순이 넘어 즉위한 후당의 명종과 달리, 후주의 세종은 서른셋이라는 왕성한 시기에 즉위했다. 돌발적인 전쟁이 많았던 5대 시대였지만, 후주 세종만은 장기적 전망 아래 계획을 세웠고 분열된 중국을 재통일한다는 이상을 갖고 있었다.

세종은 장베이을 공략하고, 거란이 지배하던 익진관(益津關)과 와교관(瓦橋關)을 차지했다. 그러나 북정 도중 병을 얻어 서른아홉의 나이로 숨을 거둔다. 황자(皇子) 중 최연장자가 겨우 일곱 살이었다. 그가 공제(恭帝)이다. 그러나 조정과 장군들은 세상이 어지러울 때 어린 황제가 즉위하는 것이 불안했다. 천하 통일의 대업을 이룩하기 위해서는 보다 유능하고 결단력 있는 사람을 즉위시켜야 했다. 결국 구이더(歸德) 절도사 조광윤(趙匡胤)이 북정 도중 병사들에 의해 옹립되었고, 공제의 선양을 받아 제위에 올랐다. 그는 국호를 송(宋)이라 했다. 옌윈16주의 수복은 성공하지 못했으나, 중국 주요 지역의 통일은 거의 달성했다. 장수 왕조 송이 여기서 시작된다. 여진족인 금(金)의 공격을 받아 린안(臨安, 항저우杭州)으로 천도한 시기를 전후해 북송과 남송으로 나누는 것이 보통인데, 이를 모두 합해 3백 년 이상 지속된 왕조였다.

당 왕조 멸망, 후량 태조 주전충의 즉위(907년)에서 후량·후당·후진·후한·후주로 이어지는 5대의 시대는, 송의 태조 조광윤의 즉위(960년)로 54년 만에 막을 내렸다. 이 반세기를 대표하는 인물은 어느 왕조의 황제도 아니고 풍도(馮道)라는 재상이었다.

후당의 명종은 명군이었다. 그러나 배움이 없어 난해한 주문(奏文)을 이해하지 못했고, 풍도를 등용해 해석하게 했다. 풍도는 후진·후한·후주에 계속 봉사했고 야율덕광(요 왕조 태종)이 남하했을 때도 기용되었다. 그는 5대 왕조에서 재상을 지냈고, 5조8성11군(五朝八姓十一君)의 재상으로 봉사한 세계적인 기록을 갖고 있는 사람이다.

장수 왕조인 송은 요 왕조와 대치했고, 지속적으로 긴장 상태에 있었기 때문에 특히 절개와 지조를 중시했다. 유학도 송 왕조에 들어와 절의(節義)를 매우 중시하게 된다. 풍도가 사망한 뒤 송학(宋學)의 시대가 찾아왔고, 풍도는 절의 없는 인물로 꼽히게 된다. 구양수(歐陽修)는 『신오대사(新五代史)』에서 그를 이렇게 평가했다.

염치없는 자라고 불러야 한다.

풍도를 변호하는 사람도 있었다. 명 왕조 말기 이탁오(李卓吾, 1527~1602년)가 그 중 한 명이다. 이탁오는 『맹자(孟子)』의 말을 인용하여 인민을 편안하게 하는 것이 정치를 행하는 군신의 최대 임무라고 지적했다.

사직社稷을 중시하고 군君을 경시한다.

군(君)이 그 임무를 태만히 할 경우 신하가 이를 대행해야 한다. 그것이 신하의 첫째 의(義)이며, 주군에 충절을 다하는 것은 두 번째 의(義) 이하라고 했다. 5대는 반세기 동안 다섯 왕조가 교체한 비정상적인 시기였다. 왕조가 멸망할 때마다 충절을 중시해 철저히 항전할 경우 인민은 더 큰 고난에 빠지고 만다. 구(舊) 왕조의 재상이 신 왕조의 황제에 봉사함으로써 혼란을 피하는 것이 오히려 백성들에게 안녕을 제공했던 것이다.

요 왕조가 허난을 점령하고 대학살을 자행하려 했을 때, 이를 막은 것이 풍도였다고 한다. 그가 야율덕광에게 한 말이 유명하다.

지금 백성은 부처님으로부터도 구원을 얻지 못하고, 오로지 황제에게서 구원을 얻고자 한다.

거란족 수장을 불교의 보살 이상으로 올렸다는 점에서 후일 물의를 일으키지만, 황제로부터 학살 금지령을 얻어내 허난의 많은 민중이 목숨을 부지한 것은 사실이다. 풍도는 이상한 시대에만 나타나는 이상한 인물이었다.

대송춘추(大宋春秋)

1

조광윤은 군부에 의해 제위에 올랐다. 사실 중당(中唐) 이후 장병이 절도사를 옹립하는 일이 많았고, 그것이 교병(驕兵)이 발생하는 원인 중 하나였다. 지휘관이 무능하면 장병은 비참한 생활을 해야 했다. 지휘관의 능력은 곧 자신들의 목숨과도 직결된다. 장병들이 유능하고 전쟁 능력이 뛰어난 상사를 고르는 관습은 북방에서는 당연시되었다. 절도사 옹립이 황제 옹립으로 격상되었다고 해석해도 좋을 것이다. 5대의 황제는 지방 정권의 주인에 불과했으므로 군사와 민정을 겸한 절도사와 큰 차이는 없었다.

중당(中唐) 이후 당의 황제도 환관에 의해 옹립되고 있다. 선발 기준 중 첫째가 '조종하기 쉬운 인물일 것'이었다. 절도사 그리고 5대 황제의 옹립은 자신의 생명과 직결된 문제이기 때문에, 좀더 신중히 선정되었다. 유능하면서 덕망도 갖춰야 했다. 송 태조 조광윤의 아버지 역시 후주 왕조를 위해 일했던 무장(武將)으로, 그는 군영(軍營)에서 태어났다. 술을 좋아했고 배짱이 있었으며, 장병들의 존경을 받았다. 더구나 전전군점검(殿前軍点檢:중앙군의 사령관)과 절도사를 겸한 후주 최고의 실력자여서, 황제 옹립 대상으로 그만큼 적절한 사람도 없었다.

당 왕조는 지방의 힘을 약화시킴으로써 절도사의 군벌화 문제를 해결하려 했다. 반면 후주의 세종 시영은 중앙군을 강화해서 문제를 해결하려 했다. 이를 위해 만든 것이 전전군(殿前軍)으로, 조광윤에게 이를 맡겼다는 것은 황제가 그를 전폭적으로 신뢰했음을 알 수 있다.

천하 통일과 중앙 집권, 후주의 세종이 시도했으나 실패한 것이다. 송의 태조 조광윤은 이를 이어받았고, 대업을 거의 완성했다. 단, 후진의 석경당이 지원에 대한 대가로 거란에 할양한 옌윈 지방은 후주의 세종이 일부를 탈환했을 뿐, 3백여 년 동안 남·북송이 멸망할 때까지 수복하지 못했다. 또 시베이(西北, 현재의 간쑤성)에 서하(西夏)란 이름의 당항(黨項) 왕조가 수립되었으나 이를 평정하는 데도 실패했다. 1126년 금이 카이펑을 함락한 뒤 송은 화이허(淮河) 이남 지방만 통치하게 된다. 천하의 절반을 상실한 것이다.

이렇게 살펴보면 송 왕조는 한(漢)이나 당에 비해 그리 세력을 떨치지 못한 것 같다. 그러나 국토 면적과 국민의 행복이 반드시 비례한다고 볼 수는 없다.

당 왕조의 수도 창안과, 송의 수도 카이펑(허난성, 남송의 수도는 저장성 항저우杭州)을 비교해 보면 확연해진다. 이백(李白)이 노래한 '은안백마(銀鞍白馬), 춘풍을 건너다' 라는 구절에서도 대당(大唐) 시절 창안이 화려했음을 알 수 있다. 그러나 화려함은 은안백마인 귀족들이 독점했다. 서민의 고통은 백거이(白居易)의 시에 잘 나타난다. 창안에는 1백1십 개의 방(坊)이라 불리는 블록이 있고, 해가 지면 성문은 물론 성문 내부의 방문(坊門)까지 닫았다. 평강방(平康坊)에는 유곽이 있었으나, 손님들은 밤이 되면 방(坊) 외부로 나갈 수 없었다. 이에 비해 송 카이펑의 거리에는 그런 제한이 없었다. 창안에서는 일몰을 알리는 북소리가 나면 서둘러 집에 돌아가야 했으나, 카이펑의 번화가는 불야성이었다. 유명한 술집은 24시간 영업했다.

이는 경제적으로도 송의 시민이 당보다 훨씬 윤택했음을 말해 준다.

중국 역대 왕조 중 송 시대에 관리 수가 가장 많았고, 관리 급여 또한 가장 높았다.

시민의 주머니 사정이, 즉 국가 경제가 넉넉했던 것이다. 5대10국 동란 뒤인 10세기부터 11~12세기의 송 왕조 시대는 중국의 경제가 비약적으로 발전한 시기이기도 했다. 당시까지 귀족이 독점하던 것들을, 서민까지 누릴 수 있게 된 것은 이러한 경제적 번영 때문이었다.

상공업이 발달하고 석탄 사용이 보편화되었으며, 예술인은 물론 이를 감상할 수 있는 계층도 넓어졌다. 도자기는 송 시대에 정점에 달했다. 송의 수준을 넘어서는 도자기는 아직 나타나지 않고 있다. 필승(畢昇)이란 사람이 활자 인쇄술을 발명한 것은 경력(慶曆) 4년(1044년)의 일이다. 활자 인쇄의 발명, 그리고 이보다 1천 년 앞서 이루어진 종이 발명으로 중국은 세계 문화에 가장 큰 공헌을 했다고 할 수 있다. 송의 문화가 종이와 활자에 의해 널리 보급되었음은 말할 나위가 없다. 당이 귀족 문화라면, 송은 층이 깊고 넓은 시민 문화였다. 현재 중국 전통 예술이라고 일컬어지는 것들은, 당보다는 송 왕조에 그 뿌리가 있는 경우가 많다. 당 현종은 궁전의 이원(梨園)에 배우와 가수 양성소를 만들었다. 이는 오로지 황제와 귀족이 즐기기 위함이었다. 송 왕조 때는 야간 통행 금지령이 해제되어 사묘(寺廟)의 경내나 번화가에서 연극·강연·무용·가요에서 기술(奇術)에 이르기까지 일반 서민이 부담 없이 즐길 수 있는 예술이 유행했다. 이들 예술은 다소 형태는 변했지만 오늘날까지 전승되었다.

중국의 기서(奇書)라 불리는 『삼국지연의』『서유기』『수호전』은 송 시대 이후의 작가들이 쓴 것이지만, 원형은 송 왕조 전성기에 태어난 것이다.

베이징 고궁박물원(故宮博物院)에 소장되어 있는 「청명상하도(清明上河圖)」에는 카이펑 시민들의 생활상이 생생히 묘사되어 있다. 송 왕조 이전 시대의 그림 중 지금도 남아 있는 것은 고분벽화 정도이며, 영태공주(永泰公主)나 장회태자(章懷太子) 묘를 봐도 벽화의 주된 테마는 귀족 생활이다. 송 왕조는 현대의 우리와 친숙한 시대였다고 할 수 있다.

2

당 왕조와는 다른 의미에서 송에 '대(大)'란 형용사를 붙일 수 있을 것 같다. 대송(大宋)을 세운 태조 조광윤의 인격을 생각할 때 그렇다. 개인적으로 중국 역사상 최고의 명군을 꼽는다면 나는 한 무제나 당 태종이 아니라, 주저하지 않고 송 태조를 선정할 것이다.

후주의 세종 시영은 '장대한 걸음'을 걷는 도중에 쓰러졌고, 일곱 살 난 공제가 즉위한 다음해 거란의 남침이 시작되었다. 이를 격퇴하기 위해 조광윤은 대군을 이끌고 카이펑을 출발했고, 첫 야영지인 천차오(陳橋)에서 황제에 옹립되었다. 그는 평상시처럼 술에 취해 있었고, 영문도 모르는 사이에 황제가 입는 황포를 입고 있었다. 장병들은 만세를 불렀다고 한다. 자신도 모르는 사이에 즉위했다는 것은 만들어낸 얘기겠지만, 태조의 평소 모습과 일치하는 일화였기 때문에 후세에 전해졌을 것이다. 장병들이 그를 황제로 옹립하기 위한 작업을 했으나, 가장 적극적이었던 것은 동생 조광의(趙匡義)였을 것이다. 태조에겐 태자가 없었고, 동생 조광의가 후계자가 된다. 태종이란 호칭에서 옹립의 깊은 배경을 추측할 수 있다.

'천차오의 변(變)'에 의해 제위에 오른 태조 조광윤은 후주의 세종인 시영의 정책을 거의 그대로 답습했다. 세종이 행한 정책 중 따르지 않은 것은 폐불(廢佛)뿐이었다. 세종이 3만여 개 사찰을 없앤 것은 불교 역사상 '3무1종(三武一宗)의 법난(法難)'으로 꼽힌다. 3무1종은 북위의 태무제, 북주의 무제, 당의 무종, 그리고 후주의 세종이다. 단, 세종의 폐불은 타락한 불교계를 개혁하고, 승려 시험을 엄격히 한 것이어서 과거와 같은 폐불이라고는 볼 수 없다.

폐쇄한 사찰의 불상과 불구(佛具)를 녹여 동전을 만들었으므로 폐불을 단행한 배경에 경제적 이유도 있었음을 알 수 있다. 송 왕조는 세종이 정화시킨 불교계를 이어받았으므로 폐불 정책을 이어갈 필요가 없었다. 태조는 대장경을 간행하며 개혁된 불교계의 발전을 추구했기 때문에, 어떤 의미에선 폐불 정책을 답습했다고 볼 수도 있다.

세종의 정책은 북방의 거란이 더 강력해지기 전에 서둘러 변방 수비를 강화하는 것이었다. 거란족 정권에는 수많은 한족이 있었고, 옌윈 16주를 지배하에 두었기 때문에 민족적으로 이원적 정권이었다고 할 수 있다. 유목은 물론 농사도 지었고, 제도 역시 북면관(北面官)·남면관(南面官) 이중 구조로 되어 있었다. 국호를 중국식으로 '요(遼)'라 했으나, 국수주의 성향이 강해졌을 때는 '거란'으로 바꾸었다. 혼동을 일으킬 수 있으므로 이 책에서는 국명을 지칭할 때 '요'로 통일하겠다.

후주 세종 시대에 남당(南唐)을 종종 공격했다. 산시(陝西)의 친저우(秦州)에도 군사를 보냈다. 남당은 지방 10국 중 최강 정권으로 수도를 난징(南京)에 두었고, 군주는 황제라 칭했다. 세종이 공격하자 남당 황제 이경(李璟)은 장베이(江北) 14주60현을 바친 뒤, 스스로 칭호를 황제에서 국주(國主)로 낮춰불렀다. 그러나 풍요로운 장난(江南)의 지배자란 사실에는 변함이 없었다.

중원 5대 시대의 지방 10국을 열거하면 다음과 같다. 인명은 창시자이고 지명은 수도이다.

전촉(前蜀, 907~925년)　　왕건(王建)　　　청두(成都, 쓰촨)
후촉(後蜀, 934~965년)　　맹지상(孟知祥)　청두(成都)

오(吳, 902~937년)	양행밀(楊行密)	양저우(揚州, 장쑤)
남당(南唐, 937~975년)	이변(李昇)	난징(南京, 장쑤)
남평(南平, 907~963년)	고계흥(高季興)	장링(江陵, 후베이)
오월(吳越, 907~978년)	전류(錢鏐)	항저우(杭州, 저장)
민(閩, 909~945년)	왕심지(王審知)	푸저우(福州, 푸젠)
초(楚, 907~951년)	마은(馬殷)	탄저우(潭州, 후난)
남한(南漢, 917~971년)	유은(劉隱)	광저우(廣州, 광둥)
북한(北漢, 951~979년)	유숭(劉崇)	진양(晋陽, 산시)

이 중 가장 작았던 남평은 형남(荊南) 혹은 북초(北楚)라 칭하고 있었다. 오는 당의 화이난 절도사 양행밀이 당 멸망 뒤 불가피하게 독립한 것이다. 그는 죽을 때까지 당의 월력을 사용했고, 스스로 제(帝)라 칭하지 않았다.

태조는 요와 대규모 충돌을 피하면서, 한편으론 톈푸(天府)라고 불리는 풍요로운 영토를 지배하던 후촉을 멸망시켰다. 또 오월과 연합해 10국 중 최대인 남당을 멸망시켰다. 남당 최후의 황제 이욱(李煜)은 후주(後主)라 불렸고, 사인(詞人:문장가—옮긴이)으로서 중국 최고의 인물로 평가받고 있다.

사(詞)는 '시여(詩余)'라고도 하며, 평측(平仄:한시漢詩에서 음운의 높낮이—옮긴이)이나 운(韻)의 규칙이 엄격한 시와 달리 특정 곡에 맞춰 상당히 자유스럽게 만든다. 송 왕조 문학의 큰 재산이며, 사람들은 '시(詩)는 당, 사(詞)는 송'라고 말한다.

남당 멸망 전 광저우의 남한을 멸망시키고 외국 무역의 이익을 손에 넣은 것도 송 왕조에 경제적으로 큰 여유를 안겨주었다. 남한의 창시자 유은은 아랍인이었다는 설이 있다. 태조 재위 기간 동안 10국 중 오월과 북한 외에는 모두 멸망했다. 오월은 남당을 공격했을 당시 동맹을 맺었고, 이미 강대해진 송에 저항할 의욕을 상실한 상태였다.

오월의 황제 전숙(錢俶)이 모든 영토를 송에 바치고 항복한 것은 태조 사망 2년 뒤인 978년의 일이다. 그 이듬해 송은 10국 중 마지막으로 남은, 유일한 북방 정권이던 북한을 멸망시켜 요를 제외하고 중국 주요 지역 통일에 성공했다.

이토록 많은 정권을 멸망시켰으나 피는 그리 흘리지 않았다. 항복한 황제는 죽이지 않았다. 수도 카이펑에 저택을 주거나 관작을 수여했다. 보는 관점에 따라서는 인질이며 연금이다. 그러나 그들의 자제에게 직책을 주어 각군과 각주에 파견했다. 송에 선양한 후주의 시씨 친족의 경우 송이 멸망할 때까지 3백여 년간 제후로서 우대받았고, 조상에 대한 제사도 허용되었다. 선양한 당의 소선제와 그의 형제 아홉 명을 살해해 구곡(九曲)이란 연못에 던져넣었던 후량의 주전충과는 인격부터가 달랐다고 할 수 있다.

남당의 후주 이욱이 독살되었다는 설도 있지만 확증은 없는 듯하다. 독살이 사실이라 해도 이욱은 태조 사망 2년 뒤 죽었으므로 조광윤의 손에 죽은 것은 아니다.

송 왕조 때는 황제가 새로 즉위하면 홀로 궁전 깊은 곳으로 들어가 '석각유훈(石刻遺訓)'을 읽고 이를 가슴에 새기는 관습이 있었다. 황제 외에는 아무도 이를 본 사람이 없다. 대신들조차 그 내용을 몰랐다. 일반에게는 그 존재 자체가 알려지지 않았다.

'정강(靖康)의 변(1126년)' 당시, 금 왕조 군사가 송의 궁전을 유린했을 때 최초로 돌에 새겨진 유훈의 존재가 드러났다. 평생 잊으려 해도 잊을 수 없을 만큼 그 내용은 극히 간단했다. 선양한 '시씨를 평생 돌봐줄 것, 황제의 행동에 반대하는 발언을 했다고 해서 사대부를 죽이지 말 것' 이 두 가지뿐이었다. 역대 황제들은 이 두 가지만은 엄수했다.

3

황제는 석각유훈의 내용을 누구에게도 누설해서는 안 된다. 그래서 그 내용은 알려지지 않았지만, 황제들은 직언한 신하를 죽이지 말라는 유훈을 현실 정치에서 지켰다. 송 왕조는 언론의 자유가 확고히 보장되는 시대였다. 그러나 이런 관용이 신법(新法)과 구법(舊法)의 대논쟁을 부르게 된다. 매우 치열한 정쟁이 벌어졌으나 패배한 진영은 우두머리라도 좌천이나 유배 정도의 처벌에 그쳤다. 실제 시인으로 유명한 소동파(蘇東坡)는 구법파의 고관이었으나, 신법파가 정권을 잡았을 때 하이난도(海南島, 광둥성)로 유배되었다.

신법, 구법 모두 애국심에서 나온 정치 의견이다. 송의 최대 과제는 대요(對遼) 정책이었다. 거란족에게 빼앗긴 옌윈16주를 어떻게 수복하느냐의 문제이다. 옌윈16주에는 현재의 베이징도 포함되어 있어 상당히 광활한 지역이었음을 알 수 있다. 반면 요 왕조는 후진 고조 석경당이 헌상한 영토 중 와교관(瓦橋關, 허베이성), 익진관(益津關, 허베이성) 이남을 후주의 세종에게 빼앗겼기 때문에, 오히려 이들을 수복해야 할 실지(失地)라고 인식하고 있었다.

실지(失地)를 두고 송은 북벌, 요는 남벌을 시도해 종종 국경 분쟁이 일어났다. 요는 성종(聖宗)의 통화(統和) 22년(1004년) 대규모 남벌군을 일으켰다. 송은 건국 40여 년, 태종의 아들 진종(眞宗)의 경덕(景德) 원년 때였다. 여담이지만 이 시기 장시에 군대 주둔지가 만들어져 징더진(景德鎭)이라 명명되었고, 그 후 도자기의 메카가 된다.

송 왕조 초기 태조와 태종 40년간 창업에 전념할 수 있었던 것은 강적인 요 왕조에 내분이 많았기 때문이다. 요 왕조에는 유목을 중시하는 국수파와 농경을 우선하는 한화파(漢化派) 간에 파벌 싸움이 벌어지고 있었다. 이 싸움이 진정된 뒤 실지(失地) 회복을 위해 벌송조서

(伐宋詔書)를 보내온 것이다.

송 왕조는 이에 놀란다. 태조 조광윤은 절도사, 즉 군벌 출신이다. 태조가 위대했던 것은 군벌 출신이면서도 군벌의 폐해를 잘 알았기 때문이다. 후주 세종의 정책을 따른 것이지만, 태조는 중앙군 강화에 주력했다. 지방군 지휘관인 절도사에 결원이 생기면 문관으로 대체했다. 기본적으로 문치주의였고, 과거에 급제한 진사가 조정에 중용되었다. 태조의 뛰어난 점은 일을 서둘러 고치지 않는다는, 즉 무리하지 않는다는 데 있었다.

황제의 명령으로 절도사의 폐해를 처단할 수도 있었으나 그런 과격한 조치를 취하지 않았다. 절도사의 성격을 서서히 바꾸는 것이 태조와 후계자인 태종의 방식이었다. 오랜 기간 군대에서 근무한 고급 군인에게 명예로운 은퇴의 길을 열어주는 식으로 절도사의 본질을 바꿔 갔다. 권력 있는 직책을 어느 틈엔가 명예직으로 바꾸는 데 성공했다.

살벌한 5대10국의 시대가 부지불식간에 상문(尚文)의 시대가 되었고, 상무(尚武)의 기질은 사라졌다. 문치주의를 추구한 태조의 계산대로 된 것이다. 이런 정책 때문에 요 왕조의 남벌이 시작되었을 때 송의 상무 기풍은 약화되어 있었고, 고민에 빠진 것이다.

요가 남벌할 때 송의 정부고관 중 왕흠약(王欽若)은 잔링(金陵, 난징)으로, 진요수(陳堯叟)는 청두(成都)로 천도할 것을 주장했다. 그러나 재상 구준(寇準)은 단호하게 황제 친정(親征)을 건의했다. 진종은 이를 받아들였고 찬저우(澶州, 허난성)로 진격해 황허를 건넜다. 요 왕조에게 이러한 대응은 의외였다. 사실 송 왕조는 문을 숭상하고 무를 폄하하는 상문폄무(尚文貶武)의 기풍이 있다는 것을 계산에 넣고 감행한 남벌이었다. 소위 협박 차원의 공격으로 그칠 생각도 있었다. 송의 황제가 진두에 나서리라고는 상상도 하지 못했던 것이다.

송 왕조는 사실 이때 서북에서 당항족이 대두해 아주 어려운 시기를 맞고 있었다. 구준은 그렇기 때문에 더욱 요 왕조에 약한 모습을 보여서는 안 된다고 주장했다. 사실 양국 모두 본격적으로 전쟁을 벌일 생각은 없었다. 요 왕조의 내분이 진정되기는 했으나, 언제 다시 번질지 모를 상황이었다. 찬저우에서 양군은 대치했으나, 군사(軍使)가 빈번히 오갔다. 두 나라 모두 외교적 해결을 원했던 것이다.

결국 요 왕조는 실리를, 송은 명분을 얻었다. 문제의 핵심이었던 영토 문제는 건드리지 않은 채, 요는 송으로부터 매년 비단 20만 필, 은 10만 냥을 받기로 했다. 대신 송은 형, 요는 동생이란 관계를 구축했다. 이것이 역사상 '찬저우의 맹(盟)'이라 불리는 강화조약이다. 그 뒤 약 40년간 양국 관계는 안정되었다.

요 왕조에게 이 조약은 큰 수확이었다. 비단 20만 필, 은 10만 냥의 세폐(歲幣:중국 역대 왕조가 북방의 유목 민족 국가에게 일정액의 물자를 수여하는 외교적 화친 정책—옮긴이)는 요의 국력을 강화시켜 주었다. 덕분에 송 이외의 근린 제국(諸國)인 고려와 당항족에 더욱 압력을 가할 수 있게 되었다.

당항족의 수장 이덕명(李德明)은 송에서 정난(靖難) 절도사 서평왕(西平王) 칭호를 받았고, 국성(國姓)인 조씨(趙氏)를 칭하고 있었다. 그러나 당항은 요의 하왕(夏王)으로도 책봉되어 왕위(王位)가 중복되었다. 두 왕조에 복속한 셈이다. 그러나 어느 쪽도 당항의 내정에 간섭하려 하지 않았다. 이덕명이 죽은 뒤 아들 원호(元昊)가 왕위를 계승했다. 그는 허시(河西)의 4군을 손에 넣고 황제를 칭하게 된다. 당항족의 서하국(西夏國)은 인구가 적었으나 국민개병제(國民皆兵制)였고, 군사력이 만만치 않았다.

서하국 황제 이원호의 도발적인 독립 선언은 송과 요의 관계가 40년 만에 악화되기 시작했음을 간파한 데서 나온 것이다. 요 왕조는 송에 대해 실지(失地)인 관난(關南) 땅을 반환하라고 요구했다. 송은 어떤 일이 있어도 영토 할양만은 할 수 없는 입장이었다. 그래서 세폐를 비단 10만 필과 은 10만 냥씩 늘려주는 선에서 합의를 봤다. 인종(仁宗)의 경력(慶曆) 2년(1042년)의 일이다.

송과 요의 강화(講和)는 양국의 전쟁에 기대를 걸었던 서하에겐 타격이었다. 서하는 토번(=티베트)과 회홀(回紇)을 봉쇄하고 있었으나 형세가 악화되면 그들이 언제 배후에서 침략해 올지 모를 일이었다. 서하와 송 사이에도 마침내 사자의 왕래가 빈번해졌다. 송은 이원호를 하왕으로 책봉하고, 신하가 된 그에게 비단 13만 필과 은 5만 냥을 보내게 된다. 송·요 강화 2년 뒤인 1044년의 일이다. 요나 서하에게 이러한 막대한 세폐를 보낸 데서 송의 경제력이 얼마나 탄탄했는지 짐작할 수 있다. 그러나 그 상황이 영원히 지속되지는 않았다.

4

송 왕조는 관리의 급여가 가장 높았던 시대이다. 퇴직자에게 도교 사원의 사(使)라는 명예직을 주어 그가 죽을 때까지 생활을 책임졌다. 수도 카이펑의 옥청조응궁사(玉淸照應宮使)의 급여는 재상의 절반이나 되었다. 병에 걸리면 위로금을 하사했고, 대신일 경우 그 위로금이 은 5천 냥에 달했다. 사망시 조의금도 적지 않았다. 황제가 죽으면 유산 형식으로 다액의 금품이 신하들에게 배분되었다. 그뿐 아니라 관리의 수도 너무 많았다. 공신의 자제는 능력 여하를 불문하고 채용하는 은음제도(恩蔭制度)가 남용되어, 진종 함평(咸平) 4년(1001년)에는 천하의 용리(冗吏:불필요한 관리) 15만 5천 명을 줄이자는 건의가 나왔다고 기록되어 있다. 용리를 판별하는 기준을 좀더 확실히 했다면 그 수는 더욱 늘어났을 것이다.

송의 경제가 충실하다고는 하나 관리들에게 지급하는 인건비와 요와 서하에 보내는 세폐(歲幣)가 늘어 재정이 어려워지기 시작한다. 11세기 후반 정치 개혁을 통해 재정을 재건하자고 주장하는 사람들이 나타났다. 사람들은 이들을 신법파라 불렀다. 이에 대해 급격한 개혁은 천하를 혼란으로 몰아넣는다며 반대한 사람이 있었고, 이들을 구법파라 불렀다.

신법파의 영수는 왕안석(王安石, 1021~1086년)이다. 스물한 살 때 우수한 성적으로 진사가 된 그는 신종(神宗)이 즉위했을 때(1067년) 장닝지부(江寧知府, 난징 부지사)에서 중앙으로 올라와 다양한 개혁안을 진언했다. 즉위 당시 열아홉 살이었던 신종은 의욕적으로 일을 했고, 왕안석을 참지정사(參知政事:부총리)로 중용해 개혁을 일임했다.

신법은 청묘법(靑苗法), 모역법(募役法, 혹은 면역법免役法), 시역법(市易法)을 근간으로 했다. 이 중 가장 중요한 것이 청묘법이다. 농민은 단경기(端境期:철이 바뀌어 햅쌀이 나오는 때. 음력 9~10월)쯤이 되면 자금이 떨어져 종자 · 식량 · 돈 등을 지주에게서 빌리곤 한다. 이를 수확 때 곡물로 갚는데 이자가 6~7할, 때로는 10할이나 되었다. 청묘법은 정부가 저리로 농민에게 대여하는 것이다. 이자는 2할 이하였고, 돈은 물론 곡물로도 갚을 수 있었다. 빚으로 곤경에 빠진 농민이 많았고, 빚을 갚기 위해 땅을 팔아버리는 경우가 허다해 토지 겸병을 촉진하고 있었다. 빈부 격차가 확대되면 국가의 기초가 흔들린다. 경제적으로 건전한 농민이 국민 대부분을 차지하면 그만큼 국가는 안정되는 것이다.

지주나 호족은 고금리로 배를 불려왔기 때문에 당연히 청묘법에 반대했다. "정부가 돈을 빌려주고 이자를 받는다는 것은 말이 되지 않는다"라는 도의론(道義論)으로 포장된 반대론도 있었다. 한 왕조의 염철론(鹽鐵論)을 연상시키는 부분이다.

송 왕조에서는 농민도 자산에 의해 5등급으로 나뉘었다. 1등호(一

等戶)나 2등호(二等戶)일 경우 출장 온 관리 접대, 정부 물자의 수송과 보관, 범인 호송 등 관리들에게 편의를 제공해야 한다. 물론 무상으로 했다. 만약 정부 물자가 수송 도중 분실되면 배상해야 했다. 1등호 농민 중 이 때문에 파산하는 경우가 많았다고 한다. 등급이 올라가는 데 따른 이득이 전혀 없다는 현실이 농민의 의욕을 현저히 저하시켰다. 의욕이 낮으면 생산성도 떨어진다. 신법은 당시까지는 의무였던 관리 접대 일을 일정 금액을 내면 면제해 주었다. 돈으로 사람을 고용해 대행시키는 것이 모역법이다. 업무가 면제된다는 점에서 면역법이라고도 불렸다. 이를 통해 1등호를 목표로 노력하는 사람이 늘어나기를 기대했던 것이다.

1등호 중에서도 이 일은 면제받는 계층이 있었다. 바로 진사 같은 고급 관료를 배출한 집안이었다. 이렇게 면제받은 집안을 관호(官戶)라 불렀다. 그래서 1등호가 되면 파산을 면하기 위해 친족 중 수재를 양성해 진사에 급제시키려 했다.

이것만 봐도 송 왕조가 관료지상주의인 문치(文治)의 시대였음을 알 수 있다. 왕안석의 모역법은 이런 관호에 대해서도 일반의 반액이기는 하지만, 조역전(助役錢)이란 명목으로 돈을 내게 했다. 당연히 특권을 유지하려는 관호들이 반대했다.

청묘법과 면역법이 빈민 구제 혹은 빈민을 격려하기 위한 방안이었다면, 시역법은 영세 상인 구제법이었다. 시역법은 상인에게 돈을 싼 이자로 융자해 주고, 재고가 발생하면 이를 매입하는 일을 결정하는 법이다. 당시까지 정부는 '행(行)'이라 불리는 조합을 통해 물자를 조달했다. '행'은 호상(豪商)들의 담합 기관이기도 했다. 시역법은 정부가 '행'을 거치지 않고 일반 상인들로부터 직접 물자를 조달할 수 있게 했다. 피 같은 조세를 유효하게 사용함으로써 독점을 배제하고 자유 경쟁할 수 있게 했다. 시역법은 대상인, 특히 정부에 물품을 납품하는 어용상인에게 불리했다. 그들은 환관·후궁과 연결되어 있었고, 환관을 통해 반대 운동을 벌였다. 왕안석을 물러나게 만든 최대 원인이 신법 시역법에 있었다고 한다.

제아무리 의욕적인 신종이어도 황태후 고씨(高氏)에게는 양보하지 않을 수 없었다. 고씨 가문은 신법으로 불이익을 당하게 되었고, 어용상인에 매수된 환관과 후궁들이 음습하게 신법 반대 운동을 벌이며 황후와 황태후를 부추겼다.

신법은 어려운 농민과 상인 구제가 목표였으나, 반대파인 구법파는 이런 논리를 폈다. "신법은 빈민 구제의 명목으로 부민(富民)마저 희생시키며, 결국 나라 전체가 궁핍해지고 말 것이다." 구법파의 영수는 왕안석보다 두 살 위로, 스무 살에 진사가 된 사마광(司馬光)이다.

백성의 빈부는 근타勤惰에서 비롯된다. 게으른 자는 항상 빈곤하게 마련이다.

이것이 사마광의 사고 방식이었다. 게을러서 가난한 것이므로 정부가 그런 자들까지 돌볼 필요는 없으며, 백성의 빈부 문제에 개입하다 보면 나라의 기초까지 위태로워진다는 말이었다.

신구 양법의 영수는 모두 애국자이다. 왕안석과 사마광 사이에는 서한(書翰)과 시(詩)를 통한 응수가 있었고, 끈끈한 우정으로 연결되어 있었다. 그러나 그 이후의 신·구법파간 싸움은 당쟁의 대결이 되어 국가의 활력을 죽이게 된다.

5

왕안석은 희녕(熙寧) 7년(1074년)에 실각하고, 과거의 직책인 장닝

지부로 강등되었다. 그러나 이는 개혁파인 신종이 황후와 황태후의 불만을 달래기 위해 취한 일시적인 좌천인 듯하다. 조정에서는 차기 정치가들이 여전히 신법 정치를 실시하고 있었다. 왕안석은 다음해 복귀한다.

그러나 과거의 패기는 찾아볼 수 없었다. 그가 자리를 비운 사이 신법파 내부에서도 분열이 일어나 이에 실망한 듯하다. 신법파로서 왕안석을 계승한 여혜경(呂惠卿)은 권력욕의 화신이었다. 남과 협조하는 것을 몰랐고 신법파 내부를 휘젓고 있었다.

또 왕안석은 장래가 촉망되던 사랑하는 아들을 잃고 만다. 진사에 급제한 서른셋의 기예 높은 혁신 관료였다. 왕안석의 사직(辭職)이 받아들여졌고, 난징에 들어가 은퇴 생활을 한다. 그의 나이 쉰여섯 살이었다.

왕안석이 은퇴하고 9년 뒤(1085년), 신종이 죽었다. 열 살밖에 안 된 철종(哲宗)이 즉위했고, 신법을 증오하던 황태후 고씨가 섭정하게 된다. 구법파 사마광이 재상이 되었지만 이듬해 9월 예순여덟의 나이로 사망한다. 왕안석은 같은 해 4월 은둔해 있던 장닝 중산(鍾山)에서 숨을 거두었다.

고씨는 자신이 섭정하는 시기에 구법파를 대거 등용했고, 감정적으로 신법파를 배제했다. 이로 인해 왕·사마 시대의 격조 높은 논쟁은 붕괴되었다. 섭정 8년 만에 고씨가 죽자, 열여덟 살이 된 철종이 친정(親政)을 펼치게 된다. 철종은 청년답게 신법에 마음이 기울어 신법파를 등용한다.

원부(元符) 3년(1100년) 철종이 죽은 뒤 동생 휘종(徽宗)이 즉위했고 황태후 상씨(尙氏)의 섭정이 시작되었다. 상씨는 신구 양파의 화해를 추구했고 좌천되어 있던 구법파를 사면했다. 환갑을 넘기도록 하이난도에 좌천해 있던 소식(蘇軾, 동파東坡)이 마침내 대륙 땅을 다시 밝게 된다. 신당파는 구당파의 나이 많은 문인 소식을 풍토병의 땅에 유배시키는, 다소 심한 짓을 한 셈이었다. 그러나 고씨 섭정 시기에 신당파가 많은 고난을 겪었고, 소식은 구당파의 희생물이었다고 볼 수 있다.

화해를 주선한 상씨는 훌륭한 여성이었을 것이다. 그러나 휘종이 친정을 하게 되면서 다시 신법파가 정권을 장악한다. 이때 신법파의 재상은 채경(蔡京)이었다. 그는 왕안석 같은 숭고한 이념을 갖추지 못했다. 소설 『수호지』에서도 채경은 적신(賊臣)으로 묘사된다. 상씨 시절 그는 신법 폐지에 전력을 다했고, 사마광의 인정을 받았다. 그러나 신법 시대가 되자 구법파 탄압에 앞장선다. 재상이 되자 구법파 탄압을 위해 '원우간당비(元祐姦黨碑)'를 수도에 있는 태학(太學) 앞에 세운다. 원우는 구법파 시대에 해당하며, 사마광 이하 1백2십 명의 구법파의 이름을 새겨 영구히 간당의 낙인을 찍으려 했다. 사마광은 이미 고인이었으나, 채경은 죽은 사람에게까지 모욕을 주었다.

그 재상에 그 황제였다. 휘종은 예술적 자질은 뛰어난 인물이었다. 수금체(瘦金體)라는 선이 날카롭고 격조 높은 서체를 창시했다. 그림에도 뛰어나 송 왕조 시대의 명화가로 꼽힐 정도이다. 황족의 한 사람으로서 조용히 예술이나 즐겼으면 아무 문제도 없었을 것이다. 그러나 생각지도 않던 황제 자리에 오른 것이 휘종의 비극이었다. 황제는 무엇이든 마음먹은 대로 할 수 있다. 그는 장난(江南)의 풍물을 사랑했고, 그 풍물을 수도로 옮기려 했다. 타이호(太湖) 바닥에서 나오는 태호석을 비롯해 기석(奇石), 명목(名木)을 남쪽에서 북으로 운반해 왔다. 이는 '화석강(花石綱)'이라 불렸다. 운반길에 방해되는 민가는 사정없이 부숴버렸다.

이러한 사치는 신법정신에 위배된다. 그러나 휘종은 강행했고, 채경도 이를 추천했다. 이 시기 정부 수뇌진에는 채경 외에 환관인 동관(童

貫)이 있었다. 모두 서화를 보는 심미안이 있다는 이유로 휘종의 신임을 받았다.

신법은 국가 재정의 재건을 중시한다. 그러나 휘종의 행동은 재정을 궁핍하게 만들었다. 휘종의 사치를 유지하기 위해서는 증세(增稅) 이외엔 방법이 없었다. 그러나 증세는 이미 한계에 달해 있었다. 세금을 내지 못하는 사람들은 처벌이 두려워 도망쳤다. 각지에서 이 같은 도망자들이 집단을 형성했다. 법을 어겨 도망간 이들은 당연히 관(官)의 징벌에 대한 자위 수단을 갖추며, 무장 집단으로 변해갔다.

중국인이 즐겨읽는 『수호지』는 이 같은 시대상을 배경으로 하고 있다. 산둥의 수향(水鄕) 량산보(梁山泊)란 곳에 108명의 호걸이 모여 활약한다는 내용이다. 호걸이긴 하지만 모두 범죄자이다. 『수호지』를 보면 이 시대에 쫓기는 사람들이 얼마나 많았는지 알 수 있다. 수호(水滸)는 '물가'란 의미이다. 휘종 시절에는 어선 한 척당 세금을 매겼고, 어민은 정직하게 신고하지 않았다. 어선이 세 척 있어도 한 척으로 신고했다. 관청에서 철저히 검사하려 하자 마찰이 빚어졌다.

산둥의 량산만이 아니었다. 각지에서 관리에게 쫓기는 사람들이 반란을 일으켰다. 아니 일으키도록 강요받았다고 하는 것이 정확한 표현일 것이다. 고탁산(高托山)이란 인물은 30만 명을 모아 반란을 일으킨 것으로 전해진다.

왕안석의 신법에는 '방전균세법(方田均稅法)'이란 것이 있었다. 대지주가 숨긴 전답을 찾아내 징수하는 것이다. 대상은 대지주이며 조사 결과 신고하지 않은 사실이 드러나도 사형 처벌까지 받지는 않았다. 그러나 휘종 때 실시된 공전법(公田法)은 도가 지나쳤다는 느낌이 든다. 더구나 이는 궁정용 공예품 제작국이나 황족의 혼례 기구 제작국 같은 후원작(後苑作)을 신설하는 재원을 충당하기 위해 만들어졌던 것이다.

공전법은 쉽게 말해 전국의 토지를 일률적으로 8퍼센트씩 몰수하는 것이다. 궁정의 아악(雅樂)에 사용되는 악기를 측정하는 특수한 자(＝ 척尺)가 있었다. 보통 자보다 약간 짧았다. 이를 악척(樂尺)이라 한다. 이 악척으로 토지를 측정하면 지금까지 1무(畝 : 토지 면적 단위의 하나로 30평에 해당)였던 땅이 1.08무가 된다. 늘어난 전답은 공전(公田)이라 해서 몰수했다. 대지주나 소지주에게 일률적으로 적용했는데, 소지주 의 피해가 더 컸다.

또 매매 계약서를 점검해 정식 계약이 아닌 것은 모두 정부가 몰수 했다. 당시 소유권은 구두 계약만으로 이전되는 경우가 많았으나 이를 일체 인정하지 않았다. 대지주는 집사를 고용해 서류를 완벽하게 작성 했다. 결국 공전법으로 피해 입은 쪽은 영세한 지주였다. 약자를 괴롭 히는 전형적인 법령이었다.

공전법은 왕안석의 신법과는 아무 관계도 없었다. 오히려 만든 목적 이 정반대였다. 송 왕조를 멸망시킨 것은 신법이 아니었다. 신법은 개 혁이었으므로 그 효과가 나타날 때까지 상당한 기간이 필요했다. 그러 나 중도에 폐지되고 다시 부활하는 일이 반복되었다. 정책에 일관성이 없으면 효과는 기대하기 힘들다. 더욱이 신·구법파간 싸움이 악화되 면서 개혁에 대한 의욕은 사라졌다. 신법 시대의 관리일지라도, 다음에 구법파가 정권을 잡을 것이라고 판단되면 적당히 처신하는 것이 신상 에 이롭다고 생각했다. 열심히 일할 이유가 없다는 생각이 만연했다.

공전법, 화석강 등 신법 시대에 맞지 않는 현상이 벌어졌다. 반란이 일어나지 않는 것이 신기할 정도였다. 북방에서 송강(宋江)이 반란을 일으켰고, 이는『수호지』의 배경이 된다. 그만큼 반란에 공감하는 사 람들이 많았음을 말해 준다.

남방에서는 방랍(方臘)이란 인물이 큰 반란을 일으켰다. 이 집단은 '끽채사마(喫菜事魔 : 채식하여 신께 봉사한다)' 라 불렸고 종교색이 짙었다. 당 왕조의 회창(會昌, 841~846년) 기간에 불교와 함께 탄압되었던 마니교로 추정된다. 신이나 부처가 아닌, 해와 달을 숭배했다. 평등사상과 상호조직이 발달했으며 6주52현에서 반란을 일으켰다. 송 왕조는 환관 동관을 총사령관으로 삼아 15만 대군을 남하시켜야 했다. 반란이 일어난 것은 선화(宣和) 2년(1120년)의 일이다.

해상(海上) 동맹

1

중세 유럽인이 접촉한 동방의 대국은 거란족의 요(遼)였다. 러시아어로 중국을 말할 때 지금도 '키타이'라 불린다. 영어의 중국 별칭은 '캐세이(Cathay)'이다. 이는 거란(=요)을 지칭하는 것이다. 거란족은 선비족이 있었던 시라무룬강 부근에 있었고, 4세기 무렵부터 유목 생활을 시작한 것으로 알려졌다. 시라무룬은 싱안링(興安嶺)에서 시작되는 강의 이름으로, 랴오허(遼河)로 흘러들어간다. 시라무룬은 황색 물을 뜻한다고 한다.

현재의 중국 네이멍구에 해당하며 유목과 농경의 경계 지역이었다. 10세기 초 영걸 야율아보기(耶律阿保機)는 각지에 산재한 거란족을 결집시키는 데 성공한다. 당시까지 거란족은 느슨한 부족 연합이 있었다. 추대되는 수장도 있었으나 선거에 의해 교체되었다. 야율아보기는 강력한 지도력을 발휘했고 마침내 세습제가 정착된다. 시라무룬 부근에는 한족 농경민이 다수 있었는데, 이들의 영향을 받았던 것으로 보인다.

야율아보기가 황제를 칭한 것은 916년의 일이다. 그는 요나라 태조로 불린다. 이 호칭은 중국식이다. 그가 그 지위를 구축하는 데 한족 부하들의 힘이 컸다는 사실을 알려준다. 태조에 이어 등극한 야율덕광(耶律德光)이 태종이다. 후진을 지원한 대가로 현재의 베이징을 포함한 옌윈16주를 손에 넣는다. 936년의 일이다. '요'라는 이름은 이때부터 사용하기 시작했다.

요 왕조 태종이 죽은 뒤 내분이 끊이질 않았다. 6대 황제 성종(재위 982~1031년) 때에 이르러서야 안정을 찾는다. 앞에서 언급한 찬옌(澶淵)의 맹(盟)으로 송의 세폐(歲幣)를 받아 경제적으로 풍요롭게 된다. 성종은 세폐를 정치 정비와 법전 제작에 이용했다. 그 결과 중앙집권이 확립되는 등 국력이 정비되었다. 구 만주 지역인 동북의 헤이룽장(黑龍江) 부근에 있던 여진족과 한반도의 고려를 세력권에 둔다. 서방에서는 서하(西夏)를 위압하고 그 영향력은 중앙아시아에서 서아시아까지 미쳤다. 키타이란 명칭이 서방에 알려진 것은 이 시기였다.

요 왕조에는 이율배반적인 측면이 있었다. 황제 야율씨가 거란족 부족 연합의 수장임과 동시에 천하 국가 중국의 황제였고, 유목과 농경 생활을 하고 있었다. 성종이 죽은 뒤 흥종(興宗, 재위 1055~1101년)으로 이어지지만, 모순은 점차 확대된다. 거란족의 국수파와 한화파(漢化派)의 파벌 투쟁이 표면화되어 반란이 빈발했다. 태조는 건국 초기에 거란 문자를 만들었다. 당시까지는 문자가 없었다. 자국의 문자를 만든다는 것은 민족 자존심의 표출이다. 그 시대 간쑤성에서 송과 요 양국에 복속했던 당항(黨項) 민족의 서하국도 독자적으로 서하 문자를 만들었다. 서하 문자는 일본 교토(京都) 대학 니시다 다쓰오(西田龍雄) 씨가 해독했는데, 거란 문자 해독은 다소 늦어졌다.

송 왕조가 신법·구법으로 다투던 그 시기에 요 왕조도 국수파와 한화파간 싸움으로 소란스러웠다. 한쪽이 정권을 잡으면 말단까지 인사 교체가 단행되었고, 국정은 혼란을 겪었다. 당시까지 힘에 눌렸던 인근 부족들이 요 왕조의 혼란을 틈타 독립을 추구했다.

과거 당 왕조에 복속했던 거란족 중 야율아보기가 독립했듯이, 동방의 여진족에서도 아골타(阿骨打)란 영걸이 나타났다. 여진족은 중국 동북부의 산림에 살던 퉁구스계 민족이며 수렵 생활을 하고 있었다. 아골타는 하얼빈시(헤이룽장성) 남동 안추후수이(按出虎水, 쑹화장松花江 지류) 부근에 있던 완안부(完顔部)의 수장이다. 안추후수이에서는 사금(砂金)이 채취되었다. 수년 뒤 여진족 정권이 국호를 금(金)이라 한 것도 여기에서 유래한다.

요 왕조는 여진족을 숙여진(熟女眞)과 생여진(生女眞)으로 구분했다. 일본이 타이완을 점령했을 때 산악 지대에 사는 민족을 숙번(熟蕃)과 생번(生蕃)으로 구분한 것과 마찬가지이다.

숙(熟)은 문화 수준이 다소 높다는 의미이며, 생(生)은 야성이 남아 있음을 뜻한다. 동북 지방에서도 서쪽에 사는 여진족은 거란족이나 한족의 거주지에 가깝거나 함께 살았기 때문에 숙여진이라 불렸다. 아골타의 출신지인 완안부는 생여진에 속한다.

요 왕조는 숙여진을 직접 지배했으나 생여진과는 복속 관계에 머물렀다. 복속의 증명으로서 생여진은 요 왕조에게 해동청이라는 매를 바쳤다. 매 사냥에 사용하는 매 중 가장 뛰어난 종자이며, 생포하기가 몹시 어렵다. 절벽에 있는 둥지까지 기어올라 생포해야 하는데, 해동청 한 마리를 잡는 데 많은 사람이 희생되었다고 한다. 요 왕조가 파견한 포응사(捕鷹使)는 매를 바칠 것을 재촉했고, 종종 폭력을 휘둘렀다. 이 때문에 포응사가 여진족에 살해당하는 사건이 발생했다.

여진족도 시간이 흐름에 따라 야성을 벗게 된다. 모피나 사금 교역으로 요 왕조 및 고려와 빈번히 접촉하면서 문화 수준이 높아졌다. 특히 완안부에서는 뛰어난 수장이 잇따라 나왔다. 아골타도 이런 흐름 속에서 등장해 생여진족 통일을 달성한다. 해동청 문제만으로도 여진족의 반요(反遼) 감정은 깊어졌다. 아골타의 목표는 요를 타도하는 것이었다. 요 왕조를 타도함으로써 요의 지배하에 있던 동족 숙여진을 해방하려 했다.

여진족은 삼림, 산악을 달리는 용맹한 민족이었다. 각지에 부족이 흩어져 있어 큰 힘을 결집할 수 없었을 뿐이다. 그 당시부터 이런 말이 있었다.

여진, 단결하면 천하무적

민족의 힘을 결집하기 위해 아골타는 기존 씨족제를 군사행정에 적합한 맹안모극제(猛安謀克制)로 개편했다. 3백 호를 1모극으로, 10모극을 1맹안으로 삼았다. 그 장(長)도 모극, 맹안이라 불렸다. 이는 행정 개편이고, 군사적으로는 1모극에서 1백 명의 병력을 만들고, 1맹안은 1천 명의 군단을 형성한다. 여진족 말로 맹안은 천(千)을 의미한다. 행정의 장이 군대의 장을 겸임했고, 그 직위는 세습되었다.

2

맹안모극제로 민족을 개편한 것이 1114년이다. 다음해 아골타는 제위에 올라 국호를 금, 원호를 수국(收國)으로 정했다. 송 휘종의 정화(政和) 5년, 요의 경우 천조제(天祚帝)의 천경(天慶) 5년에 해당한다. 새 체제를 통해 단결한 여진족의 국가 금은 요 왕조와 싸워 판도를 넓혀갔다.

고사(古史)에 나오는 동북 지방의 숙신(肅愼), 즉 수당(隋唐) 시절 말갈이었던 여진족이 배후에서 큰 세력으로 성장하고 있음을 송 왕조도 알아차리게 된다. 옌윈16주를 차지한 숙적 요 왕조에 강력한 적이 나타났다는 것은, 송 왕조로서는 천우신조였다. 세폐(歲幣) 운송 등을 협의하기 위해 송은 요 왕조와 외교 관계를 구축하고 있었고, 사절도 오갔다. 여진족의 힘이 커진다는 정보는 요에 파견된 사절들에 의해 조정에 전해졌다. 『수호지』에 등장하는 환관 동관도 요 왕조에 사신으로 갔다. 그는 사절로 옌징(燕京, 현재의 베이징)에 있을 때 마식(馬植)이란 논객을 사귀게 된다.

동방 정세에 밝았던 마식은 신흥 세력인 여진족과 동맹해 요 왕조를 공격하는 방안을 설명했다. 동관은 마식과 함께 송의 수도 카이펑으로 돌아가 휘종에게 마식을 소개했다. 휘종은 마식을 신임했고, 국성(國姓)인 조(趙)를 하사했다. 정화 원년(1111년)의 일로, 그 이후 마식은 조양사(趙良嗣)라 불리게 된다. 아골타가 제위에 오르기 4년 전의 일이므로 조양사는 선견지명이 있었던 셈이다.

금 왕조의 태조인 아골타가 즉위한 1115년, 요 왕조의 천조제는 70만 대군을 이끌고 친정에 나섰다. 금의 군사는 이를 훈퉁장(混同江, 쏭화장)에서 대파했다. 이 전투로 랴오양부(遼陽府, 랴오닝성)에서 황룽부(黃龍府, 지린성吉林省)에 이르는 랴오둥의 영토가 모두 금의 세력 아래 들어간다. 요의 지배를 받던 숙여진뿐 아니라, 요에 의해 멸망당한 발해국의 잔존 세력도 금의 태조 아래 모여들었다.

중화(重和) 원년(1118년) 송은 무의대부(武義大夫) 마정(馬政)을 금 왕조에 사절로 보낸다. 요 왕조를 함께 공격하자는 동맹을 맺기 위해 파견된 사절이었기 때문에 요의 영토를 통과할 수는 없었고, 산둥반도에서 해로(海路)로 랴오둥에 갔다. 그러나 금의 태조는 분명하게 약속하지 않았다. 훈퉁장에서 패배한 요 왕조 역시 금 왕조의 세력을 인정하고, 회유 공작을 벌이고 있었던 것이다. 금의 태조는 접근해 오는 양국 사이에서 국익을 저울질하고 있었다.

2년 뒤인 선화(宣和) 2년(1120년) 금 왕조와의 동맹을 제안했던 조양사가 바다를 건너 금으로 들어간 뒤 금의 사절과 함께 귀국했다. 금의 태조도 송과 동맹을 맺기로 결심한 것이다. 당시 요 왕조는 아무것도 모른 채 금 왕조 태조를 동회국(東懷國) 황제로 책봉한다는 국서를 보낸다. 책봉이란 속국에나 하는 것이다. 이미 제위에 올라 있던 아골타는 격분했고 송과의 동맹을 결심했다.

사절이 바다를 왕래하며 맺은 동맹이어서 이를 '해상(海上)의 맹(盟)'이라 부른다. 송과 금은 요를 협공하는 과정에서 만리장성 남쪽으로는 금이 관여하지 않기로 합의한다. 옌윈16주를 송 왕조의 힘만으로 회복하려 했던 것이다. 그러나 송은 자국의 군사력을 냉철히 점검한 뒤, 옌(燕, 베이징 일대)은 수복할 가능성은 있으나 윈(雲, 현재의 산시성山西省 북부)을 회복하기는 무리라는 결론을 내린다. 요는 다퉁시(大同市, 현재의 산시성山西省)에 시징(西京)을 설치해 놓고 있었다. 이는 만리장성 이남이며, 그곳까지 원정간다는 것은 송 입장에서 큰 부담이었다. 결국 송은 이 지역을 금에 맡겼고, "전쟁이 끝난 뒤 돌려받겠다"는 염치없는 수정 제안을 한다.

송 왕조가 군대를 동원했을 때 방랍(方臘)이 저장에서 반란을 일으켰다. 이로 인해 요 왕조를 겨냥해 편제한 15만 대군을 방랍의 난을 진압하는 데로 돌릴 수밖에 없었다. 송과 금의 협공이, 금 왕조의 단독 공격이 된 것이다. 송은 선화 4년(1122년) 무렵에야 요 왕조와의 전쟁에 병력을 투입할 수 있었다. 금은 요의 천조제를 패퇴시켰고, 만리장성을 넘어 다퉁부(大同府, 대동시)를 점령하며 점령지를 넓혀갔다.

송의 숙원이었던 옌윈16주 실지(失地) 회복은 금 왕조에 의해 달성되었다. 최소한 옌징(燕京)이라도 송의 자력으로 회복해야만 체면이 서는 상황이었다. 송은 방랍의 난을 평정한 동관을 총사령관으로 임명해 옌징으로 보냈다.

천조제의 패배로 옌징은 고립되었다. 주민들이 황족 중 한 사람을 천석(天錫) 황제로 옹립했으나 그는 곧 사망했고, 부인 소씨(蕭氏)가 실권을 장악하게 된다. 옌징 주민들의 심경은 복잡했다. 대부분이 한족이었기 때문에 송으로 복귀하길 원했다. 그러나 한족의 종가(宗家)와는

2백 년 이상 떨어져 살고 있었다. 여기에 공전법이나 화석강 같은 송의 폭정에 대해서도 잘 알고 있었다.

송 왕조 아래 들어갈 경우 자신들은 '신부(新附)의 백성'이라 차별받을 가능성도 있었다. 송 대신 금 아래로 들어가는 것이 낫다고 생각하는 세력이 많았다고 한다. 더불어 송 왕조에서는 모든 직책이 '만원'이어서, 옌징 주민들이 비집고 들어갈 자리가 없었다. 이에 비해 신흥 금 왕조는 아직 정부 기구가 정비되어 있지 않아 빈 자리가 많았다. 읽고 쓸 수 있는 한족은 중용될 것이 확실했다. 결론적으로 송 왕조는 옌징 주민의 환영을 받지 못했다.

옌징에 있던 것은 망명 정부에 불과했다. 그럼에도 송의 총사령관 동관은 옌징 군대와의 싸움에서 패전을 거듭했다. 황제에 대한 직언을 보장하는 송 왕조였지만, 패전에 대한 책임은 곧 죽음이었다. 진퇴를 거듭하던 동관은 금의 군대에게 옌징 공격을 부탁한다. 금 왕조의 군사는 이를 받아들여 노도와 같이 남하해 곧바로 옌징을 함락했다. 염치없게도 동관은 금 왕조에 옌징 반환을 요구한다. 금군의 장군들은 물론, 옌징 주민들까지도 반대했다. 그러나 금의 태조는 이렇게 말하,면서 옌징을 송에 넘겼다.

해상海上의 맹盟을 잊어서는 안 된다.

3

금의 태조는 옌징 성내의 재물과 주민 모두를 북방으로 옮겼다. 송에게 넘겨준 것은 텅 빈 성뿐이었다. 해상 동맹에서는 '자력 점령'이 조건이었으며, 이는 너무도 당연한 내용이어서 명문화하지 않았었다. 옌징 함락에 어려움을 겪던 동관이 처벌을 두려워해 금에 구원을 요청했고, 금 왕조의 무력으로 옌징을 함락한 것이다. 금 왕조가 옌징을 넘겨주지 않아도 결코 계약 위반은 아니었다. 그러나 금 태조는 일단 세력 범위를 정했기 때문에 약속을 지켜야 한다고 생각했던 것이다.

송 왕조는 옌윈16주 중 가장 중요한 옌징과 주변 6주를 수복했다. 카이펑은 큰 잔치 분위기에 휩싸였고, 동관은 광양군왕(廣陽郡王)에 책봉되었다. 또 조양사는 연강학사(延康學士)로 승진했다. 해상 동맹에는 요에 제공하던 세폐(歲幣)를 금 왕조에게 주겠다는 항목이 있었다. 그러나 송은 이를 이행하지 않았다. 출병을 의뢰할 경우 병참도 지원해야 했지만, 송은 이조차 이행하지 않았다. 송 왕조는 오히려 아직 수복하지 못한 10개주에만 신경을 쏟고 있었다. 금의 태조는 해상 동맹을 중시했지만, 시징 다퉁부를 비롯해 만리장성 남쪽 10주를 반환할 생각은 없었다. 금 태조는 천보(天輔) 6년(1122년)에 죽는다. 송 왕조의 선화 4년에 해당한다.

송은 미수복 실지(失地)를 탈환하기 위해, 패주(敗走)한 요 왕조의 천조제에게 송·요 동맹을 맺자는 밀서를 보냈다. 채경이나 동관 같은 당시 송의 정부 수뇌는 무능력했을뿐 아니라 인간성마저 형편없었다. 패배한 뒤 인산(陰山)으로 도주했던 천조제는 1125년 금에 잡히게 되었는데, 이때 송 왕조가 보낸 '동맹 밀서'가 발각되었다.

금의 태조가 사망한 뒤 동생 오걸매(吳乞買)가 제위에 올라 있었다. 그가 태종이다. 송의 밀서에 격분한 태종은 송을 토벌하기 위해 대군을 움직인다.

송의 군사는 신흥국 금 왕조의 상대가 되지 못했다. 휘종은 자신의 죄를 고하는 서한을 띄운 뒤 퇴위했고, 장남 조환(趙桓)이 즉위했다. 그가 흠종(欽宗)이다. 정강(靖康) 원년(1126년) 정월, 금 왕조 군사는 황허를 건넜다. 이미 퇴위한 휘종은 장난(江南)으로 도주했으며, 정부 수뇌인 채경과 동관도 도망갔다. 왕조의 말기 증상이 나타나기 시작했다.

금의 군사에 포위된 카이펑 성내에서는 주전파(主戰派)와 강화파(講和派)가 논쟁을 거듭했다. 이길 가망성이 없는 상황에서 남은 길은 강화뿐이다. 주전파의 파면, 금 5백만 냥, 은 5천만 냥, 우마 1만 두, 비단 1백만 필을 배상하기로 했다. 더불어 금 왕조의 황제를 숙부로 삼고, 중산(中山)·타이위안·허젠(河間)의 3진20주 할양, 재상과 친왕(親王:황제의 아들이나 형제)을 인질로 보내는 조건으로 강화가 성립되었다. 인질은 재상 장방창(張邦昌)과 휘종의 9남인 강왕(康王) 조구(趙構)였다.

그러나 포위가 풀리자 카이펑에서 다시 주전론이 대두했고, 할양을 약속한 3진의 군대에 금과 맞서 싸울 것을 명령한다. 이는 금 왕조에게 다시 남하할 구실을 만들어준 것이다. 금의 태종은 송을 멸망시키기로 결심한다.

흠종은 장난(江南)으로 도주한 아버지 휘종을 카이펑으로 데려왔다. 휘종이 장난에 왕조를 세우고 복위할지도 모른다는 소문이 돌았기 때문이다. 부자끼리도 서로를 믿지 못했다. 금 왕조는 같은 해 황허를 두 번 건너게 된다. 두 번째 카이펑 포위 때는 아주 처참한 상황이 벌어진다.

유린이란 표현이 딱 맞아떨어졌다. 흠종과 태상황 휘종은 금의 군영에 출두해 포로가 되었다. 황족, 고위 관리 외에 신흥 왕조 금이 국가 건설에 필요하다고 인정한 기술자, 장인 등 수천 명이 금으로 끌려갔다.

태조 조광윤이 후주의 공제로부터 선양받은 지 167년 만에, 황제 아홉 명이 즉위했던 송은 일단 멸망한다. 황족은 모두 끌려갔고 애초 인질로 잡혀갔다 돌아온 강왕(康王) 조구(趙構)만이 유일하게 송에 남았다. 숙왕(肅王) 조추(趙樞)가 그를 대신해 인질로 잡혀갔다. 금의

2차 정벌군이 남하하기 직전에 협상하려는 움직임이 있었다. 금은 강왕 조구를 사절로 파견하라고 요구했다. 인질을 추가로 보내라는 의미였는지도 모른다. 조구는 카이펑을 떠났는데, 도중에 송 왕조가 멸망해 자신이 유일하게 남은 황족임을 알게 되었다.

조구는 현재의 허난성 상추시(商丘市)인 잉텐부(應天府)에서 즉위한다. 카이펑이 함락된 다음해 5월의 일로, 건염(建炎)으로 개원했다. 사가들은 이후의 정권을 남송(南宋)이라 부른다. 강왕 조구는 남송의 고종이다.

금 왕조는 송을 멸망시켰으나, 국내적으로는 아직 정치 기구조차 갖추지 못한 상태였다. 자력으로 허난의 영토를 포함하는 점령지를 전부 통치할 자신이 없었다. 그래서 꼭두각시 황제를 세워 간접 통치를 하려 했다. 황제로 꼽힌 것은 인질로 잡혀온 송의 재상 장방창이었다. 조씨 성이 아닌 인물을 송 왕조의 신하들이 추대하는 형식을 취했다. 정복자 의도대로 대부분의 신하들이 장방창을 추대했으나, 기개 있는 소수의 신하들은 이를 거부했다. 그 중 한 명이 진회(秦檜)였다. 금 왕조는 이에 격분해 진회는 물론 흠종과 휘종을 모두 혹한의 북부 지방으로 보내버렸다.

장방창은 불가피하게 꼭두각시 황제가 되었고 국호를 초(楚)라 했다. 그는 조용히 금의 군사가 물러가기만 기다렸다. 즉위 32일 만에 금은 허난에 소수의 군사만 남기고 북으로 돌아갔다. 장방창은 서둘러 퇴위하고 철종(哲宗)의 황후인 맹씨(孟氏)를 세워, 황태후 섭정 형식을 취했다. 황족은 모두 끌려갔으나, 철종의 황후였던 맹씨는 폐위당하는 바람에 황족의 적에서 빠져 있었던 것이다.

금 왕조는 옌윈16주에 살던 한인(漢人)을 연인(燕人)이라 하여 송 왕조 사람과 구별했다. 한족의 단결을 막으려는 고등 정책이었다.

각지에서 황족을 위한 군대가 일어났고, 남송의 고종이 그 중심이 되었다. 진충보국(盡忠報國)의 귀감으로 숭앙받는 악비(岳飛)도 이 시기 근황(勤皇)의 깃발을 올린다. 이에 대해 금 왕조는 멸망한 요 왕조 거란족을 우대하고, 과거제도를 부활해 지식인을 회유했다. 시대는 크게 전환하기 시작한다.

흔들리는 남북

1

금 왕조는 다민족 국가였다. 여진족뿐 아니라 금 왕조 탄생 당시 요 왕조에 의해 멸망한 발해 사람도 받아들였다. 금은 또 요를 멸망시킨 뒤 거란족을 흡수했다. 요의 통치를 받던 옌윈16주의 한족 중 금 왕조에 들어간 사람이 적지 않다. 송을 멸망시키고 중원으로 진출하면서 금 왕조에서 한족이 차지하는 비중은 한층 높아진다. 그래서 금 왕조는 옌윈의 한족을 연인(燕人)으로, 구(舊) 송 왕조 치하의 한족은 송인(宋人)이라 불러 구별했다.

남송의 고종인 강왕 조구를 원수로 하는 망명 정권은 다민족 국가 금의 약점을 노렸다. 각지에 밀사를 보내 금에 저항하도록 선동했다. 금 왕조는 남송의 공작에 적지 않은 고통을 받았다. 거란족 야율여도(耶律余睹)의 반란도 남송 공작이 성공한 사례 중 하나이다. 요의 황족 중 한 사람인 야율대석(耶律大石)이 일부 거란족을 이끌고 서쪽으로 도주해 중앙아시아에 서요(西遼, 서방 사가들이 말하는 카라키타이)를 건국했다. 야율대석이 아직 몽골 초원에 있을 때 야율여도는 금의 장군으로서 거란 토벌을 명령받았다. 그러나 야율대석이 서둘러 도주함으로써 야율여도가 도착했을 때는 싸울 상대가 없었다. 결국 전투도 벌이지 못하고 철수해야 했다. 금 왕조는 두 사람 사이에 밀담이 오간 것으로 의심했고, 야율여도의 처자를 인질로 잡았다. 야율여도는 생명의 위협을 느꼈고, 남송의 반란 제안을 받아들였으나 실패로 끝났다.

야율여도의 반란은 금 왕조의 1차 남정 뒤 발생했다. 이전에도 각지에서 소규모 반란이 일어났고, 배후에는 남송이 있었다. 금 왕조는 회유책과 강경책을 병행했다. 여진족 풍습인 변발을 타민족에게 강요한 것은 강경책의 일환이다. 그러나 남송의 공작을 근본적으로 차단하기 위해서는 남송을 정벌해야 했다.

금 왕조가 꼭두각시로 내세운 초의 황제 장방창은 32일 만에 제위를 버리고 잉톈부(應天府, 허난성)로 갔고, 고종에게 자신을 처형해 달라고 청했다. 아무리 강요에 의한 즉위였다고는 하지만, 제위에 오른 것은 대역죄에 해당했다. 불가피한 상황에서 즉위했다는 사실은 고종도 알고 있었다. 장방창은 제위에 오르는 조건으로 송 왕조의 능을 파괴하지 말고, 카이펑의 궁전과 관청은 물론 민가도 약탈하지 말아달라고 요구했었다. 이런 노력을 감안해 고종은 그를 위로했다. 그러나 주전론자 이강(李綱)이 대역죄인 장방창을 처벌하지 않을 경우 사임하겠다고 고집부려 결국 탄저우(潭州, 후난성)로 유배 보낼 수밖에 없었다. 그로부터 얼마 뒤 장방창은 처형된다.

장방창이 죽자 금 왕조는 자신들이 세운 초국을 멸망시켰다. 또 남송이 황제 장방창을 처형한 것을 구실삼아 정벌에 나섰다. 정벌은 사실상 '징벌'이었다. 징벌은 포로가 된 휘종과 흠종에게도 미쳐 그들은 더 먼 벽지로 보내졌다. 금의 남벌 전쟁은 1128년부터 시작되었다. 남송의 고종은 잉톈부를 버리고 일단 양저우(揚州, 장쑤성)로 도피했다. 금이 남벌을 감행하기 직전에 남쪽으로 천도한 것이다. 결국 전투는 처음부터 금이 남송을 추격하는 형태로 전개된다. 금은 실력 이상으로 힘이·붙었고 남송은 패주를 거듭했다. 천도 예정지인 양저우에 정착하기는커녕 창장을 건너 장난으로 도주해야 했다. 또 전장(鎭江), 쑤저우, 항저우를 거쳐 딩하이(定海)에서 선박 편으로 원저우(溫州,

저장성)까지 피난 갔다.

남송은 계속 도망 다녔으나, 금은 이 때문에 적의 진영으로 너무 깊숙이 들어가게 되었다. 밍저우(明州, 현재의 저장성 닝보시寧波市)까지 추격했는데, 당시 금의 장병 대부분은 태어나 처음 바다를 구경했다. 수군이 없는 금이 그물처럼 수로가 펼쳐진 장난에서 전투한다는 것은 위험했다. 단번에 승리를 거머쥐기 위해 남하했으나 고종은 이미 원저우로 도주한 상황이었고, 곳곳에서 의병이 일어났다. 병참선도 길어져 보급에 문제가 생겼다. 총사령관 종필(宗弼, 태조 아골타의 4남)은 상황을 파악한 뒤, 창장을 건너 북으로 물러갔다.

원저우로 도주해 있던 고종은 건염 4년(1130년)에 겨우 웨저우(越州)로 돌아올 수 있었다. 다음해 남송은 소흥(紹興)으로 개원한다. 그리고 원호에 맞춰 웨저우의 명칭을 사오싱으로 바꾸었다. 술로 이름난 고장이며 루쉰(魯迅, 1881~1936년)의 고향으로도 유명한, 바로 그 사오싱이다. 소흥 2년(1132년) 고종은 항저우로 돌아간다. 항저우는 린안부(臨安府)로 황제가 잠시 머물다 가는 토지란 의미에서 '싱짜이(行在)'라고도 불렸다. 후년 마르코 폴로는 이곳을 '킨짜이'라 불렀는데, 이는 '싱짜이'를 잘못 발음한 것이다. 항저우는 이후 오랫동안 남송의 실질적인 수도가 된다.

고종이 금에 사절로 가 있을 당시 정강(靖康)의 변이 일어났다. 당시 카이펑에 있던 부인 형씨(荊氏)는 다른 황족들과 함께 북으로 끌려갔다. 고종은 북방에 있는 부인을 황후로 삼았고, 형씨가 북방에서 죽을 때까지 황후를 두지 않았다.

2

총사령관 종필은 장난(江南)으로 진입한 금 왕조 군사를 썰물 빠지

듯 북쪽으로 빼냈다. 자신들이 통과한 영토가 관리하기에 너무도 광활함을 깨달았기 때문이다. 금의 인적 자원이나 경제력으로는 황허 이북만 직접 통치하는 것이 한계였다. 송의 세력이 일소된 허난도 금 왕조로서는 너무 부담이 컸다. 허난의 영토는 역시 꼭두각시 정권을 세워 간접 통치하는 것이 현명하다고 판단했다. 제2의 장방창으로 삼은 인물이 지난(濟南) 부지사를 지낸 뒤 금에 투항한 유여(劉予)였다. 장방창은 마지못해 제위에 올랐으나, 유여는 자진해 꼭두각시 황제가 되었고 국호를 제(齊)라고 했다.

유여가 제의 황제가 된 것은 고종이 원저우에서 웨저우로 옮긴 건염(建炎) 4년의 일이다. 같은 해 금에 포로로 잡혀 있던 진회가 부인과 함께 탈출해 웨저우에 도착했다. 진회는 자신을 감시하는 금 왕조의 관리를 죽이고 배를 훔쳐 탈출했다고 말했으나, 실제로는 금 왕조의 실력자 달뢰(撻懶)가 대송 공작을 위해 파견했다.

장난에서 철군한 금 왕조 군사는 장베이에서 남송의 근황군(勤皇軍)인 장준(張浚)·한세종(韓世宗)·악비(岳飛)의 공격을 받아 큰 피해를 입는다. 금의 중추부에는 4백여 주의 중국 전체를 손에 넣자는 '확장론자'도 있었다. 그러나 실제 군대를 이끌고 전투를 해본 간부들은 그것이 얼마나 어려운 작업인지 너무 잘 알고 있었다. 금의 실력으로는 황허 이북을 지키는 것이 한계이며, 허베이의 안정을 위해서는 남송과 관계를 개선할 필요가 있었다. 달뢰가 진회를 남송에 돌려보낸 것은 이러한 사정 때문이었고, 관계 개선을 위한 공작이었다. 달뢰는 태조 아골타의 조카였다. 태조의 다른 조카의 장남 중에 종한(宗翰)이란 인물이 있었다. 카이펑(허난성)을 함락시킨 용장으로, 달뢰와 라이벌 관계였다. 유여를 제 왕조의 황제로 고른 사람이 바로 종한이었다. 종한도 남송과의 승산 없는 싸움을 막기 위해 완충지로서 꼭두각시 국가 수립 공작을 벌였다. 실전을 경험한 달뢰와 종한은 다른 수단으로 같은 목적을 달성하려 했다.

　남송에는 이강 같은 감정적인 강경론자가 있었으나, 고종은 그들을 그리 신임하지 않았던 것 같다. 고종은 강왕(康王) 시절 한때 인질로 금의 군영에 잡혀 있었다. 정전협정이 체결되어 있음에도 주전론자들이 멋대로 금을 공격하다 격퇴당했었다. 협정 위반이므로 인질을 죽여도 할말은 없었다. 비록 목숨은 부지했으나, 금의 군영에 인질로 있던 고종은 송의 강경파에게 증오심을 가졌을 것이다. 카이펑이 함락되고 북송이 멸망한 것도, 허베이3진을 금에 할양하기로 한 약속을 어기고 이강 같은 주전론자들이 3진에게 저항하라고 명령했기 때문이었다.

　송의 역량을 제대로 파악하지 못한 강경론자들이 국가를 망쳤다고 고종은 생각했을 것이다. 금에서 탈출한 진회의 말을 고종이 의심했을 수도 있다. 부부가 함께 탈출했다는 것도 수상했다. 그러나 카이펑 함락 때 진회는 아직 북으로 끌려갈 만큼 높은 지위에 있지 못했다. 그는 장방창 옹립에 반대하다 포로가 된 것이었다. 그 기개를 고려해 고종은 진회의 대금 유화책을 채택했다고 한다. 부모형제나 부인이 금에 연행되어 있기 때문에 그들의 귀환에도 노력해야 했다. 이를 위해 파견되는 사절은 금국기청사(金國祈請使)라 불렸다. 그러나 금에 들어가서는 대다퉁(大同, 산시성山西省)에 있던 종한에게 붙들려 태종에게 가지 못했다.

　허난에 꼭두각시 국가인 제가 들어선 것은 남송에게는 매우 뼈아픈 일이었다. 각지의 유력자는 여진족인 금 왕조에 항복하는 데 저항감이 있었으나, 명목상으로나마 한족 황제를 둔 제에 대해선 그 강도가 낮았다. 금은 이를 감안해 제의 영토에서는 변발을 강요하지 않았다. 새 국가는 조정에 공석이 많아 지식인은 쉽게 관직을 얻을 수 있었다. 남송으로 들어와야 할 인재들이 제 왕조로 많이 흡수되었다.

　금 왕조도 후일 남벌군을 일으킬 때는 단독으로 하기보다 제와 연합하는 형태를 취했다. 그 편이 저항이 적을 것이라고 계산했기 때문이다. 금은 제나라 군대와 함께 두 차례 남벌 계획을 세웠으나 두 번 모두 취소한다. 1차 남벌 계획은 남송의 소흥 2년(1132년)으로, 이는 앞에서 언급했듯이 야율여도의 반란으로 취소되었다. 반란 규모를 너무 확대하려다 비밀이 새어나가 실패하자, 야율여도는 서하로 도주했다. 서하는 금의 보복을 우려해 그를 보호하려 하지 않았다. 결국 서쪽으로 간 야율대석에게 몸을 의탁하려 하지만, 도중에 몽골계 타타르족에 붙잡혀 살해된다. 타타르족은 보상을 받기 위해 여도의 머리를 금에 바친다.

2차 남벌군은 2년 뒤 구성되어 금·제 연합군이 화이허까지 남하했으나 그곳에서 서둘러 철수한다. 태종이 위독했기 때문이었다. 금 왕조 군사의 완전 철수는 남송의 소흥 4년(1134년) 12월 경자일로, 금의 태종은 다음해 정월 기사일에 죽는다. 그때 일식이 나타났다는 사실은 『송사(宋史)』『금사(金史)』 모두에 기록되어 있다.

3

여진 말로 수장의 후계자를 '암반보기레(暗班勃極烈)'라고 한다. 여진족 정권 금은 황제를 칭했기 때문에 이는 바로 황태자를 지칭한다. 태종의 황태자 완안단(完顔亶)은 태조의 손자였다. 태종에게는 종반(宗磐)이라는 성인이 된 아들이 있었다. 그러나 형 태조에게 많은 아들이 있었음에도 황족들의 뜻에 따라 태종이 형에 이어 즉위했기 때문에 황족의 의사를 무시할 수 없었다. 금 왕조 창시 때 완안부의 수장이나 친족, 즉 황족들은 큰 공적을 세웠고 발언권도 강했다.

완안단은 즉위 당시 열일곱 살이었고 아버지 종준(宗峻)은 이미 고인이었다. 어머니는 종준의 형인 종간(宗幹)의 부인이 되어 있었다.

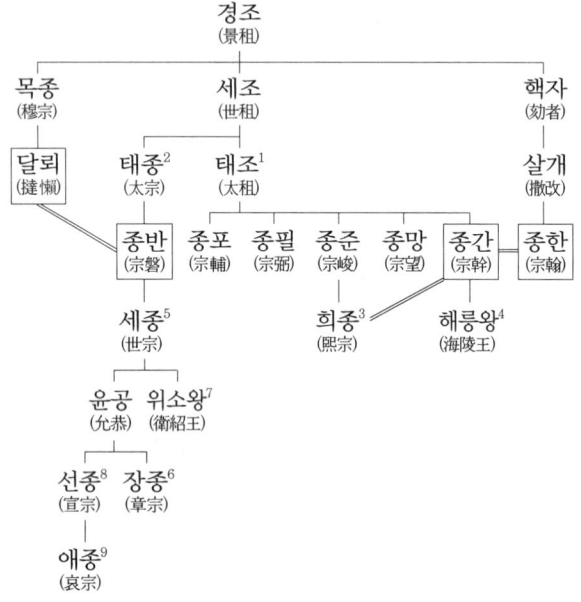

〈금 왕조 계보〉

태조 아골타의 생존하는 아들 중 종간은 최연장자였다. 중국식으로 계
승한다면 그는 2대 황제가 되어야 하지만 숙부에게 양보해야 했다. 숙
부가 죽은 뒤 부인의 아들이자 조카에 해당하는 단(亶)의 유력한 후원
자가 되었다. 그래서 종간은 금 왕조 내의 최고 실력자인 종한(宗翰)
과 협력한 듯하다. 종한은 태조의 사촌 살개(撒改)의 아들로, 최고 실
력자로 남기 위해서는 성인이 된 종반보다는 아직 미성년자인 단이 황
제가 되는 것이 유리했다. 단은 즉위해 희종(熙宗)이라 불리며, 금의
3대 황제가 되었다.

금 왕조의 황위 계승은 복잡하다. 태종이 죽은 뒤 황족은 두 파로 갈
라지며, 남송을 포함한 중국 정국에 큰 영향을 미쳤다. 종간은 종한과
손잡았고, 태종의 아들 종반은 태조의 사촌 달뢰(撻懶)와 손잡았다.
계보의 숫자는 황제 계승 순서를 나타낸다. 파벌은 복선(複線)으로 연결했고, 박스 안에 그 영수의 이름을 넣었다.

　종간이 종한과 손잡은 것은, 종반이 황태자 단을 폐위시키는 것을 막기 위해서였다. 단이 즉위한 뒤에는 대실력자 종한이 장애물이 되었기 때문에, 그를 태보령삼성사(太保領三省事)로 임명한다. 태보는 황제의 스승으로, 상서(尚書)·중서(中書)·문하(門下)의 3성을 총괄한다. 당연히 종한이 받은 직책은 최고직이었다. 그러나 상징후이닝부(上京會寧府, 헤이룽장성)에 부임해야 하기 때문에 시징다퉁부(西京大同府)의 자기 군대와 떨어져 있어야 했다. 병권을 박탈당한 셈이다. 최고 실력자 종한의 힘의 원천은 바로 다퉁의 병력에 있었다. 이 엄청난 승진 인사는 종한을 실질적으로 실각시키는 것이었다. 희종 즉위 2년 종한은 실의에 빠진 나날을 지내다 별세한다. 종한의 죽음으로, 그가 만든 꼭두각시 국가인 제 황제 유여의 지위도 위태롭게 되었다.

　유여를 가장 증오했던 사람이 달뢰였다. 유여는 지난(濟南)에서 달뢰에 항복했었다. 그럼에도 달뢰가 군대를 이끌고 남하하자 금의 실력자 종한에 접근해 제 왕조의 황제가 된 것이다. 달뢰의 입장에서 볼 때 자신의 손안에 있어야 할 인물이 멋대로 정적 아래로 들어간 셈이었다. 종한이 힘을 잃자 달뢰는 종반과 함께 꼭두각시 국가 불요론을 주장했다. 정적인 종간도 이에 찬성했다. 제 왕조 폐지는 중앙 집권에 도움이 되었기 때문이다. 파벌간 대립은 있었지만, 상호 이해에 도움이 되면 합의도 이루어졌다. 꼭두각시 황제 유여는 촉(蜀)의 왕으로 강등되었고, 제국은 사라졌다. 촉(쓰촨)은 남송의 지배 아래 있었기 때문에 금의 촉왕은 명목상 자리에 불과했다. 유여는 린황부(臨潢府, 네이멍구 시라무렌 강 부근)로 보내져 희종 즉위 6년 뒤 죽었다.

　금에서는 황제파와 반 황제파가 파벌 싸움을 벌였다. 태조나 태종이 자신의 아들을 후계자로 삼지 못했던 것은 황족들의 발언권이 강하고, 황제의 권위가 절대적이지 못했음을 말해 준다. 황제가 되었다고 방심할 수 없었다.

2대 황제 태종의 아들인 종반도 자신을 지지하는 황족들을 늘려 역전을 노렸다. 여진족 사회에서 이는 불가능한 일이 아니었다. 그러나 이를 위해서는 큰 공을 세워야 했다.

금은 사실 곤경에 처해 있었다. 송의 근황군(勤皇軍)이 금 왕조의 병법을 파악한 뒤 금의 기동성을 봉쇄함으로써 상당한 전과를 올리기 시작했기 때문이다. 수로(水路)가 많은 남쪽에서 금의 기마병단은 동북의 초원에서처럼 기동성을 발휘하지 못했다. 또 금의 배후에 있던 거란족이 반란을 일으켰다. 야율여도의 난은 미연에 방지할 수 있었으나, 게릴라식 저항은 계속되었다. 다싱안링(大興安嶺)의 서쪽에서는 몽골족의 약탈이 심해졌다. 칭기즈 칸은 아직 태어나지 않았지만, 그 전조가 이미 나타나고 있었던 것이다.

금 왕조 수뇌부는 이러한 사실을 잘 알고 있었다. 따라서 누군가 남송과의 관계를 안정시키는 데 성공할 경우 나라에 큰 공을 세우는 셈이 된다. 반 황제파 달뢰는 이전부터 진회를 남송에 보내 남송과의 파이프를 구축해 놓고 있었다.

소흥 7년(1137년) 금에서 돌아온 하선(何蘚)과 범녕지(范寧之)에 의해 휘종이 2년 전 북방에서 죽었다는 사실과 고종의 어머니 위씨(韋氏), 고종의 부인 형씨가 여전히 건재하다는 사실이 전해졌다. 이는 고종을 금에 대한 화평으로 기울게 했다. 진회는 재상급인 추밀사(樞密使)로서 고종의 뜻을 받들어 정력적으로 화평 공작을 벌였다.

금 왕조에서도 달뢰와 같은 반 황제파가 화평 공작을 펴고 있었다. 화평 성립의 조건은 첫째 폐한 제 왕조의 땅을 남송에 부여한다, 둘째 남송은 금을 종주국으로 인정한다, 셋째 남송은 세공(歲貢)으로 은 20만 냥, 비단 25만 필을 제공한다 등이었다. 금을 종주국으로 인정한다는 것은 굴욕이었으나, 제가 지배하던 중원의 땅, 즉 꿈에도 그리던 실지(失地) 카이펑, 뤄양, 창안을 되찾을 수 있다는 거부하기 어려운 조건이었다. 휘종의 유해가 반환되고 고종의 어머니 위씨가 돌아온다는 내용도 화평 조건에 포함되어 있었다. 남송의 소흥 9년(1139년), 금의 천권(天眷) 2년에 이 화의는 성립된다.

4

그러나 금 왕조가 화의를 파기했다. 문제가 된 것은 구(舊) 제 왕조의 영토 반환이었다. 달뢰 진영은 영토 반환이 아닌, 남송을 제처럼 꼭두각시 국가로 만들자는 것이 화의 조항의 내용이라고 주장했다. 송에서는 이미 카이펑, 창안을 되찾게 될 것을 대비한 작업에 들어가 있었다. 금은 남송을 꼭두각시 국가로 만들 경우 남쪽 해안까지 금의 세력권에 넣을 수 있으리라 내다보고 있었다. 그러나 과연 남송이 제 왕조처럼 꼭두각시 국가가 될 수 있을지 의심스럽다고 황제파가 반대했던 것이다.

사실 금 왕조에서는 이보다 더 중대한 일이 발생했었다. 군권을 장악한 종필(宗弼)과 황제파가 손잡고 반대파를 일거에 숙청했던 것이었다. 반란을 꾸몄다며 달뢰 진영을 살해했다. 결국 반 황제파가 주도한 화평은 파기되고 만다.

그러나 남송은 허난과 산시(陝西)를 다시 반환할 의사는 없었다. 화평 파기로 금의 군사가 구(舊) 제 왕조 영토로 진입했고, 격렬한 전투가 벌어졌다. 충성스런 장군 악비의 눈부신 활약으로 종필 자신이 지휘하는 전투에서도 종종 남송이 우위에 섰다. 카이펑과 창안은 금에 빼앗겼으나 금도 고전했다.

사실 금 왕조는 초조했다. 몽골 초원의 동태가 불안했기 때문이다. 거란족의 야율대석은 당시 중앙아시아에 거란족 정권인 서요를 수립했다. 그는 또 서쪽을 엿보고 있었다. 황제파가 화평에 반대한 것은, 반 황제파가 화평을 주장했다는 단순한 이유에서였다. 상대가 점수 딸 기회를 막기 위한 행동이었다. 카이펑과 창안을 탈환한 뒤, 남송의 요구가 현상 동결이라면 화평에 반대할 이유는 없었다. 또 금의 황통(皇統) 원년(1141년)에 금의 사실상 지도자인 종간이 죽었고, 내부 동요를 막기 위해서도 금은 화평을 원했다. 종필은 달뢰의 유산이라 할 진회와의 라인을 이용해 다시 화의를 얻어내려 했다.

남송의 내부 사정 역시 간단치 않았다. 건국 당시 군벌 출신인 태조는 군벌의 약체화를 국시(國是)로 삼았다. 문치주의, 진사(進士) 지상주의도 그러한 결과이다. 군대에 문관을 파견해 실권을 장악하게 했다. 무(武)가 가장 경시되던 시대였다. 카이펑이 쉽사리 함락당한 것도 금 왕조 군사의 남하를 막을 강력한 군대가 없었기 때문이다. 그러나 남천(南遷) 뒤 금과 전쟁을 계속하는 사이 군벌이 형성되기 시작했다. 남송의 수뇌부는 송이라는 정권의 본질을 지키기 위해 군대의 군벌화를 막고 싶었다. 특히 화평파인 진회 입장에서, 협상이 진행되는 도중에 남송의 군대가 금을 과도하게 공격하는 것은 곤란했다.

진회는 전선에 나가 있던 장군들을 논공행상 명목으로 소환했다. 돌아온 한세종과 장준은 추밀사에 임명된다.

악비는 아직 젊었기 때문에 추밀부사(樞密副使)가 되었다. 추밀부사는 부재상 격으로 낮은 자리는 아니었다. 금 왕조가 종한에게 했듯이, 사령관들과 군대를 격리시키기 위한 조치였다. 그러나 악비만은 관직을 내놓으면서까지 화의에 격렬히 반대했다.

악비의 하야는 '주전론(主戰論)의 영수'라는 호랑이를 들판에 풀어놓는 결과가 되고 만다. 주전론자들이 악비 주변에 몰려들 것이 뻔했다. 진회는 과감하게 그에게 반란이란 죄목을 씌워 투옥시켰고 처형해 버렸다. 이렇게 해서 제2차 화의가 성립했다. 남송에겐 1차 화의보다 조건이 불리했다. 국경선은 화이허로 정해져 카이펑, 창안 모두 금 왕조의 영토로 남았다. 종주권과 세공(歲貢)은 1차 때와 같았다. 화의 성립은 소흥 12년(1142년)으로, 그해 휘종의 유해와 함께 고종의 어머니 위씨가 귀환되었다. 고종의 부인 형씨는 3년 전에 사망했다.

흠종은 여전히 금의 북쪽 지방에 억류되었고, 19년 뒤 타향에서 숨을 거둔다. 고종은 아버지의 유해와 함께 어머니의 귀환을 강력히 요구했으나 흠종의 귀환에는 그다지 적극적이지 않았던 것으로 알려져 있다. 흠종은 퇴위도, 양위도 하지 않은 상태이다. 원칙적으로 말하자면 북쪽으로 끌려갔음에도 불구하고 여전히 송 왕조의 황제였다. 송대의 학문은 원칙론적인 성향이 농후했다. 묘부(苗傅)·유정언(劉正彦) 같은 인물이 고종에게 즉위해서는 안 된다며 명분론을 폈다. 이 때문에 불과 25일간의 짧은 기간이기는 했지만, 고종이 제위에서 물러난 일도 있었다. 실제 흠종이 돌아올 경우 또다시 골치 아픈 일이 벌어질 수도 있었다.

금 왕조도 흠종을 마지막 카드로 남겨두고 싶었을 것이다. 장방창이나 유여 같은 꼭두각시 황제를 세워도 그리 큰 효과는 없었으나, 흠종을 즉위시킨다면 정통성 측면에서 남송은 큰 타격을 입는다. 화의 교섭 때 금 왕조는 흠종을 옹립할 뜻을 비치며 남송의 양보를 끌어내려 했다.

5

금의 태조나 태종 모두 자신의 아들에게 제위를 물려주지 못했던 것은 황족 회의의 힘이 막강했기 때문이다. 즉 금은 중국처럼 독재 황제가 있기 힘들다. 희종 무렵부터는 후원자인 종간의 압력으로 황제 독재화가 추진되기 시작한다. 이는 여진족 각 부족의 의장 수준에서 중국과 같은 황제가 됨을 의미했다. 한화(漢化)가 추진된 것이다.

여진족은 매우 신속히 한(漢)처럼 변해갔다. 민족의 자존심을 지키기 위해 여진 문자도 발명했으나, 이 역시 한(漢)처럼 변하는 것을 막지는 못했다. 거란족은 당 왕조 시대부터 한족 문화와 접촉했고, 영토 내의 한족은 옌윈16주뿐이어서 마지막까지 2원 통치를 유지할 수 있었다. 이에 비해 금 왕조의 중추인 생여진족 대부분은 과거 한(漢) 문화에 접하지 못했다. 즉 면역성 없이 돌연히 강렬한 문화에 접했기 때문에 한(漢)처럼 변해가는 흐름을 멈출 수 없었다.

금 왕조도 처음에는 이원 정치를 하려했으나 불가능했다. 금은 거란족 요(遼)에 비해 훨씬 광활한 영토를 지배했다. 허베이는 물론 허난성, 산시(陝西)에 이르기까지 화이허를 국경으로 삼았다. 대정(大定) 23년(1183년) 통계에 따르면 금 왕조의 총인구는 4천4백만 명으로, 이 중 여진족은 615만 명에 불과했다. 전체 인구의 7분의 1 정도가 여진족이었던 것이다.

중국처럼 독재 황제를 추구한 데에는 나름대로의 의미가 있었다. 문제는 희종에게 잔인한 피가 흐르고 있었다는 점이다. 그가 황족이나 신하를 공포로 몰아넣어야 독재가 가능하다고 생각했는지도 모른다. 희종은 술을 과도하게 마셔댔다. 대신을 죽이고 남송의 사절을 죽였으며 황족들을 속속 살해했다. 황후나 비(妃)까지 죽였다. 가학주의자의 전형이었다.

폭음이라기보다 정신 착란에 가까웠다. 기다리며 살해당하느니 이쪽에서 먼저 공격하자는 생각이 고개를 들었고, 종간의 아들 완안량(完顏亮)이 희종을 살해한다. 앞에서 〈금 왕조 계보〉를 봐도 알 수 있듯이 두 사람은 사촌지간이다. 더구나 희종의 어머니는 남편이 죽은 뒤 종간의 부인이 되었으므로 두 사람은 사촌 이상의 관계이다.

완안량은 희종을 죽이고 제위에 오른다. 그가 해릉왕(海陵王)이다.

종묘호(宗廟號)가 아닌 왕으로 불리는 것은 죽은 뒤 해릉군왕(海陵郡王)으로 강등되어 왕들의 묘지에 묻혔기 때문이다.

해릉왕 완안량은 황제를 죽였을 뿐 아니라 희종과 마찬가지로 황족을 없애나갔다. 그리고 그들의 부인이나 딸을 후궁으로 삼았다. 숙모가 되는 종민(宗敏)의 부인, 종필(宗弼)과 종망(宗望)의 딸 등 중국 예법상 결혼할 수 없는 동성의 사촌들까지도 후궁으로 만들어버렸다. 해릉왕은 태종의 자손 70여 명, 종한의 자손 30여 명, 그 외에 종실 50여 명을 단번에 살해했다. 희종 이상의 살인마였다.

해릉왕은 독점욕이 강했다. 야성적인 활력이 넘쳐흘렀다. 그가 꿈꾼 것은 한(漢)이나 당(唐) 왕조와 같은 대제국 건설이었다. 어떤 대신이 "주군(州郡)의 장관으로 본국인(=여진족)을 임명해야 한다"라고 진언하자, 희종은 "사해(四海)에 사는 자는 모두 짐의 신하요 아들이다"라고 말하여 민족 차별 금지를 선언했다. '천하 국가의 황제'란 의식은 해릉왕이 희종을 능가하고 있었다. 한이나 당 왕조와 같은 대제국을 건설하기 위해서는 남송을 손에 넣어야 한다. 수도인 상징후이닝부(上京會寧府)는 현재의 헤이룽장성 하얼빈시 동남쪽에 있었고, 중화제국의 중심으로는 너무 동북쪽에 치우쳐 있었다. 그는 우선 현재의 베이징 부근인 옌징으로 천도했다. 그리고 남정(南征) 준비를 시작한다.

여기에는 경제적 이유도 있었다. 앞에서도 언급했듯이 당 왕조 시대 중국이 통일되었을 무렵 국가 경제는 화이난의 재물로 꾸려나갔다. 허베이 같은 곳에서는 세금조차 내지 않았다. 안록산의 난이 실패한 이유 중 하나가 당이 화이난을 확보하고 있었기 때문이다. 당이 멸망한 것은 병란과 민란이 화이난에서 일어났기 때문이다. 중국의 북쪽 절반만 영유해서는 경제적 여유를 누리기 힘들다. 남송의 세공을 받고는 있었지만 국경선상에 설치된 '각장(権場)'이란 교역장에는 북방 사람이 몰려들었다. 결국 금 왕조가 남송에서 받아낸 세공을 모두 그곳에서 사용해 현실적으로는 적자를 면하지 못했다. 수입의 대부분을 차지하는 것이 찻잎이었기 때문에, 금 왕조는 7품 이하 백성들에게 차 마시는 일을 금지시켰을 정도였다. 그러나 이는 근본적인 대책이 되지 못했다. 해릉왕은 천하를 통일해 중국 남부를 손에 넣으면 경제적 문제는 저절로 해결되리라 여겼다.

남정을 위한 대동원령이 내려졌다. 스무 살 이상 쉰 살 이하 남자는 모두 군적(軍籍)에 등록되었다. 거란족에게도 동원령이 내려졌다. 해릉왕은 거란족을 확실히 장악하고 있다는 과도한 자신감에 빠져 있었다. 제위를 노릴 우려가 있는 여진족의 유력자보다는 찬탈할 의사가 없는 거란족을 중용(重用)하고 있었다. 거란족이 각료의 절반을 차지했던 시기도 있었다. 해릉왕은 거란족에 대해서 다소 무리하게 요구해도 문제없으리라 여겼던 것 같다.

정륭(正隆) 6년(1161년) 해릉왕은 마침내 '벌송군(伐宋軍)'을 출발시켜 카이펑에 들어갔다. 카이펑은 큰 화재로 잿더미가 되어 있었으나 해릉왕은 그곳에서 대대적인 토목 공사를 벌였다. 천하 통일을 달성했을 때 수도로 삼기 위함이었다. 공사 규모는 엄청났다고 한다.

남정에 반대하는 사람들은 많았으나, 아무도 이를 입밖에 내지는 못했다. 태의사(太醫使) 기재(祁宰)란 인물은 남정을 만류하다가 해릉왕의 분노를 사 처형당한다. 그뿐이 아니었다. 남정을 말리던 황태후 도선씨(徒單氏)도 살해되었다. 도선씨는 해릉왕의 어머니는 아니지만 아버지의 본부인이므로 그에게는 큰어머니에 해당한다. 해릉왕은 그녀를 죽인 뒤 불태워 그 재를 물속에 버렸다. 또 황태후의 시녀 70여 명도 살해했다. 그 뒤 남정 반대에 나서는 사람이 없었다.

거란족은 병력을 동원하라는 해릉왕의 명령에 고민했다. 명령을 따를 경우 고향에 남은 부모나 자녀가 전멸할 우려가 있었다. 칭기즈 칸 등장 이전이었으나 몽골 초원에서는 이미 전운이 감돌고 있었기 때문이다. 남자들이 모두 출정했다는 사실이 알려지면 초원의 부족들이 거란을 습격할 것은 자명했다. 약육강식은 유목민의 법칙이다. 서북의 거란족은 반란을 일으킬 수밖에 없었다. 그들은 요 왕조 황족의 자손을 옹립했다. 단순한 반란이 아니라 독립전쟁이었다. 이에 대해 해릉왕은 금 왕조 영역 내에 있는 요와 송 왕조 황족의 자손 1백3십여 명을 살해했다. 옹립될 가능성이 있는 인물을 미리 숙청한 것이다. 송의 흠종은 5년 전 이미 죽었기 때문에 어떤 의미에서는 다행이라고 할 수 있겠다. 피비린내 나는 장면이 금 왕조 영토 내에서 벌어졌다.

해릉왕은 거란의 반란을 무시한 채 벌송군을 이끌고 남하했다. 32총관(三十二總管)의 대군이었으나, 전의가 충만한 사람은 오직 해릉왕뿐이었다. 결국 남하하는 중에 속속 탈주병이 나왔다. 너도나도 도주하다 보니 도주 자체를 두려워하지 않았다. 이는 수나라 양제의 고구려 원정을 연상시킨다. 수많은 탈주병들이 '랴오둥에서 죽을 수는 없다' 라고 반전가(反戰歌)를 부르며 서쪽으로 돌아간 것이 5백5십 년 전의 일이다. 이번에는 금 왕조의 탈주병들이 '동쪽으로 돌아가 새로운 천자(天子)를 세우자' 고 말하기 시작했다. 금 왕조 역시 자칫하면 수 왕조의 전철을 밟을 상황이었다.

잇따라 둥징(東京, 랴오양)에서 해릉왕의 사촌 완안옹(完顏雍)이 황제를 선언했다. 해릉왕은 수많은 친척을 살해한 인물이어서 완안옹은 공포심을 가졌던 듯하다. 완안옹은 인품이 온후했고 존경받고 있었다. 희종이나 해릉왕 같은 포악한 황제들에 시달렸던 금의 백성들은 완안옹의 즉위를 환영했다. 그는 세종(世宗)이라 불렸다. 이 시점에서 금 왕조는 둥징의 세종과 남정 중인 해릉왕, 이 두 사람의 황제가 존재했다.

세종이 즉위했다는 정보는 남정 중인 해릉왕의 귀에도 들어갔다. 해릉왕은 남송을 먼저 점령하고 세종을 공격할 생각이었다. 세종의 등장으로 해릉왕은 초조감 속에 일을 서두르게 된다. 화이허를 넘어 창장까지 도착했으나, 수군(水軍)이 약한 금의 군사는 도강(渡江)에 성공하지 못했다. 해릉왕은 장수들을 모아 3일 내에 강을 건너지 못하면 모두 처형해 버리겠다고 말했다. 해릉왕의 발언이 단순한 협박이 아님을 모두 잘 알고 있었다. 그렇다고 창장의 건너편에는 남송의 명장 우윤문(虞允文)이 버티고 있어 쉽사리 강을 건널 수도 없었다. 장수들은 어차피 죽을 운명이라면 반란을 일으키자는 생각을 하게 된다.

해릉왕을 살해한 것은 완안원의(完顔元宜)라는 장군이었다. 이름을 보면 금의 종실인 듯싶지만 사실은 거란인이었다. 원래 성은 야율(耶律)이었고, 전공을 세워 금의 국성(國姓)인 완안을 받았다. 해릉왕을 죽인 금군은 일제히 북으로 철수했다. 남송은 이를 추격하는 형식으로 실지(失地)를 회복했고, 화이허를 건너 북상했다.

세종은 남송과의 전쟁보다 거란족 반란 평정을 우선시했다. 국내 문제였기 때문에 이는 당연한 조치였다. 세종에게 행운이 찾아왔다. 반란을 일으킨 거란족이 내부 대립으로 분열한 것이다. 당시 거란족은 서쪽으로 가서 야율대석이 세운 서요에 참여하려는 진영과 오랜 기간 살아온 토지를 떠나기보다는 차라리 금 왕조와 게릴라전을 벌이자는 진영으로 나뉘었다. 세종은 거란족에 강온 양면 작전을 전개했다. 성질이 급한 해릉왕과는 달리 세종은 인내심을 갖고 설득했다. 그 공작은 해릉왕을 죽인 거란인 완안원의가 맡았다. 거란족은 해릉왕의 동원령에 반발해 반란을 일으켰기 때문에 완안원의의 말은 설득력이 있었다. 이로써 1년 반에 걸친 거란족의 반란은 평정되었다. 세종은 군대를 남하시켜 화이허를 건넌 남송군과 대치하고 동시에 화의를 추진했다.

당시 남송에서는 재위 기간이 35년에 달했던 고종이 해릉왕 살해 다음해인 1162년 퇴위해 있었다. 고종의 아들은 어려서 죽었기 때문에 황족 중 조신(趙昚)을 양자로 삼았는데 그가 효종(孝宗)이다. 효종은 태조 7대손에 해당한다. 송은 태조의 뒤를 동생 태종이 이은 이후 역대 황제는 태종 계열이었는데 약 1백5십 년 만에 왕조를 세운 태조 계 황제가 출현한 것이다.

　고종의 부인 형씨가 북부 땅에서 죽은 사실이 확인되자, 오씨가 황후가 된다. 그녀는 황태후로서 권세를 휘두르고 싶어했고 고종과 가까운 혈연보다도 먼 친척이 그녀에게 유리했다. 이 때문에 태조 계열의 효종이 선택된 것이다. 효종은 온후했고 남송 여러 황제 중 명군으로 꼽히는 인물이다. 금 왕조 역시 온건한 세종이 황제에 올라 있었다.

　거란족의 반란을 평정한 뒤 금 왕조의 세종은 군대를 남하시킴과 동시에 남송과 화의를 진행시켰다. 이렇게 해서 남송 효종의 건도(乾道) 원년(1165년)에, 금 왕조 세종의 대정 5년에 새로운 평화조약이 체결되었다. 이에 앞서 맺었던 조약을 파기한 것은 금의 해릉왕이었고 더구나 퇴각했기 때문에 이번에는 금 왕조가 불리한 상황 속에 교섭이 벌어졌다. 국경선은 지난번 화약(和約)과 같지만 세공의 경우 은 25만 냥이 20만 냥으로, 비단 25만 필이 20만 필로 줄었고 세공을 세폐(歲幣)로 명칭도 바꾸었다. 남송 입장에서 최대 수확이라면 양국 관계가 신종(臣從)에서 숙질(叔姪) 관계로 개선되었다는 점이다. 금의 종주권이 사라진 뒤 남송의 황제는 금의 사절이 와도 앉아서 국서를 받게 되었다. 전에는 서서 받아야 했다.

　남송은 이를 '건도화약(乾道和約)'이라 불렀다. 금 왕조는 평화조약의 필요성을 절감하고 있었고, 남송 역시 파벌 항쟁이 심해 평화를 원했다. 건도의 화평조약은 그 후 40년간 이어졌다. 흔들리던 남북에 마침내 소강 상태가 찾아온 것이다.

초원의 풍운

1

하늘로부터 생명을 받아 태어난 파란 늑대가 있었다.

그 옆에 한 쌍이 되는 한없이 하얀 암사슴이 있었다…….

몽골어로 씌어진 『원조비사(元朝秘史)』는 이런 문장으로 시작한다. 민족의 기원을 적은 것이며, 1907년 나카 미치요(那珂通世, 1851~1908년)의 번역으로 일본에서도 출판되었다. 파란 늑대가 민족의 시조인 '몽골'은 역사가 오래 되었지만 중국 문헌에는 당 왕조에 접어들어서야 '몽올(蒙兀)' '맹고(萌古)'란 이름으로 등장한다. 그 출현 빈도도 그리 많지 않다. 당 왕조 때 북방의 변방 민족 중에는 거란, 돌궐, 회흘(回紇) 등이 훨씬 빈번히 등장한다. 아마도 중국 문헌에서 '막연(漠然)' '북적(北狄)'이라 불리던 유목민 속에 몽골족도 있었을 것으로 추정된다. 요즘은 싱안링 서쪽에서 알타이에 걸친 지역까지 몽골 지방 혹은 몽골 고원이라 불리고 있다. 당 왕조 말기 위구르족(=회흘)이 키르기스족의 급습을 받아 서쪽으로 이동한 뒤, 그 지방 주민의 주류는 몽골족이었을 것으로 추정된다. 이 몽골 민족의 이름을 세계에 떨친 인물이 칭기즈 칸이다. 그를 빼고는 몽골을 얘기할 수 없다.

칭기즈 칸이 태어난 해에 대해선 여러 가지 학설이 있다. 『원사(元史)』에는 1162년으로 기록되어 있다. 남송 고종이 양자 효종에게 양위한 해이자 금 왕조의 해릉왕이 살해된 다음해에 해당된다. 1167년 설도 있다. 또 페르시아어로 된 문헌에는 1156년으로 나와 있다. 금의 해릉왕 시대에 북송 최후의 황제 흠종이 북방에서 외롭게 죽은 해이다. 여러 가지 설이 존재하는 것은 당시 몽골족이 그러한 기록에는 별다른 관심을 가지지 않았음을 보여준다.

몽골족에도 여러 부족이 있었다. 유목은 대규모로 할 수 있는 '업종'이 아니므로 많은 부족으로 나뉘는 것이 일반적이다. 이를 통합하려면 보통 이상의 출중한 인물이 나타나야 한다. 흉노의 모돈선우, 선비족의 탁발규가 그러한 보기 드문 영웅이었다.

몽골의 여러 부족 중 가장 발달한 것이 타타르족이었다. 동방에 있었고 금 왕조와 가까워 그 문화를 접촉할 기회가 많았다. 금 왕조는 몽골 부족들이 분열되어 있는 편이 유리했다. 그래서 해릉왕은 타타르족을 용서 없이 공격하며 공포 정책을 폈다.

금 왕조는 타타르족을 무릎 꿇게 한 뒤 충성을 맹세하게 했다. 다른 몽골 부족의 수장을 사로잡아 금에게 바치는 것도 금 왕조가 요구한 충성의 증표 중 하나였다. 같은 민족끼리 인간 사냥을 하게 한 잔인한 정책이었다.

칭기즈 칸은 보르지긴족에 속해 있었다. 이 부족의 수장 안바가이 칸은 타타르족의 인간 사냥에 희생이 되었고 금 왕조로 압송된 뒤 살해당했다. 안바가이 칸의 뒤를 이어 보르지긴족을 통솔한 것이 예수게이 바타르였고, 그는 메르키트족의 남자로부터 올프누트족의 허엘룬이란 여자를 약탈했었다. 초원에서 이러한 약탈 결혼은 흔한 일이었다. 그렇게 해서 태어난 것이 칭기즈 칸이다.

칭기즈 칸이 태어났을 때 아버지는 타타르족과 싸워 테무진 우게란 용사를 사로잡았다. 승전을 기념하는 의미에서 아버지는 아들 이름을 테무진이라 지었다. 그러나 테무진의 아버지는 그가 어렸을 때 타타르족에게 독살당한다. 유목 세계의 진리는 약육강식이다. 작은 부족 수장 아들로 태어났지만, 아버지를 잃은 테무진은 매우 혹독한 환경 속에서 자라게 된다. 『원조비사』에는 테무진 일가를 이렇게 표현하고 있다.

그림자 외에 친구가 없고, 꼬리 외에 채찍이 없다.

그러나 그런 환경이 오히려 테무진을 강하게 만들었다. 테무진이 용 맹을 떨치기 시작하자, 타이티우트족이 그를 공격해 포로로 잡아갔다. 장래의 위협이 될 인물을 초기에 제거하자는 것이었다. 이 역시 유목 민의 법칙이다. 이런 위기 상황 속에서 그에게 호의를 가진 자가 있었 고 테무진은 그의 도움으로 구사일생으로 탈출하는 데 성공했다. 이어 그는 메르키트족의 습격을 받았다. 테무진의 아버지는 메르키트족 남 자의 부인이 될 여자인 허엘룬을 약탈한 바 있는데, 그에 대한 보복이 었다. 이때 테무진은 메르키트족에게 부인 보르테를 빼앗긴다. 테무진 은 죽마고우이던 자다라 부족의 잠하, 아버지의 친구 케레이트족의 수 장 완한의 도움을 받아 메르키트족을 공격하고 부인을 되찾는 데 성공 했다.

금 왕조의 계획대로 몽골 민족 내부에선 이런 식의 부족간 항쟁이 벌어지고 있었다. 그러나 테무진이 메르키트족과 전투를 벌였을 때 다 른 부족 소속인 잠하, 완한이 원조한 데서 알 수 있듯이, 부족간 연합 이 서서히 형성되기 시작했다. 만약 대연합이 탄생한다면 금 왕조 앞 에 강적이 나타나는 셈이 된다.

유목은 소집단이 유리하지만 초원의 몽골 민족은 유목 외에도 약탈 이란 '가업'을 영위하고 있었다. 공격할 때는 병력이 많을수록 유리하 다. 또 부족간 유목 영역을 준수하도록 하기 위해서도 부족 단위를 넘 나드는 리더가 필요했다. 테무진은 점차 몽골 민족 대연합의 맹주로 성장한다. 그는 스물한 개 부족의 수장으로 추대되어 가한(可汗)의 자리에 오른다. 테무진이 칭기즈 칸이란 이름을 사용한 시기에 대해서도 여러 가지 설이 있으나 대개 가한의 자리에 오른 시기부터라고 본다.

이에 앞서 칭기즈 칸은 죽마고우 잠하와 헤어진다. 두 영웅이 한 집에 살 수는 없기 때문이었다. 중국의 『원사』와 페르시아어로 된 라시드 웃 딘의 『집사(集史)』에는 잠하가 패배한 것으로 기록되어 있다. 그러나 『원조비사』에는 칭기즈 칸이 패배해 오논강 계곡으로 도주한 것으로 되어 있다. 『원조비사』에는 전투 뒤 우르우트, 망우트, 콘코단과 같은 부족들이 잠하 진영을 떠나 칭기즈 칸에 합류했다는 기록도 있다.

초원의 전투는 복잡하다. 서로 다르게 기록되어 있는 사서의 모순을 풀어보는 것도 재미있을 것이다. 전투는 잠하 진영이 승리했으나, 아마도 전리품 배분이 불공평해 불만을 품은 부족들이 칭기즈 칸 산하로 들어갔다는 분석이 가능하다. 세력이 커진 쪽을 승자라고 할 때 잠하가 패배했다고 기록해도 모순은 아니다. 잠하는 타이티우트족을 중심으로 하는 여러 부족으로부터 그루칸으로 추대되었다. 『원조비사』는 이를 보황제(普皇帝)라 한역(漢譯)하고 있다.

2

공포 정책을 펴던 해릉왕 시절, 타타르족은 금 왕조와 군신 관계에 있었다. 페르시아 사서인 『집사』에 따르면, 그 시점은 1194년이며, 금 왕조 세종의 손자인 장종(章宗)의 명창(明昌) 5년에 해당된다. 타타르족이 반기를 들자 금은 토벌군을 보냈고, 몽골의 다른 부족들을 자기 진영으로 끌어들이는 공작을 벌였다. 몽골 민족을 분열시키기 위한 정책이었을 것이다. 칭기즈 칸은 금의 공작에 응했고, 타타르족 토벌에 참가했다. 그에게 타타르는 적이었다. 아버지 예수게이 바타르는 타타르족에 의해 독살당했고, 종증조부 안바가이 칸은 타타르족의 인간 사냥에 희생되었다. 금의 공작에 응한 것은 이러한 깊은 원한을 갚기 위해서였다.

금 왕조는 몽골 민족에 대한 분열 정책이 성공했다고 생각했을 것이다. 그러나 오산이었다. 『원조비사』에 따르면, 당시 칭기즈 칸은 전리품을 보고 큰 충격을 받았다고 한다. 금 왕조에 인접한 타타르족은 같은 몽골 민족이긴 했지만 타 부족과는 비교가 안 될 정도로 부유했다. 태어나 처음 보는 화려한 전리품 앞에서 시골 출신 칭기즈 칸은 처음으로 문명 세계를 알게 된다. 그리고 타타르족보다 훨씬 풍족한 국가가 남쪽에 있음을 깨달았다. 칭기즈 칸은 언젠가 금을 유린해 약탈하겠다고 생각했을 것이다.

타타르족을 토벌한 뒤 칭기즈 칸은 코이텐이란 곳에서 완한과 연합해 잠하를 쓰러뜨리고 큰 승리를 거둔다. 1201년의 일로, 잠하는 완한에게 항복했다. 다음해 칭기즈 칸은 다시 타타르족을 공격해 궤멸시키면서 더욱 강성해졌다. 그러나 몽골 민족 전체의 맹주가 되기에는 아직 넘어야 할 산이 하나 더 있었다. 아버지의 맹우(盟友)이자 오랜 기간 칭기즈 칸과 함께 행동한 완한과 서열을 정해야 했던 것이다.

완한에게 항복한 잠하가 두 사람을 이간시켰다는 설도 있다. 대맹주는 오직 한 사람이며 싸움은 피할 수 없었다. 완한에게도 야심이 있었을 것이다. 칭기즈 칸은 완한을 격파하고 그의 케레이트족을 소멸시켰다. 소멸은 병탄(倂呑)을 의미한다. 케레이트족이 칭기즈 칸 소유가 된 것이다. 이어 칭기즈 칸은 서몽골 최대 부족인 나이만 부족을 격멸해 마침내 몽골의 모든 민족을 발 아래 두게 된다.

부족 연합의 맹주였던 칭기즈 칸은 1206년 전체 몽골 민족 위에 군림하는 황제 자리에 오른다. 이를 제2차 즉위라고도 한다. 형식적으로는 쿠릴타이(諸部族大會盟제부족대회맹)에서 추대되었고, 오논강 부근에서 의식이 거행되었다. 칭기즈 칸은 전체 몽골 민족을 조직화했다. 여진족 아골타가 조직한 맹안모극제와 유사한 것이다. 10호, 1백호, 1천 호, 1만 호라는 조직은 행정 단위임과 동시에 전투 단위였다. 유목의 경우 산업 단위이기도 했다. 같은 규모라도 조직화되면 그 집단의 힘은 배가 된다. 이미 금 왕조의 태조 아골타가 그것을 증명했다.

각 단위간 연락에 언어뿐 아니라 문자를 사용한 것도 몽골 군단을 강력하게 만든 요인이었다. 몽골족은 문자가 없었으나, 가장 서쪽에 있던 나이만족은 터키계 위구르 문자로 자신들의 언어를 표현하고 있었다. 표음문자(表音文字)였고, 터키어와 몽골어는 같은 우랄알타이어족에 속해 사용하기에 편했다. 칭기즈 칸은 이를 채택했고, '야사'라 불리는 법령도 이 문자로 기록했다. 구두 명령이 아닌 문자를 사용하기 시작했다는 것은 유목민 집단이 국가 체제를 정비했음을 의미한다.

제2차 즉위 한 해 전인 1205년 칭기즈 칸의 군대는 서하(西夏)를 공격해 사람과 낙타를 약탈한 뒤 철수했다. 서하는 앞에서도 언급했듯이 북송 시대에는 요와 송 두 왕조에 복속했고, 금 왕조가 융성해 송이 남쪽으로 밀리자 금을 종주국으로 삼았다. 티베트계 당항족의 작은 나라였기 때문에 안전을 보장받기 위해서는 대국과 종주(宗主)·번속(藩屬) 관계를 맺어야 했다.

칭기즈 칸의 서하 공격은 두 가지 의미를 가진다. 첫째 서하의 종주국인 금에 대한 도전이었다. 둘째 초원에서 유목 민족간 전투만 벌이던 군대가 정착된 성곽 도시를 대상으로 벌인 최초의 싸움이란 점에서 의미가 있었다. 서하 공격은 세 차례 이어지는데, 칭기즈 칸은 아마 이를 통해 금 왕조를 공격하기 위한 예행 연습을 한 것 같다.

몽골 군대는 성곽 도시를 공격해 본 경험이 없었다. 현재 닝샤(寧夏) 인촨시(銀川市)에 해당하는 서하의 중싱부(中興府)를 공격할 때

(제3차 공격, 1209년) 몽골군은 황허의 제방을 무너뜨려 수공(水攻)을 시도했으나 물이 몽골군 쪽으로 역류하는 바람에 포위를 풀 수밖에 없었다.

서하는 금 왕조에 구원을 요청했다. 그러나 금은 단 한 명의 병사도 보내지 않았다. 이는 80년간 이어졌던 금과 서하의 종주·번속 관계가 파기되었음을 의미했다. 긴급한 상황에서 의지하지 못할 종주국이라면 가치가 없다. 서하는 몽골군에게 화의를 요청하고 조공을 약속했다.

금 왕조는 유목 민족을 분열시키기 위해 공작을 벌였다. 이와는 별도로 유목민의 장정(壯丁)을 줄이는 감정(減丁) 공작도 전개했다. 전쟁이 벌어졌을 때 가장 중요한 것이 젊은 남자이다. 유목민의 장정이 줄어들수록 금에겐 유리했다. 넓은 초원에서 혼자 방목하고 있는 몽골족 청년을 납치하기란 손쉬운 일이다. 이 감정 공작 때문에 금에 대한 몽골족의 증오심은 커졌다. 칭기즈 칸은 금의 제안을 받아들여 아버지를 독살한 타타르족에 복수했다. 그러나 한편으로 타타르족의 인간 사냥 대상이 되었던 종증조부 안바가이 칸이 '금에서' 살해당한 사실도 잊지 않고 있었다.

3

12세기 말부터 13세기 초엽에 걸쳐 중국 북방 초원에 세태가 급변하고 있을 때 금과 남송은 안정된 관계를 유지하고 있었다. 금은 해릉왕의 폭정으로 과거보다 더 불리한 조건으로 화약(和約)을 맺어야 했다. 양국 모두 자국의 문제를 안고 있었기 때문에 최대한 대외적 마찰은 피하고자 했다. 40년 정도 그러한 상태가 이어졌다. 남송은 파벌 항쟁 문제를, 금은 민족 문제를 안고 있었다.

우선 금 왕조의 상황을 간략히 살펴보자. 한(漢) 문화에 대한 면역성이 없었던 여진족은 급속히 한을 모방해 갔고, 민족 고유의 야성(野性)을 상실할 위기에 빠져 있었다. 그러나 해릉왕은 한이나 당 왕조와 같은 대제국을 꿈꾸었기 때문에 오히려 모방하는 것을 장려했다. 해릉왕은 폭군이었으나 중국적 교양을 갖추었고 한(漢) 문화에 매료되어 있었다. 그의 무리한 남정(南征)은 한 문화에 대한 동경 때문이었다는 설도 있다. 그가 항저우의 산수, 궁전, 성곽 도시가 그려진 병풍에 적은 한시(漢詩)는 다음과 같이 끝난다.

1백만 병사와 시후西湖에 올라
우산吳山의 제1봉에 말을 세운다

해릉왕이 제거된 뒤 등장한 세종은 여진족에게 여진 말과 여진 문자 사용을 장려했다. 다소 기묘한 일이지만, 이는 여진족 대부분이 이미 한어(漢語)를 사용하고 있었음을 말해 준다. 더구나 한어 사용은 누가 강요하지도 않았다. 헤이룽장 부근의 여진족이 허다하게 중원으로 이주했고, 수렵에서 농경으로 생활 양식이 바뀌었다. 주위 사람은 대부분이 한족이었기 때문에 여진족 언어만으로는 의사 소통이 어려웠다. 그러나 이런 흐름을 방치할 경우 여진족은 한족이 되고 만다. 그래서 세종은 여진 말과 문자를 장려했던 것이다. 그러나 여진족이 문명사회가 되어가는 것을 반대할 수는 없었다. 여진족 언어를 충실하게 만드는 일이 더 중요했다. 그래서 중국 고전을 여진어로 번역했다. 여진족 언어로 과거시험을 실시하여 그 급제자를 높은 직책에 앉혔다. 세종은 민족주의자였기에 동족 여진족이 자신들의 문화에 수치심을 느끼는 것은 참을 수 없었던 것이다.

세종은 또 가난한 여진족을 구제하기 위해 이주한 여진족에게 토지를 주었다. 그러나 농경 생활에 익숙하지 않았던 그들은 빚을 지게 되었고, 저당 잡혔던 토지는 결국 한족에게 넘어갔다. 땅을 잃고, 더구나 수렵 생활 현장에서도 떨어져나온 여진족은 궁핍해졌다. 세종은 소유권이 확실치 않은 토지와 한족이 경작 중인 관유지(官有地)를 빼앗아 여진족에게 주었다. 세금을 내지 않은 한족도 토지를 박탈당했다. 이는 빈곤한 여진족을 구제하는 데는 효과가 있었으나 한족의 반 여진 감정은 높아졌다.

세종은 해릉왕 시대에 반란을 일으켰던 거란족 문제 때문에도 골머리를 앓았다. 거란족에게도 맹안모극제가 적용되었으나 세종은 일단 이를 폐지하고 그들을 분산시켜 여진의 맹안 모극에 편입한 뒤, 다시 거란족의 제도를 부활시켰다. 또 여진족과 거란족의 결혼을 장려했다. 여진족의 발상지인 동북 지방에 거란족을 이주시켰다. 중앙아시아에 거란족의 서요가 있는데, 그쪽과 연결되는 것을 끊으려는 의도도 있었다. 비(非) 한족인 여진과 거란, 이 두 민족의 융화를 추구했다. 그러나 수렵 생활을 하는 여진족과 유목 생활을 하는 거란은 생활 양식이나 사고 방식이 전혀 달라 융화는 몹시 어려운 일이었다. 세종의 뒤를 이은 장종은 거란 문자 사용을 금지했다. 융화는 사실상 거란의 여진화였음을 알 수 있다. 동북으로 이주한 거란족 한 세대에 여진족 두 세대를 붙이는 방식도 거란의 여진화였다. 여진족이 거란족을 감시할 수 있는 체제였다.

금 왕조가 이렇게 민족 문제를 안고 있었던 데 비해 남송에서는 파벌 항쟁이 격렬해지고 있었다. 북송 시절 신·구법파간 싸움 이후 파벌 싸움은 송 왕조의 전통이라는 시각마저 있다. 남송은 고종 시절 진회가 19년간이나 재상에 있으면서 화평파가 힘을 얻었다. 그러나 효종의 지론은 주전론(主戰論)이었다. 효종 시대에 처형되었던 악비의 명예가 회복되었고, 이미 고인이 된 진회도 숭상받았다.

고종은 효종에게 양위한 뒤 25년을 살았고, 순희(淳熙) 14년(1187

년)에 사망했다. 여든한 살의 고령이었다. 효종도 이미 환갑을 넘기고 있었다. 고종이 양위했을 때보다 고령이었고, 마흔 살이 된 아들이 있었다. 효종은 양아버지 고종과 마찬가지로 2년 뒤인 1189년에 광종(光宗)에게 양위했다.

광종이 즉위하자 다시 화평파가 대두했고 주전파와 대금 강경파는 실각했다. 주전파에 속했던 시인 육유(陸游, 1125~1210년)도 풍월을 비웃으며 시를 읊었다는 어처구니없는 구실로 탄핵받는다. 광종이 전적으로 화평파에 동조했던 것은 아니다. 그는 어리석었고 의견다운 의견도 없이 화평파에 끌려다녔음에 불과하다. 좀더 정확히 얘기하자면 광종은 황후 이씨의 꼭두각시가 되어 있었다. 그녀는 광종이 아직 건재하던 아버지 효종과 만나는 것을 막았다. 자기 집안의 가묘(家廟)를 황실의 태묘(太廟)보다 훌륭히 조성했고, 묘의 위병(衛兵)도 더 많이 배치했다. 이씨 친족이 조정에 등용되면서 정치는 어지러워졌다.

당시 재상은 종실(宗室)의 일원인 조여우(趙汝愚)로 그는 이황후의 전횡과 질투를 억제하는 데 골머리를 앓았다. 고종의 황후 오씨(吳氏)는 그때까지도 생존해 있었다. 북부 지역에서 형씨가 죽은 것이 확인된 뒤 오씨는 황후에 올랐고 이제는 태황태후(太皇太后), 즉 황제의 할머니가 되어 있었다. 황후를 견제할 수 있는 사람은 태황태후밖에 없었다. 그러나 그녀는 이미 여든이 넘어 거동하기조차 쉽지 않았다. 재상 조여우는 태황태후 오씨의 사촌인 한탁주(韓侂胄)를 연락책으로 활용했다. 그는 광종 황태자비의 숙부였다.

퇴위한 후 상황(上皇)으로 있던 효종이 사망하자(1194년) 기회가 찾아왔다. 광종은 어리석었을 뿐 아니라 '마음의 질환'까지 앓고 있었다고 사서는 적고 있다. 마음의 질환이라면 정신박약아 혹은 정신 이상자일 것이다. 양자이긴 했으나 적남(嫡男)의 문제였기 때문에 태황태후의 발언권은 거의 절대적이었다. 그녀는 광종이 질환을 앓고 있기 때문에 상황 효종의 장례식은 황태자가 주재해야 한다고 지시했다. 질환을 앓던 광종은 재위 6년 만에 퇴위하고, 6년 뒤 죽는다.

4

광종은 어리석은 황제였으나 그 시대의 염세(鹽稅)는 낮아졌다. 재상 조여우가 정치를 잘 했는지 평화로운 가운데 남송의 경제는 활기를 띠었다. 국력도 충실해졌다. 광종 대신 그의 아들 영종(寧宗)이 즉위하자 한탁주의 시대가 된다. 그는 영종 즉위의 공로자였고 황후는 자신의 조카딸이었다.

그러나 곧바로 한탁주의 세상이 찾아온 것은 아니다. 재상 조여우는 한탁주를 그리 높게 평가하지 않았다. 그래서 영종이 즉위한 뒤 한탁주는 방어사(防禦使)란 지위를 받는다. 이는 단련사(團練使)나 절도사보다 떨어지는 직책이어서 한탁주는 불만을 품었다. 『송사』「간신전(姦臣傳)」에는 그에 대해 '소인배이므로 독심을 품게 되면 물불을 가리지 않을 인물'이라 적혀 있다. 그는 재상 조여우를 목표로 삼고 그를 추방할 공작을 벌인다.

후세에 주자(朱子)라 불리며, 일본 에도(江戶) 시절 관학(官學)이 된 주자학의 체계를 만든 주희(朱熹, 1130~1200년)는 당시 조여유의 추천으로 시강(侍講)이 되어 있었다. 한탁주의 음습한 반대 운동을 본 주희는 이를 영종에게 상서를 올렸다. 학자답게 그에게는 정의와 용기가 있었다. 소인배 한탁주는 이 일로 그를 증오했고 주희는 면직되었다. 그뿐 아니라 주희의 저작을 금서(禁書)로 만들었다. 주자학을 위학(僞學)으로 몰아 이를 배운 관리를 해직시켰다. 경원(慶元) 2년(1196년)의 일로 이를 '위학의 금(禁)'이라 부른다. 황후의 숙부라는 입장을 이용한 반(反) 재상 운동은 성공했고, 조여우는 실각해 푸젠에서 후난으로 좌천된 뒤 그곳에서 사망했다. 조여우는 상대를 너무 만만하게 봤던 것이다. 주희는 한탁주에게 실권이 없는 높은 지위를 주고 정치에는 관여하지 못하게 해야 한다고 조여우에게 진언했었다. 그러나 조여우는 "한탁주는 손쉽게 제어할 수 있는 소인배이므로 그럴 필요까지는 없다"고 거절했다. 재상 조여우는 소인배의 무서움을 알지 못했던 것이다.

이런 과정을 거쳐 한탁주는 정권을 손에 넣었다. 그러나 그는 덕망이 높지 못했다. 덕망을 사기 위해 '위학의 금'을 완화하고 실각시킨 시인 육유를 다시 천거하기도 했다.

경원 6년(1200년) 조카 한황후가 죽자 그는 자신의 자리를 지키기 위해 광분한다. 지위를 유지하기 위해서는 큰 공을 세우는 것이 가장 유리했다. 그는 당시 금의 국력이 쇠하고 군대도 약해졌다는 정보를 얻었다. 송은 태조 건국 이후 실지(失地) 회복이란 큰 과제를 안고 있었다. 실지란 북송 때는 옌윈16주, 남송에 들어선 화이허 이북 땅을 말한다. 실지를 조금이라도 회복한다면 전에 없는 큰 공이었다.

한탁주는 군대를 동원했다. 금의 군대가 과거만큼 막강하지는 않았으나 남송의 군대 역시 40년간의 평화 속에 금 이상으로 약해져 있었다. 반면 금 왕조는 긴장이 지속되던 북방 국경에 대비해 왔기 때문에, 전투력은 남송을 압도했다. 설상가상으로 남송의 장군이 반역을 저질렀다. 결과는 비참한 패전이었고 금 왕조가 장베이까지 진격했다. 금은 남송의 파벌 문제를 잘 알고 있었다.

금은 량화이(兩淮, 화이난의 남쪽) 땅 할양, 세폐(歲幣) 증액, 숙질(叔姪) 관계를 원래의 신종(臣從) 관계로 수정할 것과 한탁주 처벌을 요구했다. 창장의 북안까지 금이 쳐들어왔으니 남송 조정에서는 당연히 책임 문제가 거론되었다. 영종은 한황후가 죽은 뒤 양씨를 황후 자리에 앉혔고, 황후의 오빠 양차산(楊次山)이 새로운 외척이 되었다.

양차산은 사미원(史彌遠)과 손잡고 자객을 보내 한탁주를 암살한 뒤 그의 머리를 금 왕조에 바쳤다.

세폐를 은 30만 냥과 비단 30만 필로 증액하고, 고군전(犒軍錢, 전비戰費 배상) 3백만 냥 외에 신종 관계를 백질(伯姪) 관계로 바꿨다. 국경선을 변경하지 않았고, 할양 요구도 철회했다. 숙(叔)은 아버지의 동생이고 백(伯)은 아버지의 형이므로 신종 관계에 비교하면 훨씬 완화된 요구였다. 화평 교섭에서 남송보다 금이 오히려 더 초조했다. 칭기즈 칸의 말발굽 소리가 점점 커지고 있고 황허가 범람해 경제가 파산 상태에 있었기 때문이다. 실상 금은 세폐 증액과 전비 배상을 간절히 원했고, 나머지 문제들은 아무래도 상관없었다. 화의가 성립된 것은 한탁주 암살 다음해인 가정(嘉定) 원년(1208년)이었다. 남송에서는 한탁주를 대신해 사미원과 양차산이 정권을 장악했다.

이 무렵 서하는 칭기즈 칸에 항복하고 금과의 번진(藩鎭) 관계를 끊었다. 아니 오히려 적대 관계가 되었다. 그리고 남송에 동맹을 맺고 금을 공격하자고 제안했다.

대 쿠릴타이, 즉 칭기즈 칸의 제2차 즉위를 『원사』에서는 태조 원년이라고 한다. 태조 6년(1211년) 칭기즈 칸은 친정(親征)에 나서, 금의 장군 정설(定薛)을 허베이성 예구링(野孤嶺)에서 격파하고, 금의 군 목감(群牧監:목마장)을 습격해 말을 약탈했다. 다음해 동북의 벽지인 베이만(北滿)에 강제 이주되었던 거란족의 야율유가(耶律留哥)가 금에 반란을 일으키고, 몽골에 복속하겠다는 뜻을 밝혔다. 그 부근에 있던 금 왕조 군사는 현재의 베이징인 옌징(燕京) 방어를 위해 이동하고 있었으므로, 반란군은 그 틈을 타서 각지를 습격했다. 반란군은 어느새 10만여 대군으로 늘어나 있었다.

1213년 장종의 동생 선종(宣宗)이 즉위했을 때 금 왕조는 '제색인(諸色人＝여진족 이외의 민족)을 본조인(本朝人＝여진족)과 같이 대우해 준다'는 내용의 조서(詔書)를 냈다. 그러나 너무 때늦은 조치였다. 그리고 금이 얼마나 여진족 우선 정책을 취하고 있었는지를 입증했다. 민족 차별이 금의 멸망을 초래했다고 할 수 있다. 여진족의 발상지까지 거란족의 반란군 야율유가의 손에 떨어지고 만다.

선종 즉위 다음해 칭기즈 칸이 이끄는 몽골군이 일제히 남하했다. 몽골군은 저항하는 자에 대해서는 철저히 보복하고 학살했다. 옌징이 포위당할 것을 우려한 선종은 몽골군에게 화의(和議)를 신청했다. 몽골은 화의를 받아들여 북으로 돌아가고 금은 그 직후 카이펑으로 천도했다. 군호(軍戶)의 가족 1백만 명도 허난성으로 강제 이주시켰다. 전선의 병장이 가족을 걱정하지 않고 싸울 수 있도록 하기 위함이었다. 그러나 1백만 백성의 이동은 국민에게 큰 심리적 타격을 안겨주었다. 패전 분위기가 팽배해 전선의 장병들은 안심하기는커녕 탈영해 가족의 뒤를 따라 남하하는 상황이었다.

칭기즈 칸은 금의 천도를 배신 행위로 보고 곧바로 다시 남하했다. 옌징은 포위되었고 다음해인 1215년에 함락되었다. 야율초재(耶律楚材)는 옌징에서 항복했다. 칭기즈 칸이 "나는 당신들 거란인을 위해 보복해 주러 왔다"고 말하자, 야율초재는 "나는 오래 전부터 금을 위해 일해 온 사람이다. 금의 황제는 우리의 군주이지 적이 아니다"라고 대답했다. 칭기즈 칸은 그의 충성심이 마음에 들어 자신의 참모로 삼는다.

남송은 정세를 살피다가 금에 대한 세폐를 정지했다. 이에 대해 금 왕조는 남벌군을 파견했으나 이미 사기가 떨어져 있던 금의 군사는 남송에게 격퇴당한다. 공격한 금 왕조가 오히려 화의를 신청했으나 이번에는 남송이 거절하고 전쟁은 장기화되었다. 서하가 남송에 대금(對金) 동맹을 신청했다. 남송은 처음에는 거절했으나 가정 11년(1219년)에 동맹에 동의하고 협공 작전에 나선다.

그러나 그해 칭기즈 칸은 돌연 서역에 병력을 보냈다. 칭기즈 칸의 서정(西征)은 7년간 이루어졌고, 그 기간만큼 금 왕조의 수명이 연장되었다. 그리 강력하지 않은 남송과 서하의 연합군을 막아냈고, 반격해 보였다. 그러나 이는 촛불이 완전히 꺼지기 직전에 한 번쯤 밝은 빛을 낸 것에 불과했다.

흥망의 계보

1

칭기즈 칸은 서정(西征)에 나선다. 그의 국서(國書)를 가지고 있던 몽골의 대상(隊商)이 호라즘국 오트랄의 태수(太守)에게 살해당한 사건이 발단이었다. 오트랄 태수는 대상이 가져온 화려한 재화를 보고 욕심이 생겨 앞뒤 가리지 않고 칭기즈 칸의 사절을 살해했던 것이다.

칭기즈 칸은 이 비열한 행위에 가차없이 징벌을 가한다. 7년에 걸친 대원정은 중앙아시아를 피로 물들였다. 부하라, 사마르칸트 같은 도시들은 완전히 파괴되었다. 복수전은 잔인하게 치른다는 것이 몽골군의 특징이다. 저항했던 곳의 사람들은 모조리 학살되었다. 칭기즈 칸의 손자가 화살에 맞아 사망한 지역은 초목까지 뿌리째 뽑아 문자 그대로 지옥으로 만들어버렸다. 칭기즈 칸의 서정에 따라나선 야율초재가 지나친 잔혹 행위를 자제하라고 진언했을 정도였다고 한다.

호라즘의 왕 무하마드는 카스피해의 섬으로 도망가 그곳에서 죽었다. 칭기즈 칸의 1군단은 호라즘의 왕자를 잡기 위해 아프가니스탄에서 인더스강까지 진격했다. 카스피해까지 진격한 몽골군은 코카서스를 넘어 남러시아의 제후 군대와 싸웠고 각지를 약탈했다. 인류 역사상 전무후무한 대원정이었다.

7년에 걸친 원정은 칭기즈 칸 입장에서 보면 단순한 복수전이었다. 그러나 세계사에는 엄청난 영향을 미쳤다. 칭기즈 칸이 시작한 몽골 지배 시대만큼 아시아의 동서가 연결된 시대가 없었다. 몽골은 중국 중심부에 진입하기 전에 서방의 이슬람이나 기독교 문화권을 먼저 접했기 때문에 몽골 이전에 중국을 차지했던 변방 민족만큼 중국 문화에 빠져들지 않았다. 북위, 요, 금 그리고 청 등 역대 정복 왕조 중 원(元)은 중국 문화에 가장 미미한 경의를 표했던 정권이었다.

7년의 원정을 마친 칭기즈 칸은 동쪽으로 돌아와 서하를 공격했다. 1227년 서하는 멸망하고 칭기즈 칸도 그해 죽었다. 중국의 『원사』에는 예순여섯 살, 페르시아어로 씌어진 라시드 웃 딘의 『집사』에는 일흔일곱 살로 되어 있다. 『원사』에 따르면 칭기즈 칸은 유언도 군사적인 내용이었다고 한다. 금 왕조 공격과 관련해서 퉁관(潼關, 산시陝西)에는 금의 정예 군사가 있고, 험산과 황허가 있어 공격하기 힘드니까 남송으로부터 길을 빌리라는 내용이었다. 칭기즈 칸의 뒤를 이은 오고타이는 아버지의 유언대로 남송의 길을 빌려 탕저우(唐州)와 덩저우(鄧州)에서 카이펑을 공격했다. 1232년 3월부터 포위가 시작되었고, 연말에는 금의 황제 애종이 구이더(歸德)로 탈출했다. 해를 넘겨 금의 서면원수(西面元帥)였던 최립(崔立)이 쿠데타를 일으킨 뒤 카이펑은 몽골군에 항복했다.

몽골이 남송에게 협공을 제안한 때는 1232년이다. 남송에서는 8년 전 영종(寧宗)이 죽었으나 아들이 없었다. 정권을 장악하고 있던 사미원(史彌遠)이 민간에 있던 태조 10세의 후예 이종(理宗)을 옹립했다. 금을 협공하자는 몽골의 제안에 찬반 양론이 있었으나 찬성파가 다수를 차지했다. 반대파는 "과거 해상 동맹에 의해 금과 동맹을 맺고 요를 멸망시켰으나 그 결과 금 왕조에 쫓겨 남쪽으로 오게 되었다. 동맹 관계는 깨질 수도 있다. 역사에서 교훈을 배워야 한다"라고 주장했다. 그러나 다수파는 숙적 금을 멸망시킬 수 있다는 눈앞의 이익에 현혹되어 몽골의 협공 제안에 찬성했다.

1234년 정월, 차이저우(蔡州, 허난성)에서 남송·몽골 연합군에 포위당한 금의 애종은 완안승린(完顔承麟)에게 양위하고 자살했다. 완안승린도 전투 중에 죽는다. 이로써 금 왕조는 태조 이후 열 명의 황제가 교체되고 1백2십 년 만에 멸망한다.

그해 들어서부터 남송과 몽골은 전후 처리를 두고 대립했다. 남송에서는 금을 멸망시킨 뒤 곧바로 3경8릉(三京八陵)을 수복하자는 강경론이 나왔다. 3경은 카이펑, 뤄양, 그리고 남송 고조가 즉위한 잉톈부이다. 금 왕조는 잉톈부를 구이더부로 개명했었다. 8릉은 북송 8대 황제의 능이다. 동맹을 맺었기 때문에 몽골과 이 문제를 협의해야 했으나 남송에서는 실지(失地)가 자신들의 것이므로 수복 문제를 상담할 필요는 없다는 명분론이 지배적이었다. 재상 정청지(鄭淸之)가 조정에서 출병론을 주장해 채택되었다.

몽골군과 연합해 차이저우를 공격했을 때 몽골군에겐 군량이 없었고, 남송군이 30만 석의 식량을 가져오자 뛸 듯이 기뻐했다. 이렇게 우호적인 분위기가 조성되어 있었기 때문에 대화에 임했다면 협정이 성립되었을 수도 있었다. 그러나 남송 대표 맹공(孟珙)은 군인이었다. 송은 건국 이래 상문경무(尙文輕武)의 전통이 있었고, 군벌의 출현을 우려해 악비까지 처형했을 정도였다. 맹공에게 협상 권한을 줄 리가 만무했다.

남송은 출병했고 곧바로 카이펑과 뤄양을 수복했다. 그러나 이는 몽골군이 없었기 때문에 가능한 일이었다. 인간을 생산 수단으로 보는 몽골은 허난성의 여러 성들을 함락시킨 후 주민들을 모두 데려갔고, 성을 파괴해 버렸다. 남송군은 식량을 현지 조달할 수 있으리라 여겼으나 뤄양을 점령한 다음날부터 당장 먹을 것을 구하지 못하는 형편이 되었다. 남송이 계획 없이 출병했고 허난성의 상황에 대한 정보를 전혀 갖고 있지 않았음이 드러났다. 또 출병 반대론자였던 사숭지(史嵩

之, 사미원의 조카)가 식량 보급을 일부러 지연시켰다. 송의 '전공 분야'인 파벌 항쟁으로 전선의 장병들은 더 괴로웠다.

남송이 출병했다는 사실을 전해들은 몽골군은 속속 퉁관에 증원군을 보냈다. 금이 멸망한 다음해 몽골군은 북과 서쪽에서 일제히 진격을 시작했다. 남송이 맹약을 위반하고 카이펑과 뤄양을 점령한 것을 출병 이유로 들었다. 몽골은 황허의 둑을 무너뜨려 남송 군사간의 연락을 차단했다. 뤄양과 카이펑에서 남송 군사는 정신없이 패주했다.

이때부터 2년에 걸친 몽골과 남송간의 전쟁이 시작된다. 남송의 명장 맹공의 활약이 돋보였다. 그는 황저우(黃州)에서 몽골군을 격파하고 자신의 고향인 샹양(襄陽)을 탈환했다. 샹양은 허난성과 후베이의 경계에 있었고, 이를 놓고 벌어진 공방이 전쟁의 향배를 결정했다. 몽골군은 화이허에 도착하면서 수로(水路) 때문에 기동력이 떨어졌다. 그제야 노도 같던 몽골의 기세가 겨우 진정되었다.

2

금 왕조 멸망에서 남송 멸망까지는 45년의 시간이 필요했다.

유목민 집단의 약점은 후계자 문제에 있다. 원칙적으로는 쿠릴타이(제부족대회맹諸部族大會盟)에서 유능한 지도자를 고르게 되어 있지만 사전에 물밑 협의가 이루어지는 것이 보통이다. 부족 시대의 유목민 아버지가 죽었을 때 막내가 남은 재산을 상속받는 것이 일반적인 일이었다. 장남이나 차남은 성인이 되면 재산(=양떼)를 나눠받고 속속 독립했다. 그 전통은 여전히 남아 있었다. 따라서 칭기즈 칸이 죽었을 때도 막내인 톨루이가 가장 유력한 후계자였다. 칭기즈 칸 사망 2년간은 톨루이가 감국(監國:황제 대리)을 했고, 그의 이름으로 쿠릴타이가 소집되었다. 칭기즈 칸의 아들 중 오고타이가 가장 덕망이 있었

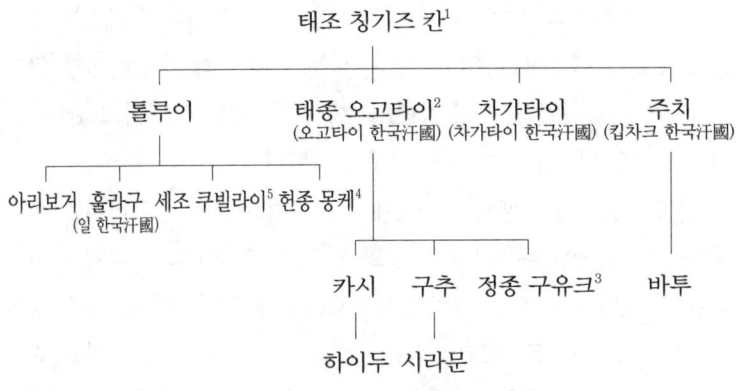

태조 칭기즈 칸[1]

톨루이　　　태종 오고타이[2]　차가타이　　주치
　　　　（오고타이 한국汗國）（차가타이 한국汗國）（킵차크 한국汗國）

아리보거 훌라구 세조 쿠빌라이[5] 헌종 몽케[4]
　　　（일 한국汗國）

카시　구추　정종 구유크[3]　바투

하이두 시라문

〈몽골제국의 계보〉

던 듯하다. 톨루이는 가한(可汗)의 지위에 집착하지 않고, 오고타이 옹립에 찬성했다. 톨루이의 희생정신이 몽골제국의 붕괴를 막았다고 할 수 있다. 그러나 몽골제국의 주인 자리는 결국 톨루이 쪽에게 돌아 왔다. 칭기즈 칸 가문과 혼인 관계를 맺은 케레이트 부족(과거 완한이 수장이었다)은 대부분 네스토리우스파 경교 신자였다. 톨루이의 부인 도 기독교 신자였다. 톨루이의 희생정신은 자기 신앙과 관계가 있었는 지도 모른다.

태종 오고타이는 1241년에 죽고 황후 토레게네가 4년간 감국(監國) 을 했다. 1246년 대 쿠릴타이를 소집했다. 오고타이는 후계자 후보로 손자 시라문과 톨루이의 아들 몽케 두 사람을 지명했다. 톨루이에겐 신 세를 졌고, 가장 촉망받던 3남 구추는 일찍 세상을 떠나 각각의 아들을 지명했을 것이다. 왜 장남 구유크를 지명하지 않았을까? 그는 주치 가 문의 바투와 사이가 나빴고, 더구나 거칠고 음란하며 술에 빠져 지냈기 때문이다. 대제국을 맡기기에 적합한 인물이 못 되었다.

태종의 황후 토레게네는 죽은 남편의 뜻을 어기고 장남 구유크를 옹 립하려 했다. 그러나 물밑 협의 단계에서 바투가 반대했기 때문에 오랜 기간 대 쿠릴타이가 열리지 않았다. 더 이상 시간이 흘러가는 것을 참지 못한 토레게네는 주치 가문의 바투를 빼고 대 쿠릴타이를 열고 구유크를 즉위시켰다. 그가 정종(定宗)이며, 기독교도였다고 한다. 그러나 정종은 너무도 일찍 숨을 거두고 말았다.

'억지' 같은 즉위 때문에 몽골제국은 주치 가문과 오고타이 가문간에 내전이 발생할 위기에 빠졌었으나, 1248년 구유크가 죽어 내전을 피할 수 있었다. 서방의 킵차크 한국(汗國)에 있던 바투는 이미 병력을 이끌고 동쪽으로 가고 있었는데, 구유크가 죽자 쿠릴타이를 열어 툴루이 가문의 몽케를 옹립했다. 이에 대해 구유크의 황후 오글가이민은 감국(監國)을 칭하고, 오고타이의 유지(遺志)를 내세워 시라문을 옹립하려 했다. 바투 진영은 정면 돌파로 문제를 해결했다. 오글가이민과 시라문을 잡아 천으로 감은 뒤 강에 던져넣어 살해했다.

툴루이 가문의 몽케가 즉위한 것은 1251년의 일이다. 그의 종묘호(宗廟號)는 헌종(憲宗)이다. 그는 둘째 동생 쿠빌라이를 막남한지대총독(漢南漢地大總督)으로 임명하고 셋째 동생 훌라구에게 서방 정벌을 명령했다. 호라산을 비롯 중앙아시아, 이란 대부분이 몽골에 복속했으나 아라무트의 이슬람 시아파 중 이스마일파, 압바스 왕조의 바그다드, 아이유브 왕조의 시리아 등이 복속하지 않았다. 훌라구는 서방 정벌에 성공하여 형 쿠빌라이와 함께 아시아의 동과 서를 제압하게 된다. 몽케 · 쿠빌라이 · 훌라구 형제의 어머니는 기독교도였으나, 이들까지 기독교를 믿었다는 증거는 없다. 단, 기독교에 호의는 갖고 있었을 것이다.

쿠빌라이가 맡게 된 막남한지(漠南漢地)는 사막의 남쪽에 있는 한족이 사는 땅이란 의미이다. 동아시아 땅 전체라고 생각해도 된다. 서아시아는 훌라구에 맡겼다. 쿠빌라이는 네이멍구자치구의 진롄촨(金蓮川)에 성곽을 쌓았다. 늘상 이동하던 유목민이 성곽을 만든다는 것은 획기적인 일이라 할 수 있다. 진롄촨은 베이징 북쪽 약 2백5십 킬로미터 지점에 있었으며 카이핑부(開平府)라 불렸다. 진롄촨은 이내 원(元) 왕조의 상도(上都)가 되고 여름철 수도가 되었다.

금 왕조 말기의 난리 때문에 허베이성은 한때 무정부 상태가 되었다. 각지에 자위단이 생겨났고 호족이나 관료가 지도자가 되었다. 몽골군이 쳐들어왔을 때 복종하고 협력한 사람들은 곧 한인세후(漢人世侯)라 불리는 영주 같은 존재가 된다. 몽골은 금을 멸망시킨 뒤 왕후나 공신에게 영지를 주었다. 통치 형태가 다른 작은 독립국이 동시에 존재한 것이다. 헌종 몽케는 이를 일원화하기 위해 금의 제도였던 행상서성(行尚書省)을 채택했다. 상서성은 행정관청인데, 여기에 '행(行)'자를 붙여 중앙에서 파견된 기관임을 나타낸 것이다.

유목 민족인 몽골은 처음에는 농지에 별다른 관심을 갖지 않았다. 방해가 되는 주민들을 죽이고 전답을 목초지로 바꾸자는 극단적인 제안도 있었다고 한다. 이 같은 몽골적 사고를 인내심을 갖고 고쳐나간 것이 야율초재였다. 전답을 경작하는 농민으로부터 세금을 거두는 편이 토지를 목초지로 바꾸는 것보다 훨씬 유리하다는 식으로 득실 관계를 설명해 줘야 했다. "심하게 착취할 경우 주민이 도망가고, 인구가 줄고, 세수(稅收)도 준다. 선정(善政)이야말로 세수를 늘리는 비결이다"라고 설득했다. 몽골족도 서서히 이해하게 된다.

막남한지대총독으로서 쿠빌라이는 옌징등처행상서성(燕京等處行尚書省)을 총괄하고 군의 통수권도 장악했다. 그러나 여전히 남송이 존재하고 있었다. 남송 토벌은 이미 쿠릴타이에서 결정되었으므로 쿠빌라이는 남송 정벌의 총사령인 셈이었다.

1252년 6월 쿠빌라이는 형인 헌종 몽케로부터 윈난 공격을 명령받았다. 남송 포위 작전의 일환이었다. 쿠빌라이의 장수 우리양카다이는 안남(安南＝베트남)까지 진격했다.

3

쿠빌라이 출정 5년 뒤(1257년) 헌종(憲宗) 몽케는 친정(親征)에 나서며, 수도 카라코룸을 출발해 류판산(六盤山), 바오지(寶鷄), 한중(漢中)을 거쳐 쓰촨에 들어갔다. 이미 윈난·티베트는 몽골 지배 아래 있었다.

몽골의 작전은 장대했다. 우선 쿠빌라이군이 한수이(漢水)를 따라 남하하고 몽케는 쓰촨에서 동쪽으로 진격한다. 베트남에서 우리양카다이군이 북상해 창장 중류의 어저우(鄂州, 현재의 우창武昌)에서 3군이 집결한다. 이어 창장을 따라 동쪽으로 진격해 남송의 수도 항저우(杭州)로 들어간다는 것이었다. 어저우에서는 명장 맹공이 죽은 뒤 가사도(賈似道)란 문제 많은 인물이 남송의 최고사령관인 경호제치사(京湖制置使)로 주둔하고 있었다.

쿠빌라이는 어저우 공격을 시작하기 직전에 형 몽케가 충칭(重慶)에서 죽었다는 전갈을 받는다. 여기서 다시 후계자 문제로 몽골제국은 위기를 맞는 듯했다. 막내 아리보거는 수도 카라코룸에 남아 있었고, 그가 쿠릴타이를 소집해 가한(可汗)에 오를 것이 뻔했다. 쿠빌라이가 가장 아끼는 동생 홀라구는 바그다드를 함락한 뒤, 서아시아에 있었기 때문에 쿠릴타이 참석이 불가능했다. 쿠빌라이가 가한이 되려면 서둘러 카라코룸으로 돌아가야 했다. 그러나 지금 철수하면 베트남에서 북상해 올 우리양카다이의 군사가 적중(敵中)에 고립되고 만다. 결국 쿠빌라이는 북으로 달려가고 싶은 마음을 억제하고 어저우 공격을 계속했다. 한수이 상류 상양(襄陽)은 맹공이 몽골로부터 탈환한 뒤 여전히 남송의 군사 기지로 남아 있었다.

당시 쿠빌라이는 매우 어려운 입장에 처해 있었다. 우리양카다이의 군사는 탄저우(潭州, 후난성 창사長沙)를 공격한 뒤, 동쪽으로 돌아가

홍저우(洪州, 장시성)에서 북상하고 있었다. 조금만 더 기다리면 되었다. 우리양카다이의 병사가 접근했음을 확인한 쿠빌라이는 마침내 철수하기 시작한다.

남송 최고사령관 가사도는 몽골군이 철수하자 항저우에 있던 황제 이종(理宗)에게 '대승리'라고 보고했다. 당시 남송은 강을 건너 철수 중인 몽골군을 추격해 1백7십여 명의 목을 베었다. 그러나 사망자 수가 너무 적었다.

후세 사가들은 이때 가사도가 몽골에 대해 신종(臣從) 관계, 세폐(歲幣) 할양 등 굴욕적인 화약(和約)을 맺은 뒤 철수할 것을 요청했다고 기록하고 있다. 그 증거로서 쿠빌라이가 파견한 사절인 학경(郝經)을 가사도가 억류한 사실을 들고 있다. 이는 굴욕적인 화약 내용이 황제에게 알려지는 것을 막기 위해서였다는 것이다. 그러나 당시 상황을 보면 오히려 쿠빌라이가 불리했다. 쓰촨에서 몽골군이 철수하는 것을 보고 남송은 몽케가 죽었다는 사실을 알아차렸을 것이다. 쿠릴타이에 참석하기 위해 쿠빌라이가 귀국을 서두른다는 것도 간파했을 것이다. 더구나 가사도는 민첩하고 임기응변에 능한 인물이다. 그런 가사도가 굴욕적인 화약을 맺었다는 주장에는 동의하기 힘들다. 어저우가 포위되었지만 쓰촨의 몽골군은 이미 북으로 돌아갔으므로 어저우로 몽골군을 증파(增派)할 리도 없었다.

역사에서 증거 없는 추리는 바람직하지 않지만, 당시 상황으로 미뤄볼 때 오히려 쿠빌라이가 가사도를 매수한 것이 아닌가 싶다. 학경을 억류한 것은 굴욕적인 화약 때문이 아니라 자신이 매수당한 사실이 들통날 것을 우려했기 때문이라고 보는 것이 자연스럽다. 가사도는 다소 늦게 철수를 시작한 우리양카다이군을 무사히 돌려보내고 있다. 가사도와 밀약을 맺었기 때문에 쿠빌라이는 안심하고 북쪽으로 돌아갔을 것이다. 결과적으로 가사도는 어저우의 몽골군을 격퇴한 셈이며 그 공으로 재상으로 승진했다.

쿠빌라이는 옌징을 거쳐 카이펑부로 돌아갔고 쿠릴타이를 개최해 가한의 자리에 오른다. 그의 동생 아리보거는 형보다 한발 앞서 쿠릴타이에서 추대되어 가한을 칭하고 있었다. 형제간 싸움이 벌어질 상황이었으나 아리보거가 쿠빌라이를 이길 가능성은 없었다. 당시 수도 카라코룸을 중심으로 한 몽골리아의 땅은 막남에서 식량 등 물자가 오지 않으면 생활이 불가능했다. 그런 최악의 경우가 발생하면 과거의 유목 생활로 돌아갈 수밖에 없는 상황이었다.

당시 야율초재는 이미 죽었으나 쿠빌라이는 한인(漢人)을 다수 중용했다. 한(漢)의 땅을 통치하고 있었기 때문에 이는 당연했다. 유병충(劉秉忠)이나 장문겸(張文謙) 같은 유학자들은 몽골 정권 초기부터 쿠빌라이의 참모로서 일했다. 가사도에 억류되었던 학경 역시 몽골의 한림시독학사(翰林侍讀學士)로서 비서직을 맡은 인물이다. 비서였기 때문에 밀약이나 매수에 대해서도 알고 있었을 것이다.

아리보거의 저항은 1260년까지 계속되었으나 쿠빌라이에게 이는 그리 큰 문제가 되지 못했다. 그해 아리보거는 전면 항복했고 쿠빌라이는 그를 용서했다.

쿠빌라이는 앞서 1260년에 원호를 중통(中統)으로 정하고, 아리보거가 항복한 5년 뒤인 1271년 국호를 원(元)으로 한다. 원호는 1264년 지원(至元)으로 바꾸었다. 이는 쿠빌라이가 본격적으로 '중원화(中原化)' 의지를 나타낸 것으로 보인다. 학경의 직책 이름에서도 알 수 있듯이 국호를 정하기 전에 이미 중국풍 관직명을 사용하고 있다.

쿠빌라이는 몽골제국의 가한(可汗)임과 동시에 중원제국 원 왕조의 황제였다. 멀리 서아시아에 있는 훌라구는 일 한국(汗國)의 황제가 되었는데, 쿠빌라이의 종주권을 인정했다. 명실공히 중원의 황제가 되기 위해서는 남송을 멸망시켜야 했다. 쿠빌라이는 정권 초기 쿠릴타이에서 '남송 소멸'을 몽골제국의 목표로 규정했다. 헌종 몽케의 사망으로 쿠빌라이가 어저우에서 철수한 것이 1259년이며, 남송 멸망은 1279년이다. 정확히 20년 만에 목표를 달성한 것이다. 쿠빌라이는 여유를 갖고 서서히 남송 소멸이란 목표를 추진했다. 당시 몽골에서는 태종 오고타이의 손자 하이두가 주치 가문(킵차크 한국), 차가타이 가문(차가타이 한국)과 연합해 쿠빌라이에 저항했다. 이것도 남송 왕조의 생명을 다소 연장시켜 준 요인이었다.

4

남송과의 전쟁 경험을 통해 쿠빌라이는 남송의 군사 기지인 양양을 먼저 함락시켜야 한다고 생각했다. 어저우를 포위했을 때 남송의 군사가 샹양에서 남하해 오면 큰일이었기 때문이다.

샹양이 함락된 것은 1273년의 일이다. 남송의 장수 여문환(呂文煥)이 조정에 계속 위급함을 알렸음에도 재상 가사도는 원군을 보내지 않았다. 가사도는 어저우 승리 후 16년이나 정권을 유지하고 있었다. 고립된 샹양은 항복했다. 저항하면 전원 몰살이라는 몽골의 법칙은 너무나 잘 알려져 있었던 것이다. 여문환은 장병과 주민의 목숨을 구하기 위해 항복했을 것이다. 벌송군(伐宋軍) 출발 때 쿠빌라이는 총수 백안(伯顔)과 한인 세후(世侯) 출신인 노장 사천택(史天澤)에게 이렇게 살육 금지를 명령했다.

가려서 죽여라.

중원제국의 주인이 된 쿠빌라이는 피 냄새로 범벅된 몽골인의 체질을 되도록이면 불식시키고 싶었을 것이다.

샹양 함락 6년 뒤 남송은 멸망하는데, 그 사이 원 왕조는 일본에 원정군을 보낸다. 일본에서는 그 제1차 원정을 '문영(文永)의 역(役:전쟁—옮긴이)'이라 부른다. 주된 목적은 '남송 고립'이었으나 새로 복속한 고려를 단단히 다잡으려는 목적도 있었다. 실제 고려는 원의 일본 원정 당시 1천 척의 거함을 건조했고 병사도 제공해야 했다. 또 일본은 금이 많이 생산된다고 과대 평가되어 있었다. 마르코 폴로의 『동방견문록』을 통해 그러한 사실을 엿볼 수 있다.

경제적으로 번영한 남송도 이 시기부터 재정이 어려워진다. 사실 남송의 번영은 평화 유지가 전제 조건이었다. 2백 무 이상의 토지는 그 3분의 1을 정부가 사들여 공전(公田:정부의 땅)으로 삼았고, 토지 매입에는 회자(會子:수표)를 사용했다. 대지주와 호족들은 반대했으나 가사도는 강행했다. 그 정도로 강력한 정치력을 발휘하고 있었던 것이다.

송 왕조 시대 때는 환관들이 정치 전면에 나설 기회가 없었다. 그러나 이종(理宗) 말기부터 조금씩 고개를 들기 시작했고 가사도가 이를 억제하고 있었다. 당시까지 남송의 재상은 학문은 높지만 실무에는 약한 사람들이 대부분이었다. 그래서 더욱 가사도의 유능함이 눈에 띄었다. 그러나 남하하는 원 왕조 군사를 우후(蕪湖)에서 방어하는 데 실패하고 큰 패배를 맛보면서 그의 시대는 끝난다. 해임되어 푸젠으로 유배되었고 그곳에서 원한을 품고 있던 사람에게 살해당했다. 이렇게 위급한 시기에 남송의 탁종(度宗)이 죽었고, 1274년 네 살 된 어린 황제가 즉위했다. 전황(戰況)은 나날이 남송에 불리해졌다.

가려서 죽이라는 명령은 받았으나 실전에서 명령이 철저히 이행되지는 않았다. 저항이 거세면 곧바로 학살을 자행했다. 원의 군대는 마침내 남송의 수도 항저우성(杭州城) 동북부의 가오팅산(皋亭山)까지 진격했다. 남송 조정에서는 문천상(文天祥)이 3궁(三宮), 즉 어린 황제와 탁종과 이종의 황후를 해상(海上)으로 대피시키고, 자신들은 성에서 일전을 벌이겠다고 주장했다. 그러나 진의중(陳宜中)의 반대로 무산되었다. 마침내 남송은 원에 항복하고 강화를 위해 원의 군영에 들어간 문천상은 그대로 억류된다. 그 뒤 문천상은 탈출에 성공해 근황군(勤皇軍)을 일으킨다.

원 왕조는 3궁을 북으로 호송하고 진의중은 어린 황제의 형 조하(趙昰)를 원저우(溫州)에서 옹립, 망명 정권을 수립했다. 조하는 푸젠의 취안저우(泉州)에서 광둥으로 피했고 무인도에서 외롭게 죽어갔다. 동생 조병(趙昺)이 옹립되었으나 마카오 서쪽 야산도(厓山島)에서 숨을 거두었다.

지원 16년(1279년) 원군의 총공격이 시작되었을 때 남송은 더 이상 버틸 힘이 없었고, 승상 육수부(陸秀夫)가 어린 황제를 등에 업고 물에 뛰어들어 자살했다. 이로써 남송은 멸망했다. 고종 건염 원년으로부터 152년, 북송 태조의 건국으로부터 3백2십 년간 지속된 왕조였다.

탈출한 문천상은 각지에서 게릴라전을 지휘했으나 원의 군사에 생포되어 베이징으로 호송되었다. 세조 쿠빌라이는 그의 재능을 아껴 원 왕조에 충성할 것을 요구했으나 그는 끝까지 죽여줄 것을 청했다. 결국 2년간 투옥되었고, 옥중에서 「정기가(正氣歌)」를 만들었다. 1282년 베이징 차이스(茱市)에서 참수되었다. 향년 마흔일곱 살이었다.

해륙소연(海陸騷然)

1

원이 멸망한(혹은 북방으로의 이동한) 해는 1368년이므로 쿠빌라이가 원이란 국호를 사용한 지 98년, 남송이 야산에서 멸망한 지 89년 만의 일이다. 수명이 매우 짧은 왕조로 보이지만 칭기즈 칸 즉위부터 계산하면 1백6십여 년으로 금 왕조보다 수명이 길었다. 금은 한(漢) 모방 속도가 빨라 여진족은 자신들의 언어와 고유 풍습을 완전히 잃고 말았다.

이에 비해 원은 끝까지 몽골족 정권으로 남았다. 중국의 정복 왕조 중 한(漢) 문화에 동화되지 않았던 것은 원 왕조뿐이다. 후에 출현하는 만주족의 청조(淸朝)도 역대 황제가 한화를 경계하는 조서(詔書)를 냈으나 결국 만주족인 황제 자신까지 만주어를 구사할 수 없게 된다.

그런 의미에서 원은 중국 역사상 특이한 왕조라고 할 수 있다. 새로운 피가 수혈되었고 이를 통해 중국에 활력을 불어넣었다고 할 수 있다. 원에 앞서 등장한 송 왕조는 상문경무(尙文輕武)의 시대였으며, 남송 말기에는 문화적 퇴폐가 두드러진다. 이로 인해 북방의 야성 유입은 중국에 강렬한 자극을 주었을 것이다. 문치주의, 진사지상주의 국가 송의 전통을 원은 거세게 뒤집었다. 원 왕조 때는 유학자의 지위가 매우 낮다. 당시 수필에 나타난 한족의 서열은 관(官)·리(吏)·승(僧)·도(道)·의(醫)·공(工)·장(匠)·창(娼)·유(儒)·개(丐)였다. 유(儒)가 창(＝창부, 배우 등)보다 낮고 개(＝걸인)보다 불과 하나

위였던 것이다.

금을 멸망시킨 몽골은 인재가 극단적으로 부족했고, 인재를 확보하기 위해 과거(科擧)와 유사한 제도를 실시했다. 그러나 오랜 기간 이를 제대로 운영하지 않았다. 송 왕조의 지식인은 인생 목표가 과거에 급제하는 것이었다고 해도 그리 틀린 말이 아니다. 그런 지식인이 원 왕조 때 들어와 목표를 상실하고 만 것이다. 대신 당시까지 수험 준비를 위해 사서삼경이나 수사(修辭) 공부에 몰두했던 지식인들이 다른 분야에서 자신의 재능을 발휘하게 된다. 뛰어난 희곡을 썼던 관한경(關漢卿)·마치원(馬致遠)·왕실보(王實甫)가 그 좋은 예이다. 이들이 다른 시대에 살았다면 희곡이란 장르에 관심도 주지 않았을 것이다. 당은 시(詩), 송은 사(詞), 그리고 원 왕조 때는 희곡이 시대를 대표하는 문학이 된다.

문인은 시문을 정통으로 보고 픽션은 경시했다. 그러나 원 왕조 때는 일류 문인들도 소설을 쓰기 시작했다. 『삼국지연의』『서유기』『수호지』와 같은 대중적인 서적은 대개 원 말기에서 명 왕조 초기에 탄생했다.

원은 무(武)의 왕조이다. 문(文)을 경시했고 중국 전통 문화는 중시되지 않았다. 문화가 위기에 빠졌던 시기라고 할 수 있다. 어떤 면에서는 시련을 겪으면서 중국 문화의 체력이 오히려 강화된 시기였다. 회화의 경우 원 말기의 4대 화가가 중국 회화사의 정점을 차지하고 있다.

세계제국이던 원 왕조는 어느 민족의 자산이건 도움이 되는 것이라면 적극적으로 받아들였다. 원은 문화라고 할 만한 것을 갖지 못했기 때문에 백지에 처음부터 그리는 식이었다. 편견 없이 과학 기술을 받아들였고 뛰어난 학자를 초빙했다. 그렇게 원 왕조 때 과학이 발달했다. 예를 들어 이슬람력이 도입되었고, 이에 자극받은 곽수경(郭守敬)이 수시력(授時曆)을 만들었다. 1년을 365.2425일로 산출한 것이다. 이는 그레고리력보다 3백 년 앞서 같은 숫자를 계산해 낸 것이다. 일본의 5대 장군 도쿠가와 쓰나요시(德川綱吉)가 정향(貞享) 2년(1685년)에 제정한 정향력은 곽수경의 수시력을 토대로 만든 것이며, 메이지(明治) 초기까지 사용되었다.

이렇게 살펴보면 원 왕조는 중국 문화에 자극을 주기 위해 중국 역사 속으로 뛰어든 존재인 듯싶다. 서역인이라면 원 이전까지는 대부분 상인이었으나 원 왕조에 들어와 관리에 등용되기 시작한다. 특히 경제 관료로 활약했다. 몽골족이나 한족이 아닌 사람들은 색목인(色目人)이라 불렸고 한족보다 우대받았다.

금 왕조가 한족의 단결을 막기 위해 한족을 연인(燕人)과 송인(宋人)으로 나누었던 것에 비해, 원은 원래 금의 영토에 있던 한족을 한인이라 부르고, 구 남송 영토에 있던 한족을 남인(南人) 혹은 만자(蠻子)라 불렀다. 마르코 폴로가 '만지'라 부른 것이 바로 남송의 한족이다.

원 왕조 때 몽골족이 한(漢) 문화에 휩쓸리지 않았던 것은 중국 중심부에 진입하기 전 7년간 서정(西征)을 통해 한족 이외의 높은 문화를 목격했기 때문이기도 하다. 또 상무(尙武)의 원칙에서 보면 중국 문화는 연약했다. 몽골족은 이러한 중국 문화를 위에서 여유 있게 내려다보고 있었다. 더구나 원의 조정도 의식적으로 몽골족의 자존심을 높여주려 했다. 위구르 문자로 몽골어를 표현했으나 남의 문자를 빌려 쓰는 데 만족하지 않고 파스파라는 티베트 승려에게 명령해 새로 문자를 만들게 했다. 일본 나가사키(長崎) 현 다카시마(鷹島)의 남쪽 해안 바다 속에서 원의 관인(官印)이 발견되었는데, 관인에 새겨져 있는 글자가 바로 파스파 문자였다.

파스파 문자는 몽골 자존심의 산물이었지만 문자에 각이 있어서 빨리 쓰기 힘들었고 매우 불편했다. 그래서 거의 보급되지 않았다. 국자(國字)란 차원에서 칙어나 정부 공문서에만 이 문자를 사용했다. 사람들은 이 문자를 읽지 않고, 병기(倂記)된 한문이나 위구르 문자로 몽골 말을 이해했다고 한다. 중국 고전도 파스파 문자로 번역되었으나 읽는 사람은 거의 없었다. 실용화되지 못했기 때문에 이 문자는 몽골의 자존심을 위해 집요하게 수명이 연장되었다고 할 수 있다.

2

원의 일본 원정은 남송 멸망을 전후해 두 차례 실시되었다. 1차 원정은 '문영의 역'으로, 남송을 고립시키기 위함이었다는 기록이 있다. 그렇다면 남송이 멸망한 뒤 왜 2차 원정에 나섰던 것일까? 일본이 금의 산지란 소문이 있었기 때문이란 분석이 있다. 그러나 다른 이유도 있었을 것이다. 예를 들어 거의 피해를 입지 않고 항복한 남송의 군사를 해외에 버리려 했다는 해석이 있다. 다소 의심스러운 해석이지만 원은 상식을 뛰어넘는 일을 곧잘 했다. 제1차 원정에 대해 『원사』 「일본전(日本傳)」에는 다음과 같이 매우 간략하게 적혀 있을 뿐이다.

지원至元 11년 가을 10월, 그 나라에 들어가 이를 정벌하려 했으나 관군이 정비되지 못하고 무기도 떨어져 노략질한 뒤 돌아오다.

가미카제(神風)라 불리는 태풍 때문이 아니라 급조된 선박에 문제가 있었을 것이다. 다음해 원이 보낸 사절 예부시랑(禮部侍郞:문교부차관) 두세충(杜世忠)을 호조 도키무네(北條時宗)가 가마쿠라(鎌倉)에서 참수했다.

2차 원정은 남송이 멸망한 후인 지원 18년(1281년)으로, 일본의 홍안(弘安) 4년에 해당한다. 원은 고려로부터 동로군(東路軍) 4만 명과 칭위안(慶元, 닝보)에서 강남군 10만 명을 출병시켰다. 강남군이 바로 구(舊) 남송의 군사였다. 사령관은 아라한(阿刺罕)과 남송의 장수 범

문호(范文虎)였는데, 출격 직전 아라한이 죽어 출발이 지연되었다. 반대로 동로군은 예정보다 빨리 출격하는 등 개전 당시부터 손발이 맞지 않았다. 홀로 공을 세우려는 듯이 홍안의 역 전반은 동로군만이 전투를 벌였다. 강남군의 출발이 지연되었다는 연락도 사자가 항로를 잘못 알아 제대로 전달되지 않았다. 강남군은 예정보다 보름이나 늦게 히라도시마(平戶島)에서 합류하게 되어 병력을 한 달이나 놀려야 했다. 작전에 들어가 7월 27일 다카시마(鷹島)를 점령했으나 사흘 후 기타큐슈(北九州)가 태풍권에 들어갔고, 태풍은 8월 1일 마침내 가미카제가 된다. 원의 선박은 속속 침몰했고 많은 병사들이 익사했다.

『원사』「일본전」에는 당시 생환자가 세 명이라고 적혀 있으나, 『세조본기(世朝本紀)』에는 열 명 중 한두 명이 살아남았다고 되어 있다. 『아탑해전(阿塔海傳, 아탑해는 아라한의 후임 사령관)』은 '병사 열 명 중 일곱, 여덟 명이 죽었다'고 적고 있다. 아마 2할 정도만 살아서 돌아간 것으로 보인다. 『고려사』에는 4만 동로군 중 생환자는 1만 9,397명이 었다고 기록했다.

일본군은 포로 2~3만 명을 잡아 그 중 몽골인·고려인·여진인·한인(옛 금 왕조 영토에 있던 사람들)은 모두 죽이고, 원 왕조에서 남인이라 불리던 옛 남송인만 남겨 황족 직속 무사들에게 분배했다. 강남군 대부분은 구 남송인이었으므로 많은 중국인들이 일본 각지로 분산된 것이다.

두 번에 걸친 실패에도 불구하고 쿠빌라이는 일본 원정을 포기하지 않았다. 3차 원정 준비로 전선(戰船) 건조와 원정군 동원을 명령했다. 전쟁 준비로 장난과 고려는 피폐해졌다. 그러나 이러한 몽골식 방식은 장난처럼 반항할지도 모를 세력을 약화시키는 효과가 있어 오히려 원 왕조의 이익에 부합되었다.

압정도 백성들의 기력을 쇄진시키지는 못했다. 광둥이나 푸젠에서 일어난 반란을 진압하기 위해 일본 원정을 위해 편제되었던 군대가 파견된다. 또 지원 21년(1284년) 잔성(占城=남베트남)에서 반란이 일어나 아탑해 사령관이 진압에 나섰다. 이 역시 일본 원정용 군대였다. 이때도 폭풍 때문에 철수한다. 이어 자오즈(交趾=북베트남)에서도 반란이 일어났고 몽골 황실 내에서도 내분이 발생해 일본 원정은 꿈도 꾸지 못하는 상황이 되었다.

세조 쿠빌라이는 지원 31년(1294년)에 죽는데, 한 해 전에 또다시 일본 원정을 명령했다. 두 차례의 원정 뒤 수차례 준비한 병력을 다른 목적으로 전용했는데, 12년이 지나서도 여전히 일본 원정을 포기하지 않았던 것이다. 사신(使臣)을 참수한 행위는 반드시 응징해야 한다는 몽골의 법칙을 끝까지 지키려 한 것이다.

후세 사가들은 쿠빌라이가 '이(利)를 좋아하고, 식(式)을 업신여겼다' 라고 평한다. 실리를 추구하는 것은 유목민의 본성이다. 대원정에 드는 자금은 상상을 초월한다. 따라서 재원을 마련해 줄 경제 관료가 중용된다. 마르코 폴로의 『동방견문록』에 등장하는 아흐마드(阿合馬)도 그 중 한 사람이다. 그는 온기라트족 수장의 가노였던 이란계 사람이다. 수장의 딸 차비르가 쿠빌라이에게 시집갈 때 수행원 자격으로 원의 조정에 들어갔다. 차비르는 쿠빌라이의 황후가 되었고, 아흐마드는 실무 재능을 인정받아 창고 담당자가 되었다. 그는 창고를 가득 채워 쿠빌라이를 기쁘게 했다.

쿠빌라이는 마술사처럼 국고를 가득 채운 아흐마드를 깊이 신뢰해 그를 재상 자리에 앉힌다. 그러나 이익을 올리는 것은 결코 마술이 아니다. 증세, 새로운 세금 항목 신설, 소금 전매, 호적 조사가 아흐마드의 비법이었다. 국고와 더불어 그의 주머니도 풍족해진다.

아흐마드는 상술에 능한 서역인이었고 그의 정책은 중상주의였다. 중국 역대 왕조는 전통적으로 농본주의였으나 아흐마드에게 농민은 착취 대상에 불과했다. 너무 악착같이 착취해서 '부스러기도 남지 않았다'는 표현이 나올 정도였다. 그는 천하의 모든 사람에게 미움받았다. 왕저(王著)란 사람이 의분 끝에 다퉁추이(大銅槌)에서 아흐마드를 때려죽인 것이 1282년의 일이다. 2차 일본 원정 다음해, 그리고 문천상(文天祥)이 처형된 해였다.

아흐마드는 죽었지만 그의 정책은 후임 노세영(盧世榮)이나 상가에 의해 답습된다. 허베이성에서는 더 이상 착취할 것이 없었고, 풍요로운 화이허, 창장 유역 주민이 착취로 고통을 겪었다.

3

유목 민족은 원래 호방하며 씀씀이가 헤프다. 늘 이동하기 때문에 많은 물품을 운반하지 않았고, 육류는 부패하기 쉬워 저장할 수도 없었다. 그래서 호방하게 타인에게 나눠주곤 한다. 국가도 마찬가지여서 황족이나 공신에게 주는 상은 어마어마했다. 그들은 자연스럽게 사치에 물들어갔다. 한번 높아진 생활 수준을 원래 상태로 되돌리기는 몹시 어려운 일이다. 그들의 사치는 착취에 의존한 것이었다. 원 왕조는 남방에 모든 것을 의존했다.

쿠빌라이는 황태자가 죽은 뒤 황태손 티무르를 후계자로 지명하고, 티무르를 위한 체제를 만들었기 때문에 별 문제가 없었다. 그러나 성종 티무르에게 사자(嗣子)가 없어서 그 이후 원의 황위는 투쟁에 의해 결정된다. 또 황제를 옹립한 중신이 권세를 누렸다. 권신 테쿠시(鐵失)는 5대 황제 영종(英宗)인 슈드바라를 옹립했으나, 얼마 후 그를 살해한 뒤 태정제(泰定帝) 에슨티무르로 교체했다. 명종(明宗) 쿠샤라 역시 옹립자에게 살해되어 동생인 문종 토크티무르가 제위에 오르는 상황이었다. 권신들의 권력 투쟁에 의해 황제가 갈아치워졌다. 여기에 이념이나 명분은 없었다.

칭기즈 칸의 가문에는 폭음 · 난폭 · 음란의 피가 흘렀던 것 같다. 권신들은 그 중에서도 조종하기 쉬운 수준 이하의 인물들을 옹립했다. 몇명 예외를 제외하곤 역대 원 왕조 황제들은 어리석은 인물들이었다.

화이난, 장난을 지배 아래 두면서 원의 국가 성격이 변했다. 전체 인구 중에서, 특히 한족에 대한 몽골족의 비율은 점점 낮아졌다. 사실 원은 화이난을 제대로 관장할 수 없었다. 옛 금 왕조 영토는 직접 통치했으나 남송이었던 곳은 간접 통치했다. 몽골족은 이 지역 풍토에 적응하지 못해 지역을 방어하는 군사도 옛 금 왕조의 한인 군대를 배치해야 했다. 다루가치(達魯花赤)라 불리는 감시자를 각 관청에 파견했다. 황제 역할을 대신하는 직책이었다. 다루가치는 반드시 몽골족 사람을 임명했다. 다루가치는 집행자가 아닌 감독관이다. 화이난, 장난은 구 남송인에게 행정을 맡겨두기가 불안해 옛 금 왕조의 한족에게 이를 맡겼다.

이는 원 왕조에서 한족의 비중이 높아졌음을 의미한다. 몽골족의 지위가 위태로워졌다고 느끼는 사람도 있었다. 보수적인 황족, 종실, 원훈의 자녀들이 그랬다. 이에 대해 당시 국민 대부분이 한족이기 때문에, 현실적으로 불가피한 선택이었다고 생각하는 사람도 있었다. 원왕조 말기의 명재상이라 불렸던 투크트(脫脫)도 그런 생각이었다.

옛 금 왕조의 한족은 다소 좋은 대우를 받았다. 불만을 가진 것은 옛남송 땅에 사는 사람들이었다. 인구만 보면 전자와 후자는 1대10 정도이다. 경제력으로도 후자가 월등히 윤택했다. 화이난, 장난에서 반란이 빈발한 것은 당연했다.

베이징은 대도(大都)로 불리게 된다. 또 쿠빌라이가 처음으로 성을 축조한 진롄촨의 카이펑은 상도(上都)라 불렸다. 여름이 되면 궁정 전체가 대도에서 상도로 옮겼다. 유목을 그만둔 몽골 귀족들이지만 1년에 한 번 이러한 이동을 했던 것이다. 대도와 상도에서 소비되는 물자 대부분은 옛 남송의 땅에서 수송되어 왔다. 당 왕조의 창안, 북송의 카이펑도 남방에서 운하를 통해 엄청난 물자를 운반했었다. 원 왕조는 베이징을 수도로 했기 때문에 톈진(天津)을 외항으로 이용했다. 해로(海路) 이용이 가능했던 것이다. 당시 결빙기를 제외하면 바이허(白河)의 하구인 톈진은 남방에서 온 배로 흥청거렸다. 톈진은 '천자(天子)의 진(津:배가 닿는 장소)'이란 뜻이다. 소금의 산지는 연해 지방에 많았고, 국가 재정의 상당 부분을 염세(鹽稅)로 충당하고 있던 원 왕조에게 해상 수송로는 생명선이었다고 할 수 있다.

따라서 해적의 출몰은 원 왕조에게 큰 타격이었다. 수전(水戰)에 약한 몽골족은 육상의 반란은 진압할 수 있었으나, 해상 반란에는 골머리를 앓았다. 지정(至正) 8년(1348년) 저장의 소금 상인이자 수송업자인 방국진(方國珍)이 백성 수천 명을 모아 반란을 일으켰다. 원의 토벌군이 해상 반란군에 패해 사령관이 포로로 잡힐 정도로 원의 해군은 취약했다. 토벌이 불가능하다면 남은 방법은 회유이다. 원 왕조는 방국진을 딩하이(定海) 현위(縣尉)에 임명했다. 그럼에도 방국진은 원저우를 공격했고, 토벌군 사령관을 생포해 정부를 위협하며 더 좋은 관직을 요구했다. 그 결과 딩하이 현위에서 해도조운만호(海道漕運萬戶)로, 해도조운만호에서 행성참정(行省參政)으로 점차 지위가 올라갔다. 원 왕조는 그를 이용해 해상 반란을 진압하려 했다. 방국진도 베이징의 고관에게 뇌물을 보내며, 신분 안정을 꾀했다. 그가 결과적으로 반란의 불을 지핀 셈이 되었다.

규모가 작은 반란까지 꼽을 경우 반란은 쿠빌라이 시대부터 수없이 발생했다. 백련교도(白蓮敎徒)인 호윤아(胡潤兒)가 신양(信陽)에서 일으킨 반란은 10여 년 전의 일이다. 그러나 반란이 대규모가 된 것은 방국진의 해상 소요 이후이다.

4

백련교는 세상을 바로잡겠다고 설법하는 불교 일파이다. 미륵하생(彌勒下生), 즉 미륵보살은 말법(末法)의 시대에 세상에 내려와 중생을 구제한다고 일컬어진다. 메시아사상과 비슷하며 종말론적 인류구제사상이다. 현실 세계가 말세처럼 혼란스러워지면 미륵하생을 설법하며 인간 구제를 외치는 목소리가 사람들의 공감을 얻으며 많은 신자들이 모이게 된다. 백련교는 일명 명교(明敎)라고도 불렸다. 북송 말기 때 탄압당했던, 방랍의 난 당시의 끽채사마(喫菜事魔)가 마니교에 잠복해 있었을 것이란 사실은 앞에서 말했다. 마니교는 광명신(光明神)에 귀의할 것을 설법했다. 백련교에 마니교 색채가 짙다는 설도 있는데 실제로 그럴 가능성도 있다. 백련교의 반란 때 등장한 주원장(朱元璋)이 새 왕조를 창시해 국호를 명(明)으로 한 것에 대해서도 한 번쯤 생각해 볼 필요가 있다.

지정 4년(1344년) 황허 대범람으로 도처에서 방파제가 무너지고 논밭과 가옥이 침수되었다. 치수(治水) 공사를 맡게 된 가로(賈魯)는 과감한 방법으로 재해 복구에 성공한다. 허난성에서 백성 15만 명, 군사 2만 명을 징용해 동원했던 것이다. 무상 노동이었다. 많은 수의 혈기왕성한 젊은이들이 불만 속에 강제 노동에 동원됐다. 불씨만 던지면 터질 그런 상황이었다.

잉저우(潁州)의 유복통(劉福通)과 그의 일당은 반란에 앞서 백련교 교주 한산동(韓山童)과 접촉한다. 유복통은 열렬한 백련교 신자는 아니었다. 단지 가문 대대로 백련교 지도자를 지낸 한산동의 동원력에 기대를 걸었던 것으로 생각된다. 많은 사람을 모으기 위해 민족 의식도 자극했다. 즉 한산동이 북송 휘종(徽宗) 황제의 8세 후손이란 소문을 퍼뜨린 것이다.

이들은 이민족 지배에서 벗어나 송 왕조를 재건하자는 구호를 외쳤다. 모두 붉은 두건을 쓰고 있어 '홍건군(紅巾軍)'이라 했다. 반란의 규모가 크면 모의 단계에서 정보가 누설되기 쉽다. 유복통의 계획도 본격적인 행동에 들어가기도 전에 정보가 누설되어 예정보다 앞당겨 봉기해야 했다. 도주한 한산동은 붙잡혀 처형되었고, 부인 양씨(楊氏)와 아들 임아(林兒)는 간신히 허난성 우안(武安) 산속으로 도망갔다.

착취와 강제 노역에 대한 불만은 폭발 직전에 있었다. 미흡한 반란이기는 했지만 이 반란이 각지로 확산되면서 순식간에 10여만 명의 백성이 반란군 세력으로 들어왔다. 규모가 엄청나게 팽창해 원 왕조 군사도 속수무책이었다.

유복통 때와 마찬가지로 각지에서 반란을 지원하는 사람들이 모여들었다. 치저우(蘄州)의 서수휘(徐壽輝), 샹저우(湘州)와 한저우(漢州)의 포왕삼(布王三), 맹해마(孟海馬), 펑(豊)이나 페이(沛)의 지마이(芝蔴李), 하오저우(濠州)의 곽자흥(郭子興)이 봉기했다. 그들은 서로 연락을 취하며 연합 행동을 한 것은 아닌 듯하다. 그러나 모두 자신들을 홍건군이라 했다. 곽자흥 아래에 후일 명의 태조가 되는 주원장이 있었다.

유복통은 한산동의 유아(遺兒) 한림아(韓林兒)를 찾아내 보저우(亳州)에서 황제로 옹립했다. 1355년의 일이다. 국호는 물론 송(宋)이었다. 봉기로부터 4년이 지나 있었다. 홍건군의 핵심은 신심 깊은 백련교 신자였으나 몰려든 군중 속에는 도적 떼 비슷한 사람도 적지 않았다. 반란 집단이 1백만 명 규모로까지 커지면 내분이 있게 마련이다. 유복통도 라이벌을 암살해 실권을 장악했다. 내분은 단결력이 약해지려는 조짐이다. 원 왕조 군사는 그들을 공격하고 유복통은 한림아를 옹립해 안펑(安豊, 현재의 안후이성 서우현壽縣)까지 도주했다.

패주 집단이었음에도 이들 아래로 다시 사람들이 모여들었다. 황허의 범람이 대기근을 초래해 아사 직전의 사람들이 많았다. 그들은 앉아서 죽음을 맞기보다 반란을 통해서라도 살 길을 찾으려 했다. 홍건군이라고는 하지만 통일된 조직은 아니었다. 한림아의 송 외에도 서수휘의 천완국(天完國)이 있었다.

원 왕조 군사는 물론 최대 집단인 송을 궤멸시키는 데 전력을 쏟았다. 그러나 그리 쉽지 않은 과제임을 모두들 알고 있었다. 유복통은 원의 공격에 대비해 병력을 셋으로 분산시켰다. 1군은 산시성(山西省)으로 북상해 지저우(冀州, 허베이성)로 들어갔고, 2군은 함곡관(函谷關), 퉁관을 넘어 관중으로 들어갔다. 마지막 3군은 모귀(毛貴)의 통솔 아래 산둥 반도 여러 성들을 함락했다. 이들 군사 중 모귀의 군대가 최강이었다. 산둥의 지난에서 북상해 베이징을 위협했고, 원 왕조의 순제(順帝)가 천도를 생각할 정도였다. 산시성으로 북상한 1군단의 지대(支隊)는 다퉁을 약탈하고 카이펑부를 함락했다. 원은 베이징을 대도(大都), 카이펑부를 상도(上都)로 삼고 있었다. 여름철 수도인 상도가 반란군에 유린되고 궁전은 불탔다. 홍건군은 그곳을 떠나 동북으로 들어가 랴오양을 노략질했으며 고려까지 진격했다. 관중에 들어간 2군단은 원의 차간티무르군에 패배해, 촉(蜀, 쓰촨)으로 도주했으나 지대(支隊)는 닝샤 지방을 약탈했다.

고려에서 촉에 이르기까지 한림아의 홍건군은 대규모 작전을 전개한 것으로 보인다. 그러나 다른 시각으로 보면 분산해 도주한 것이기도 하다. 수없이 많은 성읍을 함락했으나 원군이 이를 대부분 수복하고 있다.

5

대도(大都)가 위험에 빠지고 상도(上都)가 일시 점령당하자 원의 최고 수뇌부인 투크트, 차간티무르가 직접 나선다. 상도의 궁전이 불탄 이후 원은 여름철에 조정이 통째로 이동하는 일을 중지했다. 원의 중추가 비상 사태인 시국을 인식한 것이다.

홍건군 본부의 유복통은 1358년 카이펑(開封, 볜량汴梁)을 함락한 뒤 송의 수도로 삼았다. 그러나 관중의 홍건군을 패주시킨 차간티무르가 대군을 이끌고 1백여 일 동안 카이펑을 포위하자 유복통은 황제 한림아를 옹위하고 정예 1백여 기병의 호위를 받으며 혈로(血路)를 뚫고 안펑에 도착했다.

홍건군은 다양한 사람들이 모인 집단이다. 신심이 깊은 백련교 신자부터 야심가, 도적 떼, 배고픔 때문에 합류한 백성까지 다양했다. 공통점을 찾기가 쉽지 않아 화합이 어려웠다. 진격 중에는 별 문제가 없으나 한 곳에 머물게 되면 문제가 속출했다. 모귀 집단은 3년에 걸쳐 지난을 유지했으나 그는 부하 조균용(趙均用)에게 살해당했고, 조균용은 다시 속계조(續繼祖)에게 살해되어 내란 상태에 빠지고 말았다. 미녀와 재물이 분쟁의 원인이었기 때문에 종교 집단, 혹은 농민 봉기군이라고 부르기는 힘들다. 함락한 홍건군의 수도 카이펑에는 후궁과 재물이 있었다고 『명사(明史)』는 적고 있다. 약탈한 것임에 틀림없다.

안펑으로 탈출한 유복통은 부장(部將) 이무(李武)와 최덕(崔德)이 제대로 전투를 수행하지 못하자 이들을 처벌하려 했고, 반란 동지였던 두 사람은 원에 투항한다.

카이펑을 수복한 차간티무르는 아들 쿠쿠티무르를 파견해 산둥 대부분 지역을 평정했고, 전풍(田豊)은 둥핑(東平)에서 항복했다. 그는 원래 원 왕조의 장군이었다. 그러나 항복한 전풍은 차간티무르를 살해하고 이두(益都)로 도주했다. 이두는 현재의 지난과 칭다오(青島)의 중간 지점에 있는 도시였다. 쿠쿠티무르는 아버지의 원수를 갚기 위해 대군을 이끌고 이두를 포위했다. 쿠쿠티무르는 지원차 안펑에서 달려온 유복통을 격퇴한 후 갱도를 파고 이두성을 공격해 전풍을 죽였다.

다음해 장사성(張士誠)의 부장(部將) 여진(呂珍)이 홍건군의 본거지인 안펑을 포위했다. 장사성은 육지의 방국진이라 할 만한 인물이었다. 원래는 반란군으로 1353년 장베이의 가오유(高郵, 양저우 북쪽)에서 거병해 국호를 주(周)라 했으며, 성왕(誠王)이라 칭했다. 원호를 천우(天祐)로 정했으나 4년 뒤 이를 폐하고 원과 강화조약을 맺었다. 식량 부족으로 어려움을 겪던 베이징에 쌀을 보내 점수를 따기도 했다. 이 시기의 반란군 중 백련교나 홍건군과 그다지 관계가 없던 사람이 장사성이었다. 그는 관염(官鹽) 중매인으로 사염(私鹽) 밀매도 하고 있었다. 규모가 큰 소금 상인들이 관청과 결탁해 중소업자들을 괴롭힌 일이 거병 동기였다. 같은 반란 집단 중에서는 그래도 그가 출신이 좋은 편이었다.

포위당한 홍건군은 주원장에게 구원을 요청했다. 주원장은 홍건군에 호응해 하오저우(濠州, 안후이성)에서 거병한 임협(任俠) 출신 곽자흥의 부장(部將) 중 한 사람이었다. 주원장은 황허 범람으로 부모와 형들이 굶어죽자, 홀로 황각사(皇覺寺)란 절에 들어가 살아남은 인물,이다. 곽자흥은 홍건군의 본류는 아니었으나 송의 황제 한림아로부터 하오저우 절제원수란 칭호를 받고 있었다. 곽자흥이 죽은 뒤 주원장이 그의 세력을 거의 그대로 이어받았다. 안펑의 홍건군 본부는 소위 우군(友軍)에게 구원을 요청한 것이었다.

주원장은 직접 원군을 이끌고 안펑으로 향했다. 홍건군 본부 구원보다는 그 방면에서 장사성의 세력이 커지는 것을 걱정해 출병했던 것이다. 그러나 한발 앞서 여진이 안펑성에 들어가 유복통을 죽이고 말았다. 조금 늦게 도착한 주원장은 여진을 격파하고, 성에 들어가 한림아를 구출했다.

한림아는 2년 뒤 죽는다. 주원장은 천하를 원하고 있었기 때문에 한림아는 걸림돌 같은 존재였다. 홍건군이라고는 하지만 곽자흥은 방류였고 주원장은 병졸에서 승진해 곽자흥의 군대를 상속받았다. 송의 황제에 대한 충성심이나 의무감은 없었다. 한림아는 난징에 가던 도중 배가 뒤집혀 강에 빠져죽은 것으로 알려져 있다. 주원장의 성격을 감안할 때 살해당했을 가능성도 있다.

유복통이 죽은 것은 1363년으로 거병 12년이 지난 시점이다. 홍건군의 반란은 여기서 끝나고, 이후는 강남을 무대로 천하 쟁탈전이 벌어진다. 그 사이 원의 조정은 음모의 소굴이 되고 만다. 홍건군을 제압한 것도 원의 군대가 한 일이 아니었다.

세조 쿠빌라이 사망(1294년)으로부터 순제(順帝)가 베이징에서 북으로 도주해 원 왕조가 멸망한 시기(1368년)까지는 74년으로 본다. 그 와중에 열 명의 황제가 즉위했다. 평균 재위 기간은 7년에 불과하다. 더구나 마지막 황제 순제가 쿠빌라이와 거의 같은 기간인 35년 동안이나 황제로 있었기 때문에 다른 황제 아홉 명의 재위 기간은 4년이 조금 넘을 뿐이다.

권신 엔티무르는 명종을 죽이고 그의 동생 문종(文宗)을 옹립했으나 문종이나 황후 모두 후계자로 명종의 아들(=순제)을 지명했다. 황제란 존재는 권신의 지시대로 움직여야 하는 꼭두각시였고 권신의 미움을 받으면 오래 살지 못했다. 당시 누구도 자신의 아들을 제위에 오르게 하고 싶지 않았을 것이다. 명종이 살해당한 것은 몽골 고향에서 심복을 수도 카라코룸으로 데려왔기 때문이다. 원의 조정에는 한 왕조 땅에 거주하는 세력인 한지파(漢地派)와 몽골파가 대립하고 있었다. 한지파 출신이 정권을 잡으면 과거(科擧)가 부활되고 몽골파가 집정하면 폐지되는 그런 상황이었다.

순제는 고려의 대청도로 유배되었다 다시 광시로 옮겨졌다. 순제가 명종의 아들이 아니라는 괴소문이 있었다. 명종이 몽골로 가던 중 미모의 여인을 보고 자신의 부인으로 삼았는데, 그녀가 이미 임신한 몸이었다는 것이다. 더구나 그녀가 항저우에서 투항해 원 왕조의 공작이 된 남송 공제(恭帝)인 영국공(瀛國公)의 부인이었다는 다소 믿기 힘든 얘기까지 있다. 이 얘기가 맞다면 원의 마지막 황제는 남송 황실의 후예란 말이 된다.

권신 엔티무르는 순제의 즉위에 반대했다. 순제가 몽골에서 태어났기 때문에 한지파인 엔티무르는 몽골파의 대두를 우려했던 것이다. 열세 살 순제가 광시에서 베이징에 들어오게 되었을 때도 순제가 도중에 암살당할 것을 대비해 몽골파 바얀(伯顔)이 군대를 이끌고 그를 호위했다고 한다. 1333년의 일로 그해 엔티무르가 사망하여 정권은 바로 바얀의 손으로 들어간다.

바얀은 몽골족의 인구 비율을 올리기 위해 장(張)·왕(王)·유(劉)·이(李)·조(趙) 등 5성(五姓)의 한족을 모두 죽이자는 제안을 했다고 한다. 장씨나 왕씨는 중국에서 그 수가 가장 많았고, 유·이·조는 각각 한·당·송 왕조의 국성(國姓)이다. 이 상식을 벗어난 제안은 각하(却下)되었다.

순제가 스무 살 때 바얀이 투크트의 모략에 의해 실각하고, 장시로 유배되어 자살했다. 투크트는 한지파이다. 『요사(遼史)』『금사(金史)』『송사(宋史)』, 이 3사는 투크트 주재로 이 시대에 편찬되었다. 3사의 완성은 1345년이며 홍건의 난이 시작되기 6년 전의 일이었다.

역사의 명암

1

홍건군의 실패는 군사를 셋으로 나눠 북벌에 나선 데 있다. 이동할 때 세력을 분산해서는 안 된다. 20세기 홍군(紅軍)의 장정(長征)도 전군이 거의 함께 이동했다. 또 홍건군은 중국의 북과 남의 경계 지역에서 일어났음에도 남하가 아닌 북상을 선택함으로써 실패했다. 아마도 남쪽으로 내려가 부흥한 정권이 없다는 역사적 사실을 고려했던 것 같다.

사실 남하한 동진(東晉)·남송(南宋)은 실패했고, 남북조도 북에 의해 통일되었다. 수의 양제도 강도(江都, 양저우)에서 북으로 돌아가지 못했다. 남송 고종이 잉톈부에서 남하해 양저우로 가려 했을 때 주전파 이강(李綱)이 "난을 피하려면 서북으로 가야 한다"고 주장했었다. 이강은 안록산의 난 때 서북으로 피한 숙종이 결국 창안을 회복했던 일을 예로 들었다.

그러나 당 왕조가 위기에서 벗어날 수 있었던 것은 화이난을 장악했기 때문이다. 화이난과 장난은 경제적인 여유가 있는 지역이다. 원 왕조 말기의 동란 때 반란군 중 북상한 홍건군 주류는 궤멸당하고, 결승전까지 남은 것은 남하한 집단뿐이었다.

반란군의 상대는 원 왕조이다. 몽골의 기병은 수로(水路)가 많은 장난에서는 위력을 발휘하기 힘들다. 또 장난은 원의 본거지에서도 멀리 떨어져 있다. 원 왕조는 장난을 간접 통치 했고 장난에는 주둔 병력도 많지 않았다. 무엇보다 '만자(蠻子)'라 불리며 차별당한 장난인은 반 몽골 감정이 깊었다. 반 몽골 감정은 반란에 큰 원동력이 될 수 있었다.

승리한 장난의 반란 군단 사이에서 쟁패전이 벌어졌고, 주원장이 최후의 승자가 되었다. 장난에는 장사성과 진우량의 군단이, 저장에는 해상 반란군 방국진이 있었다. 쓰촨에서 명옥진(明玉珍)이 하(夏) 황제를 칭하고 있었으나 실력은 변변찮았다. 천하의 주인은 장난의 주·장·진 3파전에 의해 결정될 운명이었다.

주원장이 황각사를 나와 곽자흥의 군대에 참가한 것은 1352년의 일로, 당시 스물다섯 살이었다. 처음 주원장은 간첩으로 오인받아 묶인 채 끌려갔는데, 곽자흥이 그의 생김새가 예사롭지 않음을 보고 풀어주었다고 한다. 또 용모부터가 뛰어나다며 병사 열 명을 거느리는 위치에 앉혔다. 주원장은 두각을 나타냈고 중용된다. 곽자흥의 군대는 원 왕조 군의 공격을 받아 큰 피해를 입었고 주원장은 병력을 보강하기 위해 고향 안후이성 중리(鍾離)로 돌아갔다. 7백여 명을 모았고 죽마고우인 서달(徐達)과 탕화(湯和)를 장교로 삼아 고된 훈련을 시켰다. 이것이 대명제국 국군의 탄생이다.

주원장이 돌아와보니 곽자흥군에 내분이 있었다. 실망한 주원장은 자신의 군대를 이끌고 남하했다. 경제적인 여유가 있는 지역을 찾아 남하한 사실에서 그의 판단력을 읽을 수 있다. 그는 남하하는 도중에 만난 원 왕조 군사를 자신의 휘하로 흡수해 버린다. 원의 군사라고는 하지만 전장에 끌려나온 가난한 집안의 아들들이었다. 가족이 전부 굶어죽었던 주원장의 눈에 그들은 적이 아닌 같은 계층의 동료로 보여 항복을 권할 때도 설득력이 있었을 것이다. 이 외에 이선장(李善長)·송렴(宋濂)·유기(劉基)·도안(陶安) 같은 지식인들도 가담했다. 2만여 명의 남하군은 질서정연하게 행군했다. 이들은 결코 도적 떼가 아니었다.

　남하하던 중 곽자흥이 죽자, 주원장이 명실공히 하오저우 거병파 홍건군의 영수가 되었다. "쓸데없이 사람들을 죽이지 말고 주민을 괴롭히지 말라"는 명령은 말단까지 전달되었고, 1356년 3월 주원장은 난징을 점령했다. 원 왕조는 난징을 지칭(集慶)이라 불렀는데, 원의 어사대부(御史大夫) 복수(福壽)는 주원장과 맞서싸우다 전사했다. 난징 입성 뒤 그는 복수의 장례를 정중히 치러주었다. 그리고 지칭이란 지명을 잉톈부로 개명했다.

　같은 시기 장사성도 가오유(高郵)에서 남하했다. 그는 가오유에서 우승상(右丞相) 투크트를 총사령으로 하는 원군에 포위되어 궤멸 직전까지 갔다. 그러나 아침 무렵 원군이 혼란에 빠진 것을 보고 출격해 적을 전멸시켰다. 원군이 혼란에 빠졌던 것은 총사령 투크트가 돌연 실각했기 때문이다. 당시 '관작을 박탈한 뒤 화이안(淮安, 안후이성)으로 유배한다'는 조서(詔書)가 내려왔다. 죄명은 군재 낭비였으나 사실은 그를 증오한 자가 황태자와 황후 기씨(奇氏)에게 모함했기 때문이었다. 몇 시간 후면 장사성을 전멸시킬 수 있었는데, 어리석은 결정으로 인해 원의 군사가 궤멸당하고 말았다. 투크트는 윈난으로 유배되던 중 독살된다.

　순제는 30대 중반이었음에도 불구하고 아이유시리다라를 황태자로 세운 뒤 은퇴했다. 순제는 라마교에 빠져 라마승이 수시로 조정에 들어왔다. 라마교 의식에 엄청난 돈을 퍼붓기도 했다. 황제를 쿠릴타이에서 추대한다는 몽골의 원칙은 이미 무너져 있었다. 순제가 완전히 은퇴하지 않아 황태자의 권력이 절반에 불과하다는 사실 때문에 한지파와 몽골파 대립 외에 황제파와 그 후계파간의 대립이 생겨났다. 말기 증상이었다.

　원 왕조의 내분으로 구사일생으로 살아남은 장사성은 기아로 찌든 지역을 벗어나 남하한 뒤 쑤저우를 점령해 거점으로 삼았다. 주원장의 난징 점령을 불과 한 달 앞둔 일이었다. 난징과 쑤저우의 대립 시대가 시작되었다. 장사성은 주원장에 대항하기 위해 원과 강화조약을 맺고 왕호를 포기한 채 원의 관작을 받았다. 타락한 반란군인 셈이다. 그는 저장의 원 왕조 군사들이 내분을 벌이는 사이 항저우를 손에 넣었다. 점수를 따기 위해 베이징에 쌀을 보냈고 안펑으로 도주한 홍건군을 격퇴하기 위해 출병하기도 했다. 안펑에서는 유복통을 죽였으나 홍건군을 돕기 위해 북상한 주원장의 군사에 부장 여진(呂珍)이 패배했다. 이런 일들을 겪으며 주원장은 장사성을 경멸하고 극도로 증오하게 된다.

주원장이 난징을 점령했을 무렵 창장 상류 후베이의 치저우와 황저우(黃州) 방면에 서수휘(徐壽輝)의 대군단이 있었다. 유복통, 한림아의 홍건군 주류에 대해 그들은 서파(西派) 홍건군이라 불렸다. 이들은 이른 시기부터 천완국(天完國)이라 칭하며, 홍건군 주류의 아래로 들어가는 것을 썩 기꺼워하지 않았다. 서수휘는 옷감 장사를 생업으로 하는 백련교 신자였던 듯하며, 원호를 치평(治平)으로 정하고 스스로 황제가 되었다.

천완국 승상으로 임명된 예문준(倪文俊)이 원 왕조 군사와 싸우는 사이 점차 세력을 얻는다. 예문준은 서수휘를 제거하고 황제가 되려다 실패, 황저우로 도주하는 사건이 일어났다. 예문준 부하 중에 어부 출신인 진우량이 있었는데, 그는 예문준을 죽이고 군대를 차지하게 된다. 예문준은 권좌를 탐하다 오히려 자신의 세력을 잃고 말았다.

진우량이 예문준의 군대를 얻은 것은 1357년의 일로, 그는 안칭(安慶)과 루어저우(瑞州)를 함락하며 힘을 키워갔다. 진우량은 서파 홍건군 중 최강의 군단을 거느리게 된다. 1360년 서수휘를 철퇴로 때려 죽이고 독립해 한(漢) 황제를 칭하게 된다.

2

츠저우(池州) 점령으로 진우량과 주원장의 점령지가 인접하게 되자 양자간 관계가 긴박해졌다. 진우량은 주원장의 배후에 있는 장사성과 손을 잡는다. 이에 대해 주원장은 장사성 배후 방국진과 우호 관계를 맺었다.

난징에서 주원장의 간부가 된 유기(劉基)는 원래 원 왕조의 행성원수부도사(行省元帥府都事)를 지냈던 인물이다. 유기는 원 왕조가 방국진에게 관작을 부여한 일로 분개해 관직을 버리고 귀향해 있다가 주원장의 청을 받아 간부로 영입된 인물이다. 이 유기가 건의한 전략은 장사성에 신경 쓰지 말고 진우량을 공격하라는 것이었다. 진우량의 군대는 장저우(江州)에서 주원장에게 패해 우창으로 도주했다. 수전(水戰)에 능한 진우량군을 수상전에서 패퇴시킨 뒤 주원장은 큰 자신감을 얻었다. 유기의 판단대로 장사성은 군을 움직이지 않았다. 안펑에서 주원장이 장사성의 부장 여진을 격파한 것은 그로부터 2년 뒤의 일로 주·장 양군의 대규모 충돌은 당시가 처음이었다.

안펑 전투는 3월이며, 4월에는 진우량이 주원장의 지배 아래 있는 홍두(洪都, 장시의 난창시南昌市)를 포위했다. 이곳에서 원 왕조 말기의 최대 결전이 벌어진다. 주원장은 7월 난징을 출발해 포양후(鄱陽湖) 입구에 진을 쳤다. 이를 전해들은 진우량은 홍두의 포위를 풀고, 포양후로 쳐들어가 격퇴하려 했다. 60만 대군이었다. 결과는 주원장의 화공(火攻)이 동북의 큰 바람 덕에 성공해 주원장의 대승리로 끝났다. 8월, 호수 입구 돌파를 시도했던 징장(涇江) 전투에서 진우량은 패배했고 그가 죽자 전쟁은 막을 내렸다. 주원장은 일단 난징으로 돌아가 논공행상을 한 뒤, 우창에 병력을 보내 진우량 잔당의 항복을 받아냈다.

포양후 전투에서 주원장은 항복한 장병을 송환했고, 부상자를 모두 치료했으며, 적의 전사자를 위한 위령제까지 치러주었다. 이와 반대로 진우량은 포로를 모두 학살했다.

전투 직후 쑤저우의 장사성은 다시 원 왕조와 연을 끊고 쌀 지원도 중단했으며 스스로 오왕(吳王)이라 칭했다. 다음해인 1364년, 당시까지 오국공(吳國公)이라 칭하던 주원장이 군신의 상신에 따르는 형식으로 오왕에 등극했다. 창장에 연해 있는 난징과 쑤저우에 두 사람의 오왕이 탄생한 것이다. 물론 둘 다 '자칭 오왕'이고 원 입장에서 보면 반란군이었다. 그럼에도 원은 내분 문제로 토벌군조차 보낼 수 없었다.

궁정 내의 황제파로 투크로티무르·폴로티무르·타이핀·로티샤 등이었다. 황태자파는 기황후, 하마, 삭사감(搠思監), 쿠쿠티무르(차간티무르의 아들), 환관 박불화(朴不花)가 있었다. 기황후는 고려 출신이었다. 어린 시절 고려에 머물었던 순제는 고려에 애정을 갖고 있었다. 박불화는 기황후가 시집올 때 따라온 수행원으로, 쿠빌라이 시대의 아흐마드와 출신이 비슷했다. 원의 정치 무대에 처음으로 환관이 등장한 것이다.

로티샤는 박불화를 숙청하려 했으나 이 사실이 황태자에게 알려지자 해임되었고, 폴로티무르 진영으로 도주했다. 황태자는 로티샤의 인도를 요구했으나 폴로티무르가 거부했다. 황태자파는 폴로티무르에게 반란의 뜻이 있다며 탄핵해 관작을 박탈했으나 그러한 명령에 굴복할 폴로티무르가 아니었다. 그는 베이징 공격을 명령했다. 순제는 폴로티무르의 명예를 회복시켜 주고 황태자파인 박불화를 넘겨주었다. 이에 황태자가 쿠쿠티무르에게 폴로티무르를 공격하라고 요청하자, 화가 난 폴로티무르가 병력을 움직였고 황태자는 도주했다. 같은 혈육 순제와 황태자가 대립해야 했던 것은 비극이다. 순제의 지도력 부족도 있었고 그가 라마교에 너무 빠져 있었다.

일단 황제파의 세상이 되었으나 망명한 황태자가 다시 쿠쿠티무르에게 폴로티무르 공격을 명령했다. 이번에는 폴로티무르가 패배해 그를 비롯한 황제파가 모조리 살해되었다. 다음 순서는 순제의 퇴위와 황태자의 즉위였으나 이번에는 쿠쿠티무르가 반대했다. 쿠쿠티무르는 천성이 무골(武骨)이었고 사태의 흐름을 따라가다 보니 황태자파가 된 것에 불과했다. 그는 부제(父帝)가 살아 있을 때 제위를 교체한다는 것을 용납하지 못했다. 이 일을 계기로 쿠쿠티무르는 황태자와 황후 기씨의 미움을 사고 순제의 총애를 받게 된다. 베이징 상황에 염증을 느낀 쿠쿠티무르는 전선에 나갈 것을 자원했고 순제는 그에게 반란군 진압의 총지휘를 맡겼다.

3

진우량 군사를 소멸시키고 후베이까지 손에 넣은 주원장은 이제 장사성과 대결하게 된다. 장사성은 쑤저우(蘇州, 당시의 핑장부)를 본거지로 하고 있었는데, 장베이에서 거병한 뒤 판도는 확대되고 있었다.

1365년에 주원장은 장베이 화이둥으로 출병했고 다음해 부장(部將) 서달은 장사성의 원래 거점이던 가오유를 함락시켰다. 서달은 또 화이안(淮安), 하오저우, 쉬저우(徐州), 쑤저우(宿州)를 속속 점령했다. 주원장의 북벌군은 장사성의 군사뿐 아니라 반란 진압에 나선 원 왕조 군사와도 전투를 벌였다.

베이징에서는 황태자파가 정권을 잡았으나 정국에 염증을 느낀 쿠쿠티무르가 자원해 허난성에 부임했다. 주원장이 북벌 중이던 무렵의 일이다. 그러나 허난성의 원 왕조 군사령관 장량필(張良弼)·탈열백(脫列伯, 트리포)·공흥(孔興)은 이미 군벌이 되어 있었고 새 총사령관이 임명되는 것을 달갑게 여기지 않았다. 그들은 병사를 모아 쿠쿠티무르군의 남하를 저지하려 했다. 환영해야 할 지원군과 일전을 벌이려 한 것이다. 쿠쿠티무르의 병영 내부에서도 부장(部將)들이 조정에 탄핵장을 보내 쿠쿠티무르가 파면당하는 일이 일어났다. 이래도 원 왕조가 망하지 않으면 이상할 지경이었다.

주원장은 북벌을 마치고 난징으로 돌아왔다. 마침내 장사성을 소멸시킬 날이 온 것이다. 20만 대군은 동남쪽으로 내려가 우선 하오저우와 항저우를 점령했다. 이 두 성은 장사성의 군사 기지였기 때문에 쑤저우는 고립되었다. 바다의 반란자 방국진은 재화를 배에 싣고 일단 바다로 도망갔으나 얼마 뒤 주원장에게 귀순하게 된다.

쑤저우는 10개월 포위 끝에 함락됐다. 장사성은 생포되어 난징으로 호송되던 중 자살했다. 쑤저우 함락은 1367년 9월의 일이며 10월에는 25만 병력이 동원되어 북벌이 개시되었다. 앞서 단행한 북벌은 장사성의 세력권을 점령하기 위함이었으나 이번에는 목표가 베이징이었다. 정로대장군(征虜大將軍)에 서달이 임명되었고, 부장군(副將軍)은 상우춘(常遇春)이었다. 동시에 호정서(胡廷瑞)가 정남장군(征南將軍)으로 푸젠 정벌에 나섰다.

북벌군 및 정남군이 출정한 다음해의 정월, 주원장은 난징 남쪽에서 천지에 제사를 지내며 황제에 올랐다. 국호는 명(明), 원호는 홍무(洪武)로 정했다. 일본에서 메이지(明治) 시대 이후에 채용된 1황1원호제가 중국에서는 명 왕조 때 시작되었다. 주원장은 명의 태조이지만 원호를 따서 홍무제(洪武帝)라 부르기도 한다(이렇게 부르는 것이 이해하기 쉬우므로 앞으로 이 책에서는 명과 청의 황제들을 원호로 부른다).

홍무 원년은 1368년이며 원 왕조가 멸망한 해이기도 하다. 일본에서는 남북조 시대로 그해 말 아시카가 요시미쓰(足利義滿)가 쇼군(將軍)의 자리에 오른다.

원 왕조는 허무하게 무너졌다. 주원장이 파견한 명군(明軍)이 북상하고 있음에도 원의 군부는 지리멸렬이었다. 쿠쿠티무르의 파면은 그해 2월의 일이었다. 명군을 격퇴해야 할 총사령이 전장에서 실각되었기 때문에 북벌군은 파죽지세로 진격했다.

7월에는 파면된 쿠쿠티무르가 신(新) 군벌(=원의 군사)과 싸워 그 간부를 살해했다. 원의 조정은 서둘러 쿠쿠티무르를 허난성 왕으로 봉했으나 이미 명의 군사는 허난성에서 허베이성까지 도달해 있었다. 쿠쿠티무르는 진닝(晉寧)에서 지닝(冀寧)으로 퇴각했고 명의 군사는 퉁저우(通州)까지 진격했다.

원의 순제는 황족을 모은 뒤 북으로 갈 것을 지시했다. 반대하는 자도 있었으나 순제는 이때만은 확고히 자신의 의사를 관철시켰다. 건덕문(健德門)이 열렸고 황제 일행은 북으로 향했다.『원사』는 이때의 일을 아주 간략하게 적고 있다.

8월 경신庚申에 대명大明의 병사 경성에 들어와 나라 망하다.

경신은 경오(庚午)의 오기(誤記)이며 명 군사의 입성은 물론 무혈입성이었다. 전투다운 전투도 없었다. 몽골은 북에서 와서 중원에 왕조를 세운 뒤, 이제 다시 북으로 돌아간 것이다. 그런 의미에서 멸망이라기보다는 북주(北走)라는 표현이 적당할 것 같다.

순제 일행은 상도(上都)로 도피했으나 명 군사의 추격 속도가 빨라, 다시 동쪽의 잉창부(현재의 네이멍구)로 피했다. 명 왕조 군사의 상도 함락은 홍무 2년(1369년)이며 다음해 잉창부를 점령했다. 순제는 그 직전에 쉰하나의 나이로 사망했다. 황태자는 10여 명의 기병과 북으로 도피했고, 카라코룸에 도착해 '작은 정권'을 세웠다. 아버지와 치열한 정쟁을 벌였던 황태자가 마침내 즉위한 것이다. 북원(北元)의 소종(昭宗)이라 불린다.

정로대장군 서달이 베이징에 입성해 최초로 내린 명령은 부고(府庫)의 도적(圖籍)을 봉하는 것이었다. 거기에는 원 왕조 각 시대의 기록이 남아 있었다. 이는 역사 편찬을 위해 필요한 것이었다. 앞 왕조에 대한 정사(正史)는 상당히 오랜 냉각기를 거친 후에 적어야 한다. 당의 정사는 당이 멸망한 지 40년 정도 지나 편찬되었다. 그럼에도 문제가 있어 125년 뒤 송의 구양수(歐陽修)에 의해 다시 편찬되었을 정도이다. 전자를 『구당서』, 후자를 『신당서』라 부른다.

명 홍무제는 원이 망한 다음해 『원사』를 편찬했다. 홍무제 2년 2월부터 작업에 들어가 그해 8월에 완성했으므로, 전체 2백1십 권의 대저작을 불과 반년 만에 완성한 것이다.

물론 많은 문인들을 동원해 난징의 천계사(天界寺)란 곳에서 작업을 했다고 하지만 그래도 너무 빨리 완성되었다는 느낌이다. 잘못된 선정이거나 누락·모순 되는 내용이 적지 않았다. 심지어 명이 베이징에 입성한 날짜까지 잘못 적고 있다. 일본 원정 당시의 생환자 수에 대한 『원사』의 혼란도 앞에서 말한 바 있다. 금세기, 즉 5백여 년 뒤에 『신원사(新元史)』를 편찬할 수밖에 없었던 이유이다.

홍무제 주원장은 왜 그렇게 전 왕조의 수사(修史)를 서둘렀을까? 명이 몽골족 정복 왕조를 붕괴시키고 중화를 부흥시킨 것을 제대로 평가하고자 했을 것이다. 그것도 최대한 서두르고 싶었을 것이다. 왕조 창건에 쏟았던 에너지가 아직 뜨거울 때, 그는 왕조의 골격을 만들어두고 싶었을 것이다. 또 수사(修史) 사업을 이유로, 지식인을 모은 것도 의도된 것이리라. 신 왕조는 인재를 절실히 필요로 했다.

4

쑤저우를 공격하기 전 홍무제는 장병들에게 성을 함락하는 날, 살육을 하지 말고 민가와 묘지를 훼손하지 말라고 경고하고 있다. 북벌 때도 격조 높은 글을 서달에게 준다.

원 왕조의 군君은 죄가 있을지언정 백성에게 무슨 죄가 있다는 말인가. 전前 왕조는 혁명 때 도륙을 자행했으나 하늘의 뜻에 어긋나게 백성을 괴롭히는 것을 짐은 묵과할 수 없다. 장군들은 성을 점령하면 절대 불지르거나 약탈하거나 또는 불필요하게 살해하지 말라. 원 왕조의 유산은 모두 보전하라.

이를 읽으면 홍무제가 성천자(聖天子)라는 생각이 든다. 그러나 신왕조를 창시한 뒤 홍무제는 어두운 측면을 드러낸다. 사회 최하층에서 신분 상승한 그는 천하 통치와 관련해 밝은 부분과 어두운 부분을 동시에 지니고 있었다.

홍무제만큼 궁핍한 민중의 괴로움을 절실히 알았던 황제는 없었다. 서민 출신 황제는 역사상 한(漢) 고조 유방과 명의 홍무제 단 두 사람뿐이다. 그러나 유방은 팅창(亭長) 출신으로 시골의 국립여관 주임을 맡았었고, 여산릉(驪山陵)을 조성하기 위해 장정들을 이끌고 상경할 정도의 신분은 되었다. 이에 비해 홍무제는 그보다 훨씬 미천한 신분이었다. 그는 굶주림 때문에 가족을 잃었다. 소년 시절에 이미 인생의 가장 비참한 상황을 경험했던 것이다. 그렇게 참혹한 경험을 한 사람은 종종 냉혹한 면을 보인다. 실제 홍무제는 극도로 잔인한 일을 아무렇지도 않게 자행한다.

홍무제는 황각사에 있을 때 문자를 배운 듯하다. 누군가 손을 봤을 수도 있지만 홍무제의 시문(詩文)은 상당한 수준이다. 천하를 놓고 전투를 벌인 진우량이나 장사성보다는 홍무제가 뛰어난 시적 재능을 갖고 있었다. 그러나 그는 지식인에게 깊은 증오와 불신감을 갖고 있었다. 천애의 고아여서 육친에 대한 정이 매우 깊었고 육친 이외에는 믿으려 하지 않았다. 도적 떼 속에서 수없이 배신과 찬탈을 목격했기 때문에 정글 속 야수처럼 시의심이 몹시 강했을 것이다.

그는 음모를 꾸미거나 타인을 중상모략하는 것이 지식인의 본성이라 여겼던 듯하다. 왕조 건국 당시 국가 운영을 위해 문인들이 다수 등용되었으나 이에 불만을 가진 무장들이 문인들을 비방했다. 그러한 비방도 홍무제에게 영향을 미쳤을 것으로 보인다.

과거 라이벌이었던 장사성은 문인을 우대했던 사람으로 유명한데, 실제로는 문인들이 그를 농락했다는 사실을 알게 되었다. 장사성의 원래 이름은 구사(九四)인데, 위엄이 없어 보여 장사성은 문인들에게 이름을 지어달라고 부탁했다. 문인들은 사성(士誠)이란 그럴 듯한 이름을 지어바쳤다. 『맹자』에 나오는 제 왕조 사람의 이름을 모방한 것으로 성은 윤(尹)이고 이름은 사(士)였다. 윤사는 초기에 맹자를 비판했으나 나중에 맹자의 얘기를 듣고 부끄러워하며 말하는 부분이 나온다.

나士는 정말誠 소인小人이다.

결국 사성(士誠)은 '나는 소인' 이란 의미였고, 장구사는 그것도 모르고 기뻐하며 이 이름을 사용했던 것이다. 문인들은 이름을 지어주고는 뒤에서 큰소리로 웃으며 비웃었다고 한다.

홍무제는 이 얘기를 무신에게 듣고는 그 뒤부터 누군가 자신을 비웃고 있지 않을까 하는 피해망상에 걸렸다. 결국 '문자(文字)의 옥(獄)'이 발생한다.

홍무제는 자신이 과거 황각사에서 승려를 지냈고 도적 떼에 들어갔던 일을 문인들이 비웃지 않을까 두려워했다고 한다. 홍무제는 특히 독(禿)이나 광(光)은 대머리를 지칭하며 측(則)은 적(賊)과 발음이 같기 때문에 문인들이 이를 이용해 자신의 과거 경력을 희롱할 것이라고 생각했다. 항저우의 한 교수(敎授)는 실제로 다음과 같은 문장을 지었다가 참수당했다.

광천光天 아래 하늘이 성인을 내려 세상을 위한 모범則을 세웠다

문장에 사용된 광(光)과 측(則)이란 두 글자 때문이었다. 더안부(德安府)의 어느 훈도(訓導) 역시 '천하도유(天下道有)'라는 축하 문장을 적었다가 처형당했다. 도(道)가 도(盜)와 발음이 같았기 때문이다. 각지의 교수와 훈도들은 부현(府縣)을 위해 조정에 제출할 문장을 작성한다. 그러나 이들 사건 뒤 두려움 때문에 붓을 들지 못했고 표식(表式:모범 예문집)을 달라고 진언했다. 홍무제는 이를 받아들여 스스로 표식을 만들었다.

마지막까지 저항한 쑤저우에 대해 홍무제는 집요하게 보복했다. 쑤저우의 세금은 전국에서 가장 무거웠고, 고계(高啓)·양기(楊基)·장우(張羽)·서분(徐賁) 같은 오중사걸(吳中四傑)이라 불렸던 뛰어난 문인 네 명이 모두 처형되거나 옥사했다. 이 중 고계는 명 왕조 2백7십여 년을 통틀어 최고의 시인으로 꼽히는 인물이다. 그는 반란을 계획한 위관(魏觀)의 일파라는 이유로 처형되었다. 위관은 후일 명예가 회복되었으므로 고계 역시 반란과 무관했을 것이다. 홍무제의 통치는 공포 정치 그 자체였다.

5

천하의 주인이 되어 왕조를 수립하면 아무에게도 그 자리를 넘겨주고 싶지 않게 된다. 홍무제는 이를 위해 공포 정치를 택했다. 또 제위

를 자손들에게 무사히 넘겨주기 위해서는 큰 권세를 가진 사람이 없어야 한다. 한 왕조 초기에도 한신(韓信)과 같은 건국 공신들이 속속 살해되었는데, 홍무제는 그 이상의 잔인한 숙청을 단행했다.

문인들에게도 가혹히 대했으나 공신이나 고관에 대한 숙청 역시 잔혹했다. 숙청은 홍무 12년(1379년) 12월, 도절(涂節)이란 자가 유기(劉基)가 호유용(胡惟庸)에 의해 독살되었다고 고한 일이 발단이 되었다. 유기는 홍무제의 참모였는데, 원 왕조의 진사(進士) 출신이므로 명 왕조의 공신 중 가장 교양이 높았을 것으로 보인다. 그는 한(漢) 고조의 군사(軍師) 장량(張良)에 비유된다. 명 왕조 말기의 사상가 이탁오(李卓吾)는 유기를 장량보다 높게 평가했을 정도이다. 그의 자는 백온(伯溫)으로 그가 예언서를 만들었다는 신비한 얘기도 전해진다.

유기는 홍무제의 신임을 받고 있었으나 이선장(李善長) · 호유용 같은 동료들과는 사이가 그리 좋지 못했다. 유기는 강직한 사람이어서 종종 사직하기도 했다. 홍무 4년(1371년), 예순한 살에 정부를 떠나 그 4년 뒤 죽었다.

건국 초기 자리 싸움으로 정쟁(政爭)도 치열했을 것이다. 퇴관은 했으나 홍무제의 신임이 두터운 유기는 정적 입장에선 두려운 존재였다. 독살설을 완전히 부인하기는 힘들다. 가능성 있는 일을 구실로 삼았는지도 모른다. 호유용은 좌승상의 지위에 있었고 6년간 국정의 정점에 있었기 때문에 권력이 그에게 집중되어 있었다. 홍무제는 이전부터 그런 그를 노리고 있었다.

유기 독살 건 이외에도 온갖 죄를 뒤집어 씌워 호유용을 숙청했다. 북원(北元)과 일본의 지원을 받아 반란을 기도했다는 것이 가장 무거운 죄목이었다. 남북조 시대에 일본이 외국 반란을 지원할 힘을 갖고 있었을 리 없다. 명의 재상과 연결되어 있었다면 일본에 어떤 형태로건 그 흔적이 남아 있을 것이나 그런 것이 전혀 없다. 다만 당시 왜구

활동이 매우 활발했고 일본 규슈(九州) 부근의 해적이나 해상(海商)
과 손잡았을 가능성은 있다.

상식적으로 홍무제가 구실을 만들어 독단 전횡을 부리는 호유용을
제거했다고 봐야 할 것이다. 독살했다고 고한 도절 역시 살해되었다.
이 숙청 뒤 홍무제는 중서성을 폐지해 좌우 승상의 직책이 없어진다.
그 후 명 왕조에서 재상에 해당하는 직책은 없어졌다. 6부, 즉 각 성의
장관은 있었지만 이를 총괄할 총리가 없었다. 황제가 총리를 겸한 셈
이다. 각료는 자기 소관 사항 이외에는 개입할 수 없으므로 권한이 집
중되지 않았다. 황제 독재가 확립되었고 절대화되었다.

홍무 13년, 숙청은 일단 몇 명의 고관을 처형하는 것으로 끝났다.
그러나 10년 뒤인 홍무 23년(1390년)의 숙청은 처참하기 이를 데 없
었다. 홍무제는 당시 예순세 살이었다. 홍무제는 자비심 깊은 황태자
주표(朱標)를 불안한 마음으로 바라보고 있었다. 홍무제는 아들이 제
위에 오르기 전에 위험 분자를 자신이 직접 제거하려 했다. 우선 일흔
일곱의 노장 이선장을 처형했다. 열일곱 살 때부터 자신과 함께 진우
량과의 전투나 광둥 평정에서 큰 공을 세운 육중형(陸仲亨)도 제거되
었다. 홍무제는 자신보다 열 살이나 젊은 역전의 장군 육중형이 왕조
를 찬탈할 힘을 갖고 있다고 판단했던 것이다. 친족 전체가 처형되는
족주(族誅)였다. 『소시간당록(昭示奸黨錄)』에 이름이 오른 것이 3만
여 명이었다.

3만여 명이 피를 흘린 2년 뒤(1392년), 홍무제가 총애하던 황태자
주표가 죽는다. 홍무제는 손자를 황사(皇嗣)로 삼기로 했으나 아직 어
렸다. 황태자를 위해서는 3만 명으로 족했지만 손자의 안전을 위해서
는 더 많이 살육해야 했다.

소름끼치는 일이 또다시 벌어졌다. 희생된 사람 중에는 건국의 원훈
이며 이미 고인이 된 상우춘의 처남 남옥(藍玉)이 있었다. 남옥은 대

장군으로 과거 15만 병력을 이끌고 막북(漠北)으로 출격해 북원(北元)의 군사를 부이르놀에서 격파했다. 북원 황제(순제의 손자)의 차남인 티포누를 생포한 공적도 있다. 티포누는 류큐(琉球)로 유배 보내졌다. 서번(西番)의 반란 토벌에도 종군한 역전의 장수였다. 특무기관인 금의위(錦衣衛)의 고발이란 형태로, 반란 혐의를 씌워 남옥을 체포한 뒤 책형(磔刑)에 처했다. 남옥과 연좌되어 처형당했다고 『역신록(逆臣錄)』에 이름이 오른 사람이 1만 5천여 명이다. 일망타진이란 표현이 적절할 것이다. 남옥의 사건은 홍무 26년(1393년) 황태자 사망 이듬해의 일이다.

원 왕조 말기 동란 시절에 접어들면서 과거 용맹스럽던 홍건군의 영수도 소름끼치는 권력의 노예가 되어 자신의 아들과 손자를 위해 피의 숙청을 단행한 것이다. 홍무제는 원 왕조를 멸망시키고 중화제국을 부활시켰다. 그러나 명 왕조는 송 왕조로 회귀한 것이 아니었다. 역사의 흐름에 따라 원 왕조의 후계자였고, 원 왕조와 같은 요소를 많이 안고 있었다. 야성적, 노골적, 극히 실리적, 이 세 가지가 명 왕조의 성격이다. 노골적이지만 긍정적이지도 못했다. 늘 암울한 살육의 그림자가 드리우고 있었다. 황제 자리를 유지하기 위해서는 정보를 독점해야 했다. 금의위나 동창(東廠) 같은 기관은 정보 수집과 관민 감시라는 음습한 임무를 맡고 있었고, 명(明)이라는 왕조의 명칭과 달리 밝은 쪽으로 가는 것을 막고 있었다.

홍무제는 피의 숙청을 거듭하면서도 이해하기 힘든 자신감을 갖고 있었던 것 같다. 일반 백성의 신뢰만 얻으면 궁정의 참모나 주변 사람은 수없이 죽여도 반란은 일어나지 않으리라 믿고 있었다. 사실 홍무제는 운하·관개·방재 같은 대공사 때도 백성에게 부담이 되지 않도록 배려하며 시행했다. 노비의 사유화를 금지하는 노예 해방도 단행했다. 또 코를 자르거나 거세하는 육체적 형벌을 금지시켰다. 궁정에서는 환관의 수를 1백 명 이하로 제한했고 환관의 정치 관여를 엄격히 금지했으며, 그러한 내용을 쇠로 만든 판에 새겨 게시했다.

원 왕조가 중상주의이고 착취적이었던 데 비해, 명은 농본주의로 돌아갔다. 홍무제가 빈농 출신이란 점도 있어서 국민 대다수를 차지하는 농민의 이익을 항상 우선했다. 상인은 경멸당했다. 농민은 비단옷을 입어도 좋지만 상인에겐 금지했다.

만년에 민중의 일을 더욱 걱정했다.

『명사』「태조본기(太祖本紀)」는 적고 있다. 남옥 뒤에도 부우덕(傅友德)·왕필(王弼)·풍승(馮勝)·왕박(王朴)·구양윤(歐陽倫) 같은 공후와 용장들을 계속 처형했으나 한편으로는 백성을 걱정하고 선정(善政)에 노력했던 것이다.

모순된 인간이기도 했던 홍무제는 홍무 31년(1398년) 5월, 일흔한 살의 나이로 숨을 거두었다. 유조(遺詔)로 황태손을 즉위시키는 것 외에도 상복은 3일까지만 입고 결혼과 같은 경사로운 행사를 막지 말라고 당부하고 있다.

쯔진성(紫禁城)의 애환

1

홍무제에겐 아들이 스물여섯 명 있었고(딸은 숫자에 넣지 않았다), 이 중 황후 마씨(馬氏)가 낳은 자식은 다섯 명이었다. 모두 아들이었다. 또 홍무제는 유망한 젊은이들에게 주씨(朱氏) 성을 하사하고 양자로 삼았다. 당 왕조 때 절도사들이 많은 양자를 둔 것과 비슷했다. 고아였던 홍무제는 혈연 혹은 혈연 관계를 맺은 사람만을 신임하는 경향이 있었다.

황후 마씨는 홍건군 영수 곽자흥의 양녀였다. 아마 홍건군 내부에도 혈연 관계를 맺으려는 경향이 있었던 듯하다. 홍무제는 여러 황자들에게 수천 혹은 수만 명의 병사를 맡겨 번병(藩屛:왕조를 수호하는 거점─옮긴이)으로 삼았다. 특히 마황후의 아들을 주요 지역의 왕으로 책봉했다. 그 중 원 왕조의 대도(大都)였던 베이징을 중심으로 하는 연(燕)의 땅은 북방의 침략에 대비하는 전략적 요충지여서 가장 유능하다고 생각한 4남 주체(朱棣)를 연왕으로 책봉했다.

홍무제가 죽자 유조(遺詔)대로 황태손 주윤문(朱允炆)이 즉위했고, 다음해 건문(建文)으로 개원했다. 무(武)에서 문(文)으로 명 왕조가 전환한다는 사실을 원호로 표명했다. 이 책에서는 주윤문을 건문제(建文帝)라고 부르기로 한다.

온순하고, 학문을 사랑한 청년이었다. 병부상서(兵部尙書:국방장관)

제태(齊泰)와 태상경(太常卿:제사를 담당하는 각료) 황자징(黃子澄)이 보좌했고, 대유(大儒)라 일컬어졌던 방효유(方孝孺)를 한림원(翰林院) 시강(侍講)으로 초빙했다. 문(文)의 시대에 걸맞게 이들은 정치가이기보다 학자풍의 사람들이었다.

건문제의 새 측근들은 역사를 검토한 뒤 왕조의 현실이 한(漢) 왕조 초기와 유사하다고 분석했다. 왕들이 요지에서 무력을 보유하고 번병(藩屛) 역할을 하리라 기대했으나 오초7국의 난과 같이 중앙을 위협하는 세력이 될 가능성도 있었다. 학자 그룹의 의견에 따라 건문제 정부는 왕들의 세력 약화를 기본 정책으로 삼았다. 이는 황태손 시대부터 측근들 사이에 이미 결정되었음에 틀림없다. 5월 홍무제가 죽자 6월 제태와 황자징이 승진했고, 8월에는 주왕 주숙(朱橚)이 폐위된 뒤 서민으로 강등되었다. 주왕은 마황후가 낳은 아들 다섯 명 중 막내이며, 홍무제 당시부터 나쁜 짓을 많이 저질러 제거하는 데 부담이 없었다. 국경 경비 명목으로 이경융(李景隆)이 병력을 이끌고 카이펑부의 왕궁을 기습 포위했고 주숙을 체포해 윈난으로 유배 보냈다.

건문으로 개원한 다음해 4월 제왕(齊王) 주부(朱榑)와 대왕(代王) 주계(朱桂)가 폐위되었고, 상왕(湘王) 주백(朱柏)은 절망 속에 자살했다. 6월에는 민왕(岷王) 주편(朱楩)이 장저우(漳州, 푸젠)로 유배되었다. 마침내 7월 연왕 주체가 병사를 일으켰다. 연왕은 여러 왕들을 폐하는 궁극적인 목표가 결국은 자신을 제거하기 위함이었다고 판단했다. 베이징의 왕부(王府)에는 조정에서 파견된 감시자가 있었는데, 연왕은 간신을 제거한다는 명목으로 그를 죽이고 거병했다. 이 반란은 도연(道衍)이란 승려가 계획한 것으로 알려져 있다.

연왕은 반란에 동원된 군사를 정난군(靖難軍)이라 불렀다. 난(難:황제 측근의 간신들)을 제거한다는 의미였다. 정난의 난은 4년이나 지속되었다. 물론 무력은 중앙정부의 건문제측이 우세했다. 한번에 30만

~50만의 대군을 동원할 수 있었다. 그러나 이를 지휘할 유능한 장군은 홍무제의 손에 의해 대부분 숙청된 상태였다. 반면 연왕은 실전 경험이 있고, 몽골 병사의 항복을 받아들여 용감한 몽골 군단까지 이끌고 있는 뛰어난 지휘관이었다.

건문제와 연왕의 싸움은 전쟁 초기에는 수적으로 우세한 건문제가 유리한 듯했으나 전투가 거듭되면서 연왕 쪽으로 기울기 시작한다. 건문제의 병사가 연왕군을 압도하는 듯하자, 건문제는 "내가 숙부를 죽였다는 오명을 쓰지 않도록 하라"라는 다소 기묘한 조서(詔書)를 내려보냈다. 적당히 적을 봐주라는 의미로 해석될 수도 있는 이 암시 때문에 군사들은 전력을 다해 싸우지 않았다.

승패를 좌우한 것은 정보전(情報戰)이다. 그런데 난징 궁정 중추의 결정이 곧바로 연왕에게 전달되었다. 이는 홍무제가 환관의 폐해를 막기 위해 철(鐵)에 새긴 경구를 내걸고 환관이 정치에 관여하는 것을 금지시킨 일과 관련 있다. 건문제는 할아버지의 유훈을 지켰고 할아버지보다 더 강경하게 환관을 감시했다. 거의 인간으로 취급하지 않았다고 한다. 결국 환관은 건문제에 불만을 갖게 됐다.

아무리 중요하고 비밀스러운 회의라도 환관은 급사나 심부름꾼으로 출입할 수 있었다. 환관을 인간으로 취급하지 않았기 때문에 그들이 있건 말건 자유롭게 발언했다. 환관을 통해 그 내용이 연왕에게 전달되었던 것이다.

마지막 장면도 그랬다. 환관의 제보로 난징의 방위가 빈 것을 알게 된 연왕이 단번에 남하해 양저우에 들어갔고, 창장을 건너 난징을 공격한 것이다. 이경융 진영이 배반해 성문을 열고 연왕을 맞아들였다. 건문제는 궁전에 불을 질렀다. 불에 탄 폐허에서 황후의 시체가 발견되었으나 건문제의 생사는 확인되지 않았다. 그 뒤에도 서민들 사이에서는 건문제 생존설이 나돌았다.

황제 측근 학자들에 대한 숙청은 매우 처절했다. 연왕에게도 역시 냉혹한 피가 흐르고 있었음이 이 숙청으로 드러난다. 제태·황자징·방효유는 그 친족까지 처형되었다. 이들의 여인들은 노비의 부인이나 관비가 되어 죽음보다 더한 치욕 속에 살아야 했다. 방효유의 경우 연왕이 그 재능을 인정해 즉위 때 조서를 쓰게 했다. 그러나 방효유가 '연적(燕賊), 제위를 찬탈하다'라고 썼기 때문에 연왕은 격노했고, 친족뿐 아니라 3족(처와 어머니 생가)의 친척, 그 문하생들까지 모조리 처형했다. 873명이 방효유의 눈앞에서 처형되었고, 처형이 끝나자 방효유는 책형에 처해졌다.

연왕은 즉위해 원호를 영락(永樂)으로 정했다. 그가 바로 영락제(永樂帝)이다. 명 시대에는 송 왕조 때 볼 수 있었던 기개 있는 문인들이 적었다. 사대부의 명예를 존중하고 간언한 자를 처형하지 말라는 석각 유훈(石刻遺訓)이 있었던 송과 방효유라는 대유학자를 가혹하게 죽인 명의 차이에서 나오는 것이리라.

영락제는 자신의 본거지였던 베이징에 궁궐을 세운 뒤, 난징에서 베이징으로 천도했다. 원 왕조에 이어 베이징은 다시 수도가 되었고, 궁성인 쯔진성(紫禁城)은 청 왕조로 인계된다.

2

영락제는 건문제의 치세 4년을 역사에서 말살하려 했다. 실제로 명의 기록에는 건문 시대가 누락되어 있다. 홍무제는 홍무 31년에 죽는데, 영락 이후 명의 문서에는 홍무가 35년간 지속된 것으로 되어 있다. 4년간 황제 자리가 공위(空位)로 되어 있다가 영락제가 아버지 홍무제의 자리를 이어받은 것으로 기록되어 있다. 이 같은 역사의 개찬(改竄)이 영원히 사람들을 속일 수는 없다. 영락 이후에도 이 문제는 종종 제기되어 명 왕조의 두통거리가 되었다.

건문제 4년간의 일은 존재하지 않은 것으로 간주되었고, 그 시기에 실시된 모든 일을 무효화했다. 그러나 영락제는 건문제 당시 결정된 것 중 단 한 가지 정책만은 계승했다. 바로 왕들의 세력 약화였다.

명이 정식으로 베이징에 천도한 것은 영락 19년(1421년) 때의 일이다. 영락제는 영락 22년(1424년)에 죽는다. 그의 업적은 제위 찬탈 외에 다섯 차례에 걸친 몽골 친정(親征)이다. 건문제였다면 불가능했을 것이다. 또 환관 정화(鄭和)에게 일곱 차례나 대항해를 명령했다. 제1차 항해는 영락 3년(1405년)에 단행되었다. 동남아 각국을 거쳐 인도의 캘리컷에 도착했고, 페르시아만의 호르무즈, 아프리카, 아라비아까지 항해했다.

『명사』에는 2만 7천8백여 명의 장병을 태운 거함 62척이 출발했다고 기록되어 있다. 선박의 길이는 44장(150미터), 폭 18장(62미터)이었다. 요즘의 8천 톤급 선박에 해당한다. 정화의 1차 항해에 나선 그 90여 년 뒤 바스코 다 가마(Vasco da Gama)가 희망봉을 돌아 인도 항로를 발견하는데, 당시 기함(旗艦)은 1백2십 톤에 불과했다. 정화의 항해 규모가 얼마나 컸는지를 짐작할 수 있다.

왜 이러한 대항해를 반복했을까? 죽음이 확인되지 않은 건무제의 행방을 찾기 위해서였다는 설도 있으나 그보다는 국위 선양과 교역의 비중이 더 높았을 것이다.

민족국가를 지향한 홍무제는 해금(海禁) 정책을 취했다. 백성들이 왜구와 결탁해 난을 일으킬 것을 우려해서였다. 중국 내부를 공고히 하는 것을 우선시했고, 외부와의 번거로운 접촉을 피하려 했다. 이에 대해 몽골과 종종 전투를 벌였던 영락제는 세계제국을 지향했다. 이런 점에서 명의 영락제 시대는 원 왕조와 분위기가 비슷하다. 원 왕조 때도 거선을 만들었음이 마르코 폴로의 기록에 자세히 나오는데, '이전에는 더 큰 선박을 만들었으나 외국의 항구가 깊지 못해 접안에 어려움을 겪자 점차 선박의 규모가 작아졌다'라고 기록되어 있다.

『명사』에 나오는 선박의 크기는 과장이라는 설이 유력했다. 그러나 1957년 난징 교외의 보선창(寶船廠) 유적지에서 발굴된 거대한 타(舵:키)를 통해 기록이 허세가 아니었음이 증명되었다.

영락제가 사망한 뒤 선덕(宣德) 6년(1431년), 정화는 제7차 항해에 나섰다. 그 자신은 물론 명 왕조로서도 마지막 항해였다. 정화의 함대가 서양취보선(西洋取寶船)이라 불린 것을 보면 교역에 중점을 두었다는 것을 짐작할 수 있다. 이 역시 원 왕조의 중상주의를 연상하게 한다. 영락제가 사망한 뒤 명 왕조는 다시 궤도를 수정해 농본주의로 돌아갔다. 서양취보선의 파견이 그 이후 취소된 것은 이 때문이다.

서아시아에 티무르가 대두한 시기는 명 왕조 창건 시기와 거의 일치한다. 티무르가 사마르칸트에 정권을 세운 것은 홍무 3년(1370년)의 일이다. 1404년 노년에 접어든 티무르는 명을 정복하기 위해 사마르칸트를 출발했으나 다음해 사망한다. 티무르가 죽은 해에 정화의 제1차 항해가 시작되었다. 티무르의 배후에 있던 제국과 우호 관계를 맺고 압력을 가하는 것이 항해 목적 중 하나였다는 것은 너무 견강부회적 해석이다. 티무르 사후 제국은 이내 분해되었고 더 이상 동방 정벌에 나설 힘은 없었다.

몽골 지배를 무너뜨린 홍무제는 강력한 민족국가를 만들어냈다. 그리고 영락제의 몽골 친정(親征)과 환관 정화의 일곱 차례에 걸친 대항해에서 엿볼 수 있듯이 강력한 세계제국의 냄새를 풍겼다. 명 왕조는 독특한 두 황제 이후로는 민족국가나 세계제국으로서 두 황제 당시보다 발전된 모습을 보이지 못했다. 극단적으로 말하자면 명 왕조는 홍무와 영락 두 사람이 큰 빛을 발한 뒤 나머지 시기는 그 여광(餘光)으로 존재했을 뿐이다. 급속히 팽창해 서서히 쇠퇴해 간 것이 명의 역사라고 할 수 있다. 등장 인물도 두 사람 이후로는 조연급들뿐이었다.

3

영락제는 5차 몽골 친정(親征)에서 돌아오던 중 사망했다. 영락 22년(1424년)의 일이다. 황태자 주고치(周高熾)가 즉위해 다음해 홍희(洪熙)로 개원했다. 그러나 그해 5월 마흔여덟 살에 죽고 아들 주첨기(周瞻基)가 즉위했다. 즉위 다음해 선덕(宣德)으로 개원한다. 홍희제의 종묘호는 인종(仁宗), 선덕제는 선종(宣宗)이었다. 두 황제를 '인선(仁宣)의 치세'라 부르며, 명의 황금기로 간주하는 사가도 있다. 한(漢)의 '문경(文景)의 치세', 당(唐)의 '정관(貞觀)의 치세', 송(宋)의 '경력(慶曆)의 치세'와 같이 창업기가 끝난 뒤 찾아오는 안정기가 가장 좋은 시절이라고 보는 견해이다. 전쟁이나 큰 공사가 없는 시대에는 백성들이 편안하다.

재위 기간이 1년도 미치지 못했던 홍희제의 시대를 다음 시대와 맞물려 인선의 치세라고 하는 데에는 이유가 있다. 재위 기간은 짧았지만 친정이 많았던 영락제가 수도를 비운 사이 황태자 시절의 홍희제가 감국(監國)으로서 실제 정무를 봤기 때문이다. 대항해나 친정의 연속으로 국가 살림살이가 어려워진 것을 홍희제는 잘 알고 있었다. 아버지에게 정면으로 도전할 수는 없었으나 내심 회의적이었을 것이다. 아버지 영락제도 이를 알아차리고 황태자로 세울 때 다소 망설였다고 한다. 홍희제는 너무 살이 쪄서 걷는 것조차 힘들어했다. 반면 그의 동생 한왕(漢王) 주고후(周高煦)는 용맹스러웠고 무장들은 그가 하루빨리 즉위하기를 원했다. 그러나 홍희제가 황태자로, 홍희제의 장남 주섬기가 황태손으로 정해졌다.

한왕은 야심가였다. 아버지의 친정에 자주 동행해서 무장들과도 가까웠다. 영지는 원래 윈난이었으나 부임하지 않고 조정에 머물고 있었다. 영락 13년(1415년)에 한왕은 영지가 윈난보다 베이징에 가까운 칭저우(青州, 산둥)로 바뀌었으나 역시 부임하지 않았다. 영락제는 이러한 한왕의 태도에 격분해 그를 시화먼(西華門)에 감금하기도 했다. 다음해 러안저우(樂安州, 산둥)에 책봉되자, 마침내 한왕도 영지로 떠날 수밖에 없었다.

대항해는 교역으로 이익을 가져다 주었지만, 외정(外征)은 재정을 크게 압박했다. 영락 시대에 호부상서(재무장관) 하원길(夏原吉)과 형부상서(법무장관) 오중(吳中)이 외정에 반대하다 투옥되었다. 이때 외정에는 민간에서 23만 5천 명의 장정들이 징용되고 37만 석의 군량이 막북(漠北)까지 운반되었다. 황태자 시절부터 홍희제는 베이징을 수도로 삼고 있기 때문에 이러한 원정은 불가피하다고 여겼다. 수도가 국경선에 너무 가까웠던 것이다.

즉위한 뒤 홍희제가 제일 먼저 한 일은 4년간 투옥되었던 하원길과 오중을 석방한 것이다. 이는 홍희제가 두 사람과 같은 의견을 갖고 있음을 표명한 것이었다. 이어 대항해를 폐지했고, 그 총사령이던 유능한 환관 정화를 난징 유수(留守:총독)로 임명했다. 그리고 황태자를 효릉(孝陵:홍무제의 릉) 참배를 위해 난징에 파견했다. 이는 난징 천도를 위한 포석이었다.

그러나 홍희제의 사망으로 천도는 백지화되었다. 난징에 있던 황태자는 서둘러 베이징으로 돌아와 즉위했다. 한왕은 도중에 황태자를 암살하려 했으나 실패한다. 다음해인 선덕 원년(1426년)에 한왕은 반란을 일으켰다. 조카인 황제에게 숙부인 왕이 반역하는 것은 건문제나 영락제의 경우와 같다. 그러나 선덕제는 건문제처럼 우유부단하지 않았다. 스스로 진두에 서서 러안(樂安)을 공격했다. 한왕은 항복했고, 반란에 가담한 6백4십여 명이 처형되었다. 선덕제는 쯔진성의 시안먼

(西安門)에 소요성(逍遙城)이라 불리는 건물을 짓고 그곳에 숙부 한왕과 그의 가족을 가두었다.

수년 뒤 선덕제가 소요성에 가자 한왕은 황제를 발로 차 쓰러뜨렸다. 격분한 선덕제는 동(銅) 3백 근으로 항아리를 만들어 숙부를 거기에 집어넣었다. 한왕은 힘이 장사여서 항아리의 뚜껑을 열려 했고 항아리가 흔들렸다고 한다. 그러자 선덕제는 항아리 뚜껑 위에 숯을 쌓은 뒤 불을 붙였고 동 항아리는 녹아내렸다. 안에 있던 한왕은 비참한 최후를 맞았다. 선덕제는 이처럼 잔인한 면이 있었다.

아버지 홍희제와는 사고 방식이 달랐다. 아무리 아버지가 수립한 계획이라 해도 베이징에서 난징으로 천도하는 고식적인 방법은 채택하지 않았다. 그렇다고 할아버지 영락제처럼 세계제국을 추구하지도 않았다. 선덕제는 균형 감각이 뛰어난 인물로 여겨진다. 그는 국경선을 후퇴시킴으로써 후세 사가들의 비판을 받고 있다. 룽강(龍岡, 네이멍구)과 롼허(灤河, 허베이성)의 땅 3백 리를 포기하고, 만리장성 연장선상의 두스성(獨石城, 허베이성)까지 수비대를 후퇴시켰다. 영락제 때 다닝(大寧, 랴오닝성)을 포기했기 때문에, 이들 지역은 그 동안 고립되어 있었다.

유지하기 곤란한 거점을 과감하게 포기함으로써 수비를 강화하자는 생각이었다. 또 자오즈(交趾＝베트남)에서 여리(黎利)의 난이 일어나자, 명 왕조는 강화를 맺고 그 땅을 포기했다. 선덕 2년(1427년)의 일로 이것이 베트남 여씨 왕조 창시로 연결된다.

남북 국경을 정리하고 자신의 몸에 맞는 국가를 만들었던 것이다. 그는 또 아버지가 폐지한 대항해를 부활시켰으나 이는 단 한 번으로 끝난다. 선덕제는 명의 국력을 정확히 파악하고 있었던 것이다. 그는 증조부 홍무제가 추구한 농본주의와 소박주의로 복귀했다. 잉여 인력을 정리하여 작은 정부를 만들었다. 그 대신 홍무제가 완벽하게 구축하려 했던 황제 독재를 다소 늦추었다. 독재는 어느 정도 제어 장치를 마련하지 않는 한 폭주할 우려가 있다.

아무리 독재를 한다 해도 문서 처리를 위해 조수는 필요해 한림학사(翰林學士)를 황제 측근에 두고 비서 역할을 맡겼다. 이들이 결국 황제와 권력을 나눠갖게 된다.

한림학사는 5품관으로 그 지위는 낮았다. 6부 장관은 상서(尙書), 차관은 시랑(侍郞), 국장은 낭중(郞中)인데, 5품관은 낭중과 동급이었다. 황제의 문서 처리를 맡는 관리가 국장 급이었기 때문에 황제의 지위가 상대적으로 높아보였다. 한림학사는 궁중의 문연각(文淵閣) 소속이었고 그들을 각신(閣臣)이라 불렀다. 황제 측근에 있던 수명의 각신 그룹을 내각(內閣)이라 불렀다.

홍희제는 시랑을 각신으로 삼았다. 각신이 국장에서 차관으로 승격한 셈이다. 선덕제는 각신에게 표의(票擬) 권한을 부여했다. 수많은 주문(奏文)에 황제는 비답(批答)을 첨가한다. 어떤 제안을 채택할지 여부나 시기를 결정하는 것이 비답이다. 주문이 많아지면 각신이 먼저 읽고 그 개요를 황제에게 설명하게 된다. 단순한 행정 절차에 불과하지만 이때 각신이 자신의 의견을 추가할 수 있었다. 표의(票擬)가 허용된 것이다. 이 역시 단순히 참고 의견에 불과하고 황제가 이를 수용할 필요는 없다. 하지만 표의가 그대로 비답이 되는 경우가 많았기 때문에 내각의 권한은 차츰 강해진다. 표의는 일종의 제어 장치라고 할 수 있다.

홍무제가 호유용 사건을 계기로 승상을 폐지한 뒤 승상 자리는 계속 공석이었다. 그러나 명 왕조에서는 여러 각신들 중 1인자가 사실상 재상이라 불렸다. 선덕 시대에는 3양(三楊), 즉 양사기(楊士奇, 1365~1444년)·양영(楊榮, 1371~1440년)·양부(楊溥, 1372~1446년)가 유명한 각신이었다.

4

중화 부흥이란 팻말은 내걸었지만 명 왕조는 송보다 원에 가까웠다. 숙부인 영락이 조카인 건문의 친족과 측근을 도륙한 것이나 조카 선덕이 숙부 한왕을 동 항아리에 넣어 태워죽인 일은 송 왕조 시대에는 상상조차 할 수 없었던 일이다. 전형적인 원의 모습이다.

명과 송의 차이는 관료들에게 철학이 없었다는 점에서도 나타난다. 송 왕조 시대의 왕안석 · 사마광 · 구양수 · 소식 · 주희 등은 고관임과 동시에 문인이었고 사상가였다. 그러나 명 왕조에는 이런 큰 인물들은 없다. 기본적으로 관료는 황제의 도구였고, 도구에는 기술만 필요할 뿐 사상은 요구하지 않았다. 그 기술이란 단지 '문서 처리'를 위한 기술이었다.

앞에서 열거한 3양은 저작도 남겼다. 그들의 시문(詩文) 형식은 태각체(台閣體)라 불린다. 쓸데없이 길고, 모방과 아첨으로 가득 찬 형식주의적인 것이다. 3류 문인의 시문이며 감동을 주지 못했다.

과거(科擧)는 팔고(八股)라 불렸다. 형식적인 문장의 작문 실력을 채점 기준으로 삼았다. 8단의 장(章)으로 나뉘어, 마지막 운(韻)이 대칭이어야 했다. 내용보다 형식을 중시했다. 따라서 수험자들은 사서오경보다는 모범 시문집을 가지고 이를 조합하는 연습만 하면 되었다. 팔고문은 3년 만 수련하면 능숙해질 수 있었지만 사서오경을 공부하려면 장구한 세월이 필요했다. 따라서 가정교사를 고용하거나 시간이 많은 특별 계층만이 송 시대의 과거에 응시할 수 있었다. 명 시대 때는 시험이 간단해 관료 문호가 넓은 계층에 개방되었다. 대신 명 왕조만큼 관료의 급여가 낮았던 시대도 없었다. 역사상 관료 급여가 가장 높았던 시대가 송 왕조, 가장 낮았던 시대가 명 왕조였다. 급여만으론 생활이 불가능해 뇌물이나 횡령이 비일비재했다. 관료들의 이념 수준이 낮았기 때문에 정신을 강조해 부정을 제어하는 방법도 효과가 없었다. 방효유가 영락제에 의해 3족의 문인까지 처형된 일이 명 왕조에 깊은 상처를 주었고, 명 시대에 들어서 도의심 저하에 가장 큰 원인이 되었다는 설이 있다.

이런 정권에서는 관료가 반드시 사대부일 필요는 없었다. 환관이어도 무방했다. 홍무제는 환관의 수를 1백 명으로 제한하고, 그들이 학문하는 것을 금했다. 잡일을 위해 황제 주변을 드나드는 환관들이 중요 문서를 읽어서는 곤란하기 때문이다. 그러나 선덕제는 궁중에 환관학교인 내서당(內書堂)을 만들었다. 열 살 전후의 환관 2백~3백 명을 교육한 적도 있었다. 환관은 글을 읽지 못하게 하라는 홍무제의 유훈은 물론이고, 환관 수를 1백 명 내외로 제한한 규제도 철폐했다. 소년 환관만 2백~3백 명이 들끓게 되었다. 영락제가 정난의 변 때 환관의 힘을 빌렸기 때문에 환관에 대한 대우가 개선되었던 것이다. 국가 운영 도구로 관료건 환관이건 별 차이가 없다고 여긴 듯하다.

선덕제에 이어 영종이 즉위했다. 이 인물만은 종묘호(宗廟號)로 불러야 한다. 한 번 퇴위한 뒤 다시 부활해 두 가지 원호인 정통(正統)과 천순(天順)을 갖고 있기 때문이다. 영종은 명 왕조 창시 이래 가장 어린 황제였다. 황태손으로 즉위한 건문제도 스물두 살이었다. 영종은 아홉 살에 즉위했고 할머니에 해당하는 태황태후(홍희제의 황후) 장씨(張氏)가 섭정했다. 그러나 장씨는 조법(祖法:조상 대대로 내려오는 규칙—옮긴이)에 따라 정치에 직접 관여하는 것을 삼갔다. 보좌할 신하가 필요한데, 3양은 너무 늙어 있었다. 3양은 선덕제의 황태손 시절부터의 교사였다. 장씨도 영종의 교사를 그의 측근으로 삼았는데, 그가 바로 왕진(王振)이란 환관이었다.

왕진은 환관을 교육했고 동시에 궁녀를 가르치는 학문소의 교사로 있었다. 궁녀 학교의 교사는 정신(淨身:남성이 없는 몸)이어야 했기 때문에 왕진은 스스로 거세 수술을 받았다. 출세를 위해서라면 무슨 일이라도 하는 인물이었다. 선덕제가 아들의 교육 담당자로 왕진을 고른 것이 재앙의 원인이었다.

홍무제가 우려한 환관의 전횡이 이 무렵부터 시작된다. 왕진은 자신의 권세에 반항하는 자는 용서 없이 처벌하는 공포 정치를 벌였다. 명 왕조의 권세는 돈에서 비롯된다. 정통 7년(1442년) 태황태후가 죽자 왕진에게 더 이상 두려운 존재는 없었다. 양부가 정통 11년(1446년)에 죽어 3양이 모두 사라지자, 내각은 약해졌고 실권은 환관의 내각에 해당하는 사례감(司禮監)으로 옮겨졌다. 그 장관이 장앙태감(掌仰太監)이며 왕진이 그 직책을 맡고 있었다.

5

영락제는 수차례 몽골족을 공격했으나 그때마다 무력에만 의존했던 것은 아니다. 랴오둥을 평정한 뒤 지린에 여진족의 젠저우위(建洲衛)를 세웠다. 여진족을 명 왕조 군사에 편입시켜 젠저우위가 몽골에 압력을 가해 북방 국경을 안정시켜 주리라 기대했다.

여진족을 회유하기 위해 각 부족의 수장에게 칙서를 부여했고 이를 지참하면 조공 형식으로 무역할 수 있도록 했다. 여진족은 모피나 인삼을 조공했고 명에서 옷감이나 일용품을 받아갔다. 여진족의 산업이나 생활까지 명의 체제 속으로 들어왔다. 여진족은 문수보살(文殊菩薩)의 신자가 되었고 그 일파는 자신들을 문수도(文殊徒)라 불렀다. 보살의 이름인 문수를 그대로 부르기 죄송스럽다고 생각한 한족들이 많았고, 발음이 비슷한 한자를 골라 만주(滿洲)라 불렀다. 여진족 일파는 이 무렵부터 자신들을 만주라고 부르기 시작한다.

한나라 땅에서 추방된 몽골족은 오이라트와 타타르, 이 두 집단으로 분열해 있었다. 그 외에 우리얀하이란 집단이 있었는데, 변발 풍습이 없는 우리얀하이 집단은 홍무제 시대부터 명에 복속해 있었다. 몽골족은 오이라트가 점차 강성해졌고 드곤이란 영걸 아래 몽골족이 통일되고 있었다. 명에 복속해 있던 우리얀하이 부족도 어느 틈엔가 드곤 진영으로 들어갔다. 드곤이 사망한 뒤 그의 아들 에센은 아버지 이상의 통솔력으로 통일 사업을 계승했다. 유목민 사이에서는 항상 실리가 우선한다. 에센의 산하에 사람들이 모인 것은 득이 되는 일이 많았기 때문이다. 칭기즈 칸이나 티무르도 이런 방식으로 큰 세력을 형성했다.

오이라트도 명과의 조공에서 수익을 올렸고 이것이 에센 권력의 근간이 되어 있었다. 오이라트의 경우 조공품은 말이었다. 수만에서 10만 마리의 말을 이끌고 명에 가면 다른 곳보다 수배 비싼 가격으로 사주었고, 사절단 모두에게 금품을 은상(恩賞)으로 주었다. 송나라가 요나 금에 주었던 세폐(歲幣)의 변형인 셈이다. 돈으로 평화를 샀던 것이다.

명 왕조는 오이라트 사절단의 규모가 적을수록 좋았지만, 에센에 이르러 규모가 커진다. 처음에는 50명이었으나 멋대로 늘어나기 시작한다. 정통 13년(1448년)의 사절단은 2천5백 명으로, 1천 명은 규정을 위반한 인원이었다. 이에 대해 왕진은 은상을 규정된 수만을 지급했고, 말은 오이라트가 제시한 가격의 5분의 1로 깎았다.

이를 전해들은 에센은 격분했다. 사절단 수를 늘리는 것은 당시까지 관례로 인정받았던 것이며, 말 가격도 터무니없이 깎았던 것이다. 말 시장이 평화의 대가임을 알려주기 위해 에센은 대군을 이끌고 동쪽 랴오둥에서 서쪽 간쑤성까지 일제히 명의 국경으로 진격했다.

왕진은 영종에게 친정(親征)을 권한다. 군 간부는 황제가 에센 따위의 공격에 직접 나설 필요가 없다고 반대했지만, 영종은 이미 왕진의 꼭두각시가 되어 있었다. 영종은 50만 대군을 이끌고 쯔진성을 떠난다. 거용관(居庸關, 베이징 북서쪽 60킬로미터)을 나서면 친정으로 규정되기 때문에 거용관에서 쯔진성으로 돌아갈 것을 영종에게 권유하는 신하들도 있었으나 왕진은 거부했다. 그는 오이라트가 50만 대군의 위세를 보고 물러가리라 생각했던 듯하다. 그러나 다퉁까지 가서 환관 곽경(郭敬)으로부터 오이라트군의 엄청난 공격력을 전해듣고 그제서 야 베이징으로 돌아가기로 결심한다. 곽경은 감군(監軍)으로서 양허 (陽和, 산시성山西省)에서 참패해 풀 숲에 숨어 겨우 목숨을 부지한 인물이다.

베이징으로 돌아올 때 50만 대군은 일단 동남으로 향했으나, 왕진 의 명령으로 다시 북쪽 쉬안푸(宣府, 허베이성)를 경유했다. 동남쪽으 로 계속 가면 왕진의 출신지인 위저우(蔚州, 허베이성)가 나온다. 위저 우는 추수기를 맞고 있었다. 50만 대군이 통과하면 고향의 농작물이 피해를 입을 것이 분명했기에 경로를 변경했던 것이다. 병사들은 이 우회 철군으로 인해 지치고 말았다.

더구나 쉬안푸 쪽 경로는 오이라트의 세력권과 매우 근접한 곳이었 다. 50만 대군이 움직이면 당연히 오이라트 진영이 알게 된다. 오이라 트는 명 왕조 병력의 후미를 노려 타격을 가한 뒤 추격을 계속했다.

다음날 명의 군사는 투무진(土木鎭)에 도착했다. 군대는 10킬로미 터 앞에 있는 화이라이성(懷來城)에 들어가려 했으나 왕진은 치중대 (輜重隊)가 아직 도착하지 않았다며 성채에서 떨어진 요새에 대기시 켰다. 왕진이 치중대에게 중요한 물건을 가져오게 했음이 틀림없었다. 다음날 오이라트군은 요새를 포위했다. 명군은 2장(약 6미터)이나 땅 을 팠으나 물은 나오지 않았다. 물이 없는 상황에서 농성은 불가능했 다. 명군 50만 명은 이곳에서 참패한다. 역사상 이런 참패가 다시 없 을 정도로 대패했다.

왕진은 혼란스러운 와중에 살해되었고 영종은 망연자실해 초원에 앉아 있다가 오이라트군에 생포되었다. 성이 함락당하고 황제가 포로가 된 것은 북송의 휘종(徽宗) 때와 남조 진(陳) 때의 선례가 있었으나 영종처럼 야전(野戰)에서 생포된 황제는 전무후무했다. 투무의 패전을 겪은 베이징에서는 황태후의 명령에 의해 영종의 동생 성왕(郕王) 주기옥(朱祁鈺)이 감국(監國)이 된 뒤 제위에 올랐다. 다음해 경태(景泰)로 개원되었다. 영종에겐 주견심(朱見深)이란 아들이 있었으나 너무 어려 위기를 타개하기에는 부적절하다고 여겼다. 대신 경태제(景泰帝)는 형의 아들 주견심을 황태자로 삼았다.

어리석은 친정을 벌인 총책임자 왕진 친족이 모두 처형되었고 금은 60여 창고, 옥반(玉盤) 1백 개 등 그의 전재산이 몰수되었다. 그 일당도 숙청되었다. 에센은 영종을 인질로 잡고 명 왕조와 유리한 조약을 맺으려 했으나 경태제 즉위로 기대는 물거품이 되고 말았다. 명이 영종이야 어찌되건 상관하지 않겠다는 자세를 취했던 것이다. 오이라트 군은 다시 출병해 베이징을 포위했으나 병부상서 우겸(于謙)이 굳건히 지켰기 때문에 결국 에센도 포위를 풀고 철수했다.

에센도 초조했다. 말 무역으로 얻을 수 있는 이익을 박탈당하고 싶지 않았다. 결국 그는 영종을 명으로 송환했다.

영종은 상황(上皇)이 되었고, 남궁(南宮, 쯔진성)에 연금된다. 경태 8년(1457년) 정월, 경태제가 중병에 걸리자 궁정 내 간신배들이 움직이기 시작했다. 경태제의 아들은 일찍 죽었고, 이대로 경태제가 죽을 경우 자연스럽게 영종이 복위할 형국이었다. '누구의 도움도 받지 않고' 영종이 복위할 경우 아무도 득을 보지 못한다. 돌연 석형(石亨)·서유정(徐有貞)·조길상(曹吉祥)이 병력 2천 명을 이끌고 남궁에서 상황을 모셔와 펑톈먼(奉天門)까지 인도했다.

이런 과정을 거쳐 영종은 복위했고 경태제는 2월에 죽는다. 중병이기는 했지만 자연사였는지는 의심스러운 부분이 있다. 영종은 경태제 옹립의 책임자였던 우겸을 처형했다. 영종은 이를 통해 자신이 어리석은 황제란 점을 증명한 셈이다. 천순으로 개원했고, 영종은 천순 8년 (1464년)에 서른여덟 살의 나이로 숨을 거둔다. 유조(遺詔)로 순장(殉葬)의 금지를 명한 것이 그가 한 유일한 선정(善政)이었다.

퇴폐의 계절

1

명明, 천하를 얻은 뒤 열여섯 명의 황제가 있었으나 태조 홍무洪武, 성조 영락永樂 외에 언급할 가치가 있는 자는 인종 홍희洪熙, 선종 선덕宣德, 효종 홍치弘治뿐이다.

『명사』에 있는 기록이다. 그 효종 홍치제는 두 번 즉위한 영종의 손자이다. 나머지는 모두 천황 자격에 낙제였다.

명 왕조의 흥미로운 점은 권신(權臣)이 세력을 잡아도 1세대에 그쳤다는 점이다. 황제가 바뀌면 아무리 권세가 막강했던 신하였더라도 반드시 몰락했다. 명 왕조 때도 환관이 큰 재난을 일으켰으나 당 왕조처럼 궁정을 뿌리째 흔들지는 못했다. 또 황후들의 가문이 그리 대단한 명문이 아니었다는 점도 흥미를 끈다. 유력한 외척이 나오는 것을 막기 위한 조치였는지도 모른다. 명군(名君)이라 일컬어지는 홍치제의 어머니는 요족(瑤族) 토벌 때 포로가 되어 후궁으로 들어간 '만토관녀(蠻土官女)'였다.

영종의 아들 성화제(成化帝)는 열여섯 살에 즉위했으나 열아홉 살이나 나이가 많은 만씨(萬氏)가 귀비(貴妃)가 되었다. 만씨는 유모 출신이었을 것이다. 성화제는 불교나 도교에 빠지는 등 미신적 성향이 강했다. 그의 아들 홍치제는 즉위 후 아버지가 임명한 전봉관(傳奉官:

승려나 도사로 임관한 사람) 1천1백 명, 여러 사찰의 국사(國師)와 법왕(法王 : 성화제가 부여한 호칭) 437명, 라마승 789명, 진인(眞人 : 득도한 사람) 등 123명을 추방하고 주모자격 도사는 투옥시켜 옥사하게 했다. 홍치제는 또 승려 계효(繼曉)를 효수(梟首)했다.

애석한 것은 인(仁), 선(宣)을 포함해 홍치제까지 명의 명군이 모두 단명했다는 점이다. 홍치제는 홍치 18년(1505년)에 서른여섯의 나이로 병사했다. 그의 아들 정덕제(正德帝)는 기이한 행동이 잦았던 변종(變種)이었다. 정덕 2년(1507년) '표방(豹房)'이란 기괴한 건물을 서화먼(西華門) 부근에 세웠다. 외관은 이슬람풍이지만 내부는 라마교 분위기가 났다. 정덕제는 그 건물 안에서 대경법왕(大慶法王)이라 칭하며 티베트어로 된 불경을 읽거나 라마의 방중술 연구에 몰두했다고 한다. 정치는 환관 유근(劉瑾)에게 전임했다. 그러나 유근도 5년 만에 실각해 처형되었고 황금 2백5십만 냥, 은 5천만 냥의 재산이 몰수되었다. 그가 5년간 모은 뇌물은 국가 세입의 수배에 달했다.

정덕제는 금원(禁苑)에서 병사들을 훈련시키거나 미녀를 찾기 위해 북쪽으로 대원정을 벌였고, 남순(南巡 : 남쪽으로 여행함)에 나서겠다고 고집 부리기도 했다. 남순은 군신들의 제지로 포기했다가 영왕(寧王)이 난창(南昌, 장시성)에서 반란을 일으켜 남순할 구실을 찾는다. 사실 영왕의 반란은 명에서 유일하게 철학을 가진 관료 왕양명(王陽明)에 의해 이미 평정되어 있었다. 그런데 정덕제는 너무도 남순을 하고 싶어 이를 발표하지 않았던 것이다. 그는 난징까지 가서 저수지에서 뱃놀이를 하다 물에 빠진다. 구조되긴 했으나 이때 병을 얻어 다음해 정덕 16년(1521년) 3월에 자신이 만든 표방에서 서른하나의 나이로 생애를 마쳤다. 아들이 없어서 사촌동생이 열다섯 살에 즉위했고 다음해 가정(嘉靖)으로 개원했다.

『명사』는 가정제(嘉靖帝)를 '중재(中材)의 주(主)'라 적고 있다. 명군은 아니었지만 어리석은 황제도 아니었다는 의미인데, 너무 후한 점수를 주었다는 느낌이다. 가정제의 아버지 흥헌왕(興獻王)은 효종 홍치제의 동생으로 제위에 오르지 못했다. 가정제는 본가에 후손이 없었기 때문에 즉위한 것이다. 중국 예법에 따르면 홍치제를 황고(皇考:아버지)라고 불러야 한다. 그럼에도 가정제는 돌아가신 친아버지 흥헌왕을 황고라 하고 홍치제를 황백부(皇伯父)로 삼았다. 이를 놓고 3년이나 논쟁이 벌어졌다. 이를 '대례(大禮)의 의(議)'라 한다. 가정제 측근들이 정권을 잡아 정론을 주장했던 사람들은 투옥되었고 열여섯 명이 장형(杖刑)으로 처형되었다.

이로써 의관衣冠들이 기개를 잃었다.

역사에 기록된 사건이다. 의관이란 관료를 말한다. 가정제는 쯔진성 궁중 깊숙한 곳에서 신선에게 불로장생을 기원했고, 청사(靑詞:도교 기원문) 제작 기술을 보유한 사람들이 등용되었다. 정치는 썩어갔다. 청사재상(靑詞宰相)이라 불렸던 엄숭(嚴嵩)은 아들 엄세번(嚴世蕃)과 함께 뇌물 정치를 펼쳤다. 황제 독재가 철저했던 명 왕조에서는 아무리 총애받는 신하라도 일단 황제가 외면해 버리면 몰락하고 만다. 서계(徐階)란 인물은 '대례의 의'에서 좌천된 정의파인데, 청사 제작으로 황제의 신임을 받자 언관(言官:오로지 의견만 말하는 관리)과 손잡고 우선 엄세번을 탄핵해 처형하는 데 성공했다. 엄숭은 실각해 병사했다. 서계의 반격이 있었지만 관료 풍토는 여전히 무사안일주의에서 벗어나질 못했다.

가정제의 치세는 45년이었으나 아들 융경제(隆慶帝)는 재위 기간이 6년에 불과했다. 다음 황제인 만력제(萬曆帝)는 열 살에 즉위해 48년이나 제위에 있었다. 만력은 20여 년이나 조정에 나가지 않았을 정도로 게으름뱅이였고 축재(蓄財)에만 몰두한 황제로 알려져 있다. 자신의 묘를 치장하기 위한 축재였다. 지하 궁전이라 일컬어지며 요즘 관광객이 베이징 교외의 13릉에 가면 반드시 찾는 정릉(定陵)이 바로 만력제의 묘이다.

명의 불행이라면 명군의 수명은 짧고 수준 이하의 황제가 오랫동안 제위에 있었다는 점이다. 가정과 그의 손자 만력이 거의 1세기를 통치했으므로 명 왕조는 확실히 내리막길을 걷고 있었던 셈이다.

2

가정의 시기에 명은 일본 해적인 왜구 문제로 고통받았다. 왜구는 원구(元寇)에 대한 보복이라도 하려는 듯 일찍이 중국과 조선의 해안을 습격했는데, 이는 전기 왜구 혹은 14세기 왜구라고 불러야 할 것이다. 명 왕조 초기 아시카가 요시미쓰(足利義滿)와 명이 정식 교역을 시작한다. 아시카가 정부가 단속을 강화하자 왜구도 잠시 수그러드는 듯했다. 가정 황제 시기의 왜구는 후기 왜구 혹은 16세기 왜구라고 한다.

명칭은 정식 교역이었지만 명 입장에서 보면 조공 무역이었다. 오이라트의 말 거래도 조공 형식을 취하고 있다. 조공이기 때문에 명은 진공품(進貢品)에 대해 실제 가격의 몇 배를 쳐주고, 사절단에게도 은상(恩賞)을 부여했다. 영종 때 왕진이 이러한 관례를 무시했다가 '투무의 변'을 초래했다. 후기 왜구는 이것의 해상판(海上版)이라 해야 할 것이다. 아시카가가 명에 보낸 국서를 보면 자신을 신하로 표현하고 명의 원호를 사용하고 있다. 그것이 관례였다.

조공을 받으면 명은 다소 불리해진다. 그래서 최대한 그 규모를 제한하려 했다. 일본과 명 왕조의 교섭은 모두 승려들이 했고 일본에서는 5산(五山)의 학승(學僧)이 활약했다. 영락 초기 일본의 조공은 10년에 한 번으로 선박은 두 척, 인원은 2백 명을 넘을 수 없었다. 선덕 때는 3백 명에 선박 세 척으로 조금 늘어났다고 기록되어 있다. 그러나 실제로는 오이라트의 말 시장과 마찬가지로 좀더 규모가 컸을 것이다.

경태(景泰) 4년(1453년) 일본의 진공선(進貢船)은 아홉 척, 인원은 1천 명을 넘었다. 이 중 세 척은 덴류지(天龍寺)의 배였고, 나머지는 이세호라쿠샤(伊勢法樂社), 야마토토우노미네(大和多武峰), 규슈탄다이(九州探題), 시마즈(島津), 오토모(大友), 오우치(大內)가 각 한 척씩이었다. 조공으로 생긴 이익을 선박 건조 비용으로 사용했고, 서쪽의 실력자가 기득권을 장악하고 있었다. 명은 아시카가 정부에 감합(勘合)을 발급했다. 명 왕조가 원본을 갖고 있다가 진공선이 도착해서 그것과 맞춰 일치하면 진공을 할 수 있었다. 감합을 소지하지 않은 선박은 해적으로 간주했다. 이를 '감합 무역' 이라고 한다.

귀중한 감합을 놓고 오우치 가문과 호소카와(細川) 가문이 대립했다. 전자는 하카타(博多), 후자는 사카이(堺)의 상인과 손잡고 있었으므로 하카타와 사카이의 상권 싸움이기도 했다. 가정 2년(1523년) 양자의 싸움은 명의 닝보를 무대로 방화 살인 사건으로 확대되었다. 오우치와 호소카와가 정사(正使) 자리를 놓고 싸웠다. 오우치가 정사로 삼고 있는 슈세쓰켄도(宗設謙道)가 호소카와 가문의 배를 불태웠고, 호소카와가 정사로 삼고 있는 쇼코쿠지(相國寺)의 란코즈이사(鸞岡瑞佐)를 죽였다. 결국 오우치 진영은 닝보 인근을 약탈했고, 명의 선박을 강탈해 해상으로 나갔다. 이를 쫓던 명의 군사가 전사했다.

폐관절공閉關絕貢

명 왕조는 일본에 대해 관문을 닫고 조공을 중단시키겠다는 조치를 취했다. 정식 조공이 불가능할 경우 비합법적인 사무역(私貿易)이 생기게 마련이다. 정식 조공선 때마저 방화와 살인이 자행되었으니 애당초 비합법적 활동을 하는 무리끼리 교역상 마찰이 발생했을 경우 곧바로 무력을 행사하는 것은 당연했다. 이것이 후기 왜구의 시작이다. 오이라트에 대한 무역 제한이 투무의 변을 일으킨 것과 기본적으로 같은 구도이다.

왜구는 각지에서 잔학 행위를 했다. 명의 군사조차 왜구를 만나면 도주했다고 한다. 왜구 차림을 하면 일 처리가 쉽다고 판단한 세력들이 일본풍 머리를 하고 일본 칼을 찬 채 돈을 벌러 나섰다. 『명사』에는 진짜 왜구는 열에 세 명, 『양방집략(洋防輯略)』에는 열에 한 명 정도라고 기록하고 있다. 가짜 왜구가 훨씬 많았던 것이다.

명의 명장 유대유(兪大猷)와 척계광(戚繼光)의 활약으로 마침내 왜구의 대란은 평정되었다. 무력뿐 아니라 교역이나 도항 금지 조치가 완화된 것도 왜구 평정에 일조했다. 한때 북쪽 산둥 반도에서 남쪽 하이난도(海南島)까지 그리고 창장 연안 안쪽까지 왜구의 피해가 미쳤었다.

명 왕조 시대에서는 보기 드물게 강직한 관료인 주환(朱紈)이 해금(海禁)을 철저히 시행하기 위해 위반자를 엄벌에 처했는데, 실제 이상으로 많은 사람들을 처형했다는 이유로 탄핵되어 독을 마시고 자살했다. 해안부 호족들은 모두 사무역으로 이익을 얻고 있어 해금이 철저히 시행되면 곤란했다. 그들은 조정의 고급관료에게 뇌물을 주어 성가신 주환을 탄핵할 수 있었다. 퇴폐의 시대였다.

외국의 도적을 물리치기는 쉬우나 중국 도적을 물리치기는 어렵다. 중국의 바다에 나타나는 도적을 제거하기는 쉬워도 중국 의관을 한 도적을 제거하기는 더 어렵다.

탄핵에 반론하는 주환의 소문(疏文)이다. 당시 일본의 주요 수출품은 일본 칼과 부채였다. 일본 칼은 소위 대량 생산 방식으로 만든 것인데, 명에 가면 다섯 배 이상의 가격에 팔렸다. 명 왕조 초기의 농본주의는 붕괴되었고 상인들 지위는 향상되었다. 세금은 물납 대신 화폐로 지불했고 상인은 조정 내부까지 잠식해 들어갔다. 특히 안후이성 신안(新安) 출신은 신안 상인이라 불리며 큰 세력을 갖고 있었다. 주환은 그러한 상인과 결탁한 관료에게 살해당한 것이다.

조정 내부도 복잡했다. 뇌물 액수가 세력 관계에 큰 영향을 미쳤다. 저장의 총독(總督) 호종헌(胡宗憲)은 강경책뿐 아니라 회유책도 사용했다. 주환의 탄압에서 벗어나 일본의 고토(五島)로 건너간 신안 출신 왕직(王直)에게 돌아올 것을 권유했고 왕직은 이를 받아들였다. 그러나 호종헌은 왕직을 끝까지 보호하지는 못했다. 왕직은 처형되었고 호종헌도 군사 예산 횡령 등 10여 가지 죄목으로 파면되어 결국 주환처럼 자살을 택한다. 가정 42년(1563년)의 일이다. 그 무렵 유대유와 척계광이 왜구 평정에 공을 세웠다.

3

명 왕조 말기의 고염무(顧炎武)는 '박봉(薄俸)의 폐해'를 주장했다. 이때가 역대 정권 중 봉록이 가장 낮은 시대였다. 봉급만으로는 먹고 살 수 없었기 때문에 뇌물을 챙기는 일은 당연시되었다. 뇌물이 더 많이 들어오는 직책을 사기 위해 다시 뇌물을 주었다. 정치 윤리가 퇴폐한 시대였다.

가정제의 손자 만력제는 48년간 재위했으나 정치에는 정열이 없었다. 인격 면에서는 문제가 있었지만 장거정(張居正)이란 유능한 재상(수석 각신首席閣臣)이 있어서 초기에는 그럭저럭 정부가 운영되었다. 그는 정치 개혁을 주장하는 관료 해서(海瑞)를 억압하고 요직에 앉히지 않았다. 해서는 과감한 상신으로 투옥되기도 한 인물이었다. 그가 죽었을 때 서민보다도 못한 생활이어서 친구들이 돈을 모아 장례를 치러주었다고 한다. 배금주의(拜金主義) 시대에 해서와 같은 청빈한 관료가 나타나면 역사를 읽는 입장에서 가슴 뿌듯함을 느낀다. 그러나 이는 한 모금의 청량제에 불과했다. 정치에서는 갈수록 썩은 냄새가 진동했다.

해서가 주장한 개혁안은 한전법(限田法)과 균세법(均稅法)이었다. 한마디로 토지 겸병이 초래하는 빈부 격차 확대를 막자는 것이다. 이는 조정과 연결되어 있던 지방 대지주와 부호들의 이익에 반하는 것이었다.

재상 장거정은 만력 10년(1582년)에 죽었다. 그의 최대 공적은 천하의 전답을 조사하여 신고되지 않은 전답을 찾아내 세수를 늘린 일이다. 이로 인해 만성적인 적자가 해소되었다. 명의 조정에는 언관(言官)이라는 성가신 그룹이 있다. 간언(諫言)이 주요 임무였다. 장거정이 과감히 일을 추진하기 위해서는 언관의 입을 막아야 했다. 장거정은 모든 공문서를 언관에게 보냈고, 만약 언관이 부정적인 의견을 내면 "이에 대해 모월 모일 나온 모 문서를 읽은 적이 있는가"라고 질문했다. 만일 그 질문에 대답하지 못했을 경우 게으름을 이유로 곤장을 때렸다. 비록 곤장형이었으나 사망하는 경우도 있었다. 방대한 공문서를 전부 외우기란 불가능하다. 이후 언관들은 장거정의 공문서에 한해서는 입을 다물었다. 그러나 장거정이 사망하자 언관들은 일제히 입을 열어 백가쟁명의 시대가 되었다. 언론은 활발해졌으나 결론이 나지 않아 정치 부재 상황을 초래하고 만다.

장거정은 부친상을 당해도 계속 일했을 정도로 열심히 했다. 그가 복상(服喪) 휴직을 하지 않았다고 공격하는 사람들은 자신들을 청의파(淸議派)라 불렀다. 이 그룹 중 고헌성(顧憲成)·고윤성(顧允成)

형제는 고향 우시(無錫, 장쑤성江蘇省)에 '동림서원(東林書院)'이란 사학(私學)을 만들었다. 학풍은 주자학의 입장에서 주관적 유심론인 양명학에 반대하는 것이었다. 동림당이라고도 불렸던 청의파는 실제 정무를 맡고 있는 내각과 대립했고 환관의 전횡(專橫)에도 반대하게 된다.

당시 북방 몽골의 지도자는 타타르의 아르탄 한(汗)이었다. 명은 아르탄 한과 우호 관계를 유지하고 있었다. 당시 동북 여진족 젠저우위의 도지휘사(都指揮使)에 임명된 아구(한족 이름은 왕고)가 랴오둥에 침입해 명의 푸순(撫順, 랴오닝성遼寧省)의 수장을 살해하는 사건이 발생했다. 명은 이에 대해 공사(貢使) 정지 조치를 취했다. 아구는 이에 불만을 품고 동부 몽골 수장들과 연합해 병력을 움직였다. 장거정이 재상으로 있던 시기였는데, 그는 조선족 명장 이성량(李成梁)을 기용해 이를 대파한다. 아구는 망명했으나 곧 명에 인도되어 베이징에서 처형되었다. 이 아구의 딸 에미티가 바로 청(淸) 태조 누르하치의 어머니가 된다.

만력 20년(1592년) 일본의 도요토미 히데요시(豊臣秀吉)가 조선을 침략했다. 일본에선 '문록(文祿)의 역'이라 불린다. 이성계(李成桂)가 고려를 멸망시키고 왕에 오른 것은 명의 홍무 25년(1392년)의 일이다. 일본의 침략은 조선 건국 2백 년 만의 일이다. 그 사이 조선에는 전쟁다운 전쟁이 없었다. 평화 속에 군대는 훈련조차 제대로 하지 않았다. 전국(戰國)의 난을 겪은 일본군은 조선의 수도에 들어가 분묘를 파괴했고 약탈을 자행했으며 두 왕자를 포로로 잡았다. 조선은 종주국 명에 원군을 요청했다. 명은 조선족 명장 이성량의 아들 이여송(李如松)을 동정장군(東征將軍)으로 삼아 원군을 보냈다. 전쟁 초기에는 일본이 연승했으나 마침내 이여송은 고니시 유키나가(小西行長)가 지키는 평양성을 탈환했다. 그러나 벽제관(碧蹄館)에선 고바야카와(小

루川)와 다치바나(立花)의 군에 패배했다. 좀처럼 승부가 나지 않는 상황에서 강화 협상이 시작되었다. 경력이 불분명한 심유경(沈惟敬)이란 인물이 여러 가지를 획책했다. 그는 히데요시의 요구를 명 왕조에 제대로 알리지 않았고 명의 회답을 조작하려 했다. 그러나 5산의 학승으로부터 자신의 요구가 전달되지 않았음을 안 히데요시는 제2차 침략에 나섰다. 2차전은 고전의 연속이었고, 히데요시가 죽자 일본군은 전면 철수했다.

수십만 병력을 잃었고, 미향糜餉은 수백만이었다.

이 전쟁으로 입은 명나라의 피해를 『명사』는 이같이 적고 있다. 미향이란 군량 조달에 들어간 비용이다. 막대한 비용이었고 장거정이 축적해 둔 4백만 냥을 이때 다 날린다.

만력제는 매우 인색해서 관료에 결원이 생겨도 보충하지 않았다. 심지어 각신(閣臣)이라고는 방종철(方從哲) 한 사람만 남아 있던 때도 있었다. 보충하지 않았다기보다는 각신이 되려는 사람이 없었다는 점도 있었다. 각신은 언관과 동림당의 논객으로부터 수시로 비판받았기 때문이다.

4

영락제는 여진족을 복속시키고 하이시(海西)와 젠저우(建洲), 2위(二衛)를 설치했다. 그의 정책은 과거 금 왕조를 세운 여진족을 최대한 세분화하는 것이었다. 여진족은 한족에게 인삼과 모피를 팔아 생활하고 있었다. 이 역시 조공 무역 형식을 취했다. 일본이 받았던 감합(勘合)에 해당하는 것이 칙서(勅書)였다. 명은 위(衛)와 소(所)를 각지에 설치하고 각각의 수장에게 칙서를 지급했다. 칙서의 수가 3백이라고 하니까 여진족이 상당히 세분되어 있었음을 알 수 있다. 그러나 '투무의 변'이 발생했을 때 오이라트의 에센이 하이시위를 습격해 그곳의 여진족 수장이 많이 죽고 칙서가 엉뚱한 자의 손에 들어가는 등 혼란이 일어났다. 명은 이 사건이 있고 나서 하이시와 젠저우의 수장에게 칙서를 일괄 지급키로 결정했다.

이는 영락제의 정책과 달리 권력을 일부인에게 집중시키는 것이었다. 이 결정은 여진족이 통일 국가를 수립하는 데 다소 영향을 미쳤을 것이다. 아구는 국가 수립에는 실패했으나 그의 딸이 낳은 누르하치가 그 역할을 완수했다. 그는 할아버지, 아버지와 함께 명의 장수 이성량에게 복속했다. 누르하치는 명 왕조에 머리를 숙이면서도 은밀히 힘을 키워갔다. 마침내 힘이 충분히 확보되었을 때 도요토미 히데요시의 조선 침략이 발생해 명은 원군을 파견했다. 이로 인해 랴오둥에 대한 견제가 약해졌다. 누르하치가 명 왕조에 독립을 선언한 뒤 푸순을 함락한 것이 만력 46년(1618년)의 일이다.

이 비상시에도 명의 궁정에서는 이해하지 못할 일들이 잇따랐다. 우선 황태자 암살 미수 사건이 만력 43년(1615년)에 발생했다. 곤봉을 든 한 남자가 황태자 궁전에 침입했기 때문에 '정격(挺擊) 사건'이라 불린다. 그러나 사건은 정신병자의 소행으로 처리되었다. 만력 48년(1620년)에는 만력제가 죽은 뒤 태창제(泰昌帝)가 제위에 올랐으나 즉위하자마자 급사했다. 설사에 효과가 있다는 붉은 환약을 먹었던 것으로 알려져 있다. 이것이 '홍환(紅丸) 사건'이다. 태창제의 황후는 이미 별세했고, 장황자(長皇子) 주유교(朱由校)를 낳은 왕씨(王氏)도 별세한 상태였다. 즉위할 새 황제에게 어머니도 부인도 없었던 것이다. 태창제가 총애하던 이(李)라는 선시(選侍:여자 관직 중 하나)가 소년 황제를 앞세워 권세를 휘두르기 위해, 주유교를 건청궁(乾淸宮)에 감춰버렸다. 소년 황제(=천계제天啓帝)는 곧 조정의 신하들에 의해 구출된다. 이것이 '이궁(移宮) 사건'이다.

이선시를 유혹한 인물은 이진충(李進忠)이란 환관이었다고 한다. 무지했던 그는 도박에서 큰 돈을 잃은 뒤 스스로 거세 수술을 받고 환관이 되었다. 이진충은 얼마 후 이름을 위충현(魏忠賢)으로 바꾸었다. 명 왕조는 환관이 설친 시대였다. 그러나 위충현보다 악질적인 환관도 없었다. 그는 천계제의 유모 객씨(客氏)와 결탁해 황제를 독점하고 파벌 싸움을 이용해 권세를 장악했다. 동림당과 비(非) 동림당의 파벌 싸움이 치열해지자, 위충현은 후자의 편이 되어서 동림당을 탄압했다. 반대당을 처단할 수 있다면 악마의 손이라도 빌릴 정도로 당시 파벌 싸움은 치열했다. 거기에 위충현이란 악마가 등장한 것이다.

위충현은 특무기관인 동창(東廠)의 장관이 되어 정보를 장악하고 공포 정치를 폈다. 그의 눈 밖에 나면 모든 것이 끝장이었다. 그를 탄핵한 양련(楊漣)·좌광두(左光斗)·주조서(周朝瑞)·고대장(顧大章)·위대중(魏大中)·원화중(袁化中) 등이 체포되어 고문받고 처형되었다. 사람들은 이들을 6군자라 불렀다. 동림서원을 비롯해 천하의 모든 서원은 파괴되었고 동림당 소속은 모두 '간인(奸人)'이라 하여 이름이 공표되었다.

천계(天啓) 6년(1626년) 『삼조요전(三朝要典)』이 완성되었다. 이는 앞에서 말한 정격, 홍환, 이궁, 3사건의 죄를 모두 동림당에게 뒤집어 씌운 내용으로, 이 문서는 성전(聖典) 취급을 받았다. 이어 위충현의 생사(生祠 : 살아 있는 사람을 위해 지은 사당)를 지어야 한다는 진언이 나와 각지에서 속속 생사가 만들어졌다. 위충현을 공자와 같은 반열에서 섬겨야 한다고 진언하는 사람조차 있었다. 각지에는 위충현의 동상이 세워졌고 사람들은 그 앞에서 '9천 세!'라고 외쳤다. 황제는 '1만 세'이므로 여기서 1천 세를 뺀 것이다. 위충현에 대한 각종 낯간지러운 진언을 한 사람들은 환관이 아닌 조정의 고관들이었다.

처형당한 6군자에 이어 고반룡(高攀龍)·주순창(周順昌)·주기원(周起元)·이응승(李應昇)·주종건(周宗建)·무창기(繆昌期)·황존소(黃尊素), 이 일곱 명이 체포되어 처형되었다. 이들이 '후7군자'라 불리는 사람들이다. 이제 제정신을 갖고는 살 수 없는 세상이 되고 말았다.

천계 7년(1627년) 천계제는 스물세 살의 나이로 죽었다. 명 왕조에서는 황제가 죽으면 총애를 받던 신하도 함께 몰락한 일이 수차례 있었다. 천계제는 아들이 없어 동생 숭정제(崇禎帝)가 즉위했다. 위충현은 체포된 뒤 목매 자살했고 시체는 효수되었다. 위충현과 함께 악행을 저질렀던 객씨도 처형되었고 친족은 어린아이까지 살해되었다. 위충현에게 아첨하던 무리들이 모조리 숙청된 것이다.

1625년 누르하치는 선양(瀋陽, 랴오닝성)에 수도를 세웠다. 천계제가 사망하기 2년 전의 일인데 누르하치는 천계제보다 먼저 죽었다. 그러나 그 후계자는 지혜로웠고 누르하치의 사업을 훌륭히 계승했다.

명 왕조는 만주군과의 싸움에서 고전했다. 조선을 지원하는 데 방대한 자금을 사용하였고 만력제의 사치스러운 능묘 조성으로 국고가 바닥났기 때문이다. 만력제는 극단적인 구두쇠였으나 아들 결혼식에는 아낌없이 돈을 뿌렸다. 만주군과의 싸움을 위한 군비는 증세와 적자 사업 폐지에 의존해야 했다.

증세 때문에 백성은 피폐해졌다. 더구나 당시는 기근이 빈번히 발생하고 있었다. 이는 의심할 바 없는 인재(人災)였다. 무거운 세금에 견디다 못한 사람들은 세금을 내지 못하게 되자, 처벌을 피해 도주했고 유랑민이 늘어 사회는 불안해졌다.

숭정제는 적자를 보는 관영 사업 중 역참제(驛站制)를 폐지했다. 역참제는 물자나 우편 수송을 위해 전국에 숙박소를 만들고 이를 국가 예산으로 운영해 온 것이다. 정부 문서는 다른 루트를 통해 보낼 수도 있으므로 역참제를 폐지해도 큰 영향이 없을 것이라 생각했다. 그러나 이는 결국 명 왕조를 멸망시키는 큰 요인이 되었다.

역부(驛夫), 즉 전국의 숙박업소 관리들이 일제히 실업자가 된 것이다. 운반이라는 그들의 업무 성격상 전국적인 상호 조직을 갖고 있었다. 여행지에서 병에 걸리면 그 지역 동업자의 신세를 지곤 했다. 이들은 역참제가 폐지되자 그 조직을 그대로 살려 반란군을 조직했다. 실업자 중 통솔력 있는 사람이 수령이 되었고 틈왕(闖王)이라 불렸다. 명 왕조를 멸망시킨 이자성(李自成)은 이 조직에서 두각을 나타내 틈왕이 된 인물이다. 후에 다른 파벌의 영수가 된 장헌충(張獻忠)은 유랑민의 지도자에서 대군단의 통솔자가 된다. 이자성의 틈군(闖軍)은 산시(陝西)에서 일어났다. 명 왕조는 동쪽에 만주군, 서쪽에 반란군을 둔 사면초가의 상황에 빠진다.

억조億兆의 마음이 떠나다. 멸망을 막기 위해 노력하지만 아무것도 얻지 못했다.

『명사』「본기(本紀)」에 있는 내용이다. 숭정제는 형 천계제보다 뛰어난 자질을 갖추었으나 시간은 이미 그의 편이 아니었다.

깃발의 나라

1

여진족 완안아골타(금 왕조의 태조)는 맹안모극제로 민족을 조직화한 뒤 급속히 강성해졌다. 금 왕조 멸망 4백 년 뒤 다시 여진족이 강력한 국가를 형성했다. 누르하치는 먼 선조가 했듯이 동족을 조직화했다. 3백여 명을 1우록(一牛彔)으로 하고, 5우록을 1갑나(一甲喇)로 삼았다. 다시 5갑나를 1고산(一固山)으로 했다. 고산은 '깃발'을 의미한다. 고산은 7천5백 명이지만 물론 기계적으로 나눈 것은 아니다. 누르하치가 즉위할 무렵 우록의 수는 4백 우록에 달했으므로 병력은 12만 명 내외였을 것이다.

맹안·모극과 마찬가지로 고산은 전투 단위일 뿐 아니라 행정 단위이자 생활 단위였다. 호적(戶籍)이기도 했다. 그러나 그 체제는 분명 군사적 목적으로 탄생한 것이다. 모피와 인삼을 주요 산업으로 하는 여진족은 유목 민족보다 정착성이 훨씬 높은 수렵과 채집 민족이었다. 수렵은 동물을 포위해 잡는 이른바 '권수(卷狩)'가 많았던 듯하다. 먼저 수렵할 짐승을 몰아넣을 장소를 정하고 그곳에 눈에 잘 띄는 노란색 깃발을 세운 뒤, 3대(三隊)로 나뉘어 점차 포위망을 좁혀간다. 3대는 중앙에 청기, 좌우에는 홍기와 백기로 표시를 삼았다. 만주족 최초의 4기(四旗)는 황(黃)·남(藍)·홍(紅)·백(白)을 상징으로 삼은 군단이었다.

누르하치는 즉위하기 한 해 전(1615년)에 깃발의 수를 배로 늘렸다. 색깔은 그대로 유지한 채 끈을 묶어 달리 표시했다. 즉 남색 · 황색 · 백색 깃발에는 홍색 끈을, 홍색 깃발에는 하얀 끈을 묶었다. 이름도 앞에 '양(鑲)' 자를 붙여 양황 · 양백 · 양홍 · 양남으로 불렀다. 기존에 있던 4기는 정황(正黃) · 정백(正白) · 정홍(正紅) · 정남(正藍)이라 불렀다. 이로써 만주8기(滿洲八旗)가 갖춰졌다. 누르하치는 이 중 정황과 양황 두 기만을 직접 지휘했고, 나머지는 유력자의 지배 아래 두었다. 그는 부족 연합 체제를 생각하고 있었던 듯하다. 중국식의 절대 권력을 갖는 군주 통치는 만주족에게 맞지 않는다고 여겼다.

명 왕조의 만력 44년(1616년) 정월에 독립을 선언한 누르하치는 국호를 대금(大金) 원호를 천명(天命)으로 했고, 싱징(興京)을 수도로 삼았다. 4백 년 전 멸망한 금과 구별하기 위해 후금(後金)이라 부르기도 한다. 누르하치의 아들 홍타이지 시대에 금을 청(淸)으로 개칭한다. 또 여진이라 부르는 것을 금지하고 만주란 명칭을 강제로 사용하게 했다. 만주란 명칭은 앞에서 언급했듯이 문수보살의 문수를 발음이 비슷한 다른 한자인 만주로 적어 쓰게 되었다는 설이 유력하다.

왜 홍타이지는 국호를 개칭한 것일까? 그는 부족 연합 국가를 염두에 두었던 아버지와 달리 황제가 통치하는 제국을 건설하려 했던 것이다. 누르하치는 젠저우 좌위(左衛)에 속하는 수장 가문에서 태어났고, 성(姓)은 아이신줴뤄(愛新覺羅)였다. 아이신은 금(金), 줴뤄는 족(族)을 의미했다. 수장이긴 했지만 명의 세분화 정책에 의해 명으로부터 관직을 받은 수장이 3백 명에 달했으므로 그리 명문가는 아니었던 듯하다. 누르하치에 대해서는 여진족 상인의 사위라든가 명의 장군 이성량의 가신이었다는 다양한 설이 있다. 대왕조의 시조임에도 불구하고 그의 태생을 두고 여러 설이 있다는 것은 그리 대단한 가문 출신이 아니었음을 의미한다. 당시 여진족 사회는 정체되어 있었고 극도로 봉건적이었다. 금 혹은 여진이란 명칭은 민족을 복고 무드로 몰아놓고 누르하치의 출신을 경멸하는 것일 수도 있다. 또 제국을 추구하는 홍타이지는 한족의 세력권에서 판도를 넓히는 데 한족의 반발을 되도록 피하려 했다. 따라서 과거 남송을 괴롭혔고 한족에겐 역사의 악역으로 인식된 금이란 국호를 굳이 사용하는 것은 불리하다고 여겼을 것이다.

누르하치는 명 왕조 이성량의 가신은 아니었을지 몰라도 초기에 그를 위해 일했고 여진족 진압에 나선 경력이 있다. 이성량은 젠저우 여진 왕고의 난을 평정했다. 왕고는 하이시 여진의 합달부(哈達部)로 도주했으나 합달부는 그를 명 왕조에 넘겼다. 왕고의 아들 아타이는 이로 인해 합달부에 대한 보복 전쟁을 일으켰다. 조선족 명장 이성량은 합달부를 도와 아타이를 격퇴해야 했다. 누르하치의 아버지와 할아버지는 이때 전사했다. 아타이의 부인은 누르하치 가문 출신이었다. 명 왕조 기록에 따르면 항복을 권유하러 간 두 사람이 억류되었고 그 뒤 명 왕조의 총공격이 시작되었다고 한다. 누르하치 측 기록에는 아타이의 부인을 데리러 갔다가 연행되었다고 기록되어 있다. 나중에 누르하치가 명을 공격했을 때 개전 이유로 7대 한(恨)을 들었는데 그 앞부분에 이런 내용이 있다.

명은 만력萬曆 기간 동안 죄 없는 우리 2조二祖를 처형한 것이 그 한恨의 하나이며……

친족의 여성을 데리러 갔건 투항을 권유하러 갔건 명 왕조 군사 진영에 있었는데 살해당했다는 것이다. 당시 화공(火攻)으로 불에 타죽었는데 명 왕조의 착오로 잘못 처형된 것으로 밝혀졌다. 이성량은 그 보상으로 누르하치에게 칙서 30통과 말 30마리를 준다. 이것이 누르하치 군단 탄생의 군자금이 되었다.

명의 여진 분산 정책은 대성공을 거두어 소그룹간 분쟁이 끊이질 않았다. 하지만 이는 명 왕조와 명의 지방 책임자 이성량에게 도움이 되지 못했다. 이성량은 이러한 작은 분쟁을 줄이기 위해 다소 규모가 큰 실력자를 양성하려 했고, 그 과정에서 누르하치를 주목한 것이다. 여진족 전체가 통일되면 곤란하지만 소그룹 간에 분란이 너무 많은 것도 문제였다. 누르하치는 그런 명 왕조의 계산을 이용해 원조를 받아들이며 힘을 키운다. 그리고 곧바로 젠저우5부의 여진을 통일했다.

젠저우위는 랴오둥에 있고 한족의 거주 지역과 가까워 한의 영향을 받고 있었다. 누르하치 자신도 여진어(=만주어) 외에 한어(漢語)와 몽골어를 할 수 있었다. 이에 반해 하이시 여진족은 현재의 하얼빈 부근이며 금의 태조 완안아골타의 출신지였다. 몽골족과 접촉은 있었으나 한족과는 거의 접촉하지 않았다. 카이청(開城)이란 교역장에 명의 상인이 오는 정도였다. 하이시 여진의 내부 항쟁으로 카이청이 폐쇄된 뒤 젠저우에 더 많은 물품이 모이게 되었고, 누르하치의 재정은 탄탄해졌다.

하이시 여진의 9부족은 만주라고 칭하는 누르하치에게 교역의 이득을 빼앗기자, 위기감을 느꼈고 연합하게 된다. 그러나 9부족 연합군도 누르하치에게 패해 굴욕적인 강화를 맺는다. 이런 과정을 거치며 누르하치의 힘이 강성해질 때 도요토미 히데요시가 조선을 침략해 명은 조선에 관심을 돌리게 된다. 누르하치는 즉위 당시, 하이시 여진족의 여러 부족 중 엽혁부(葉赫部)만을 남기고 모두 합병했다.

2

누르하치의 힘이 '허용 한도'를 넘어선 것을 알아차린 명은 하이시 여진족 엽혁부를 지원하기로 한다. 명은 '교역 중지'라는 강력한 무기를 갖고 있었다. 그러나 '투무의 변'이나 '왜구의 난'은 모두 교역 중지가 발단이 되었다. 자칫하면 칼자루를 쥔 사람까지 다칠 수 있는 '양날의 칼'이었다. 누르하치는 인삼이 썩어가도 명과 타협하지 않았다. 결국 이번 교역 중지 조치도 누르하치의 독립과 푸순 공격이란 결과를 낳고 말았다.

푸순 함락 소식을 들은 명 왕조는 병부시랑(=국방부 차관) 양호(楊鎬)를 랴오둥 경략(經略)으로 임명했다. 처음부터 강경한 자세이다. 산해관(山海關), 바오딩(保定), 카이위안(開原), 랴오양의 군대가 동원되었고, 조선도 1만 명의 원군을 보냈다. 조선의 원군은 히데요시 침략 때 명의 지원에 대한 보답이란 의미도 있었을 것이다. 하이시 여진족 엽혁부의 병력 1만 5천 명도 명군에 가담했다. 누르하치 즉위 4년째인 만력 17년(1589년)의 일이다.

명은 랴오닝성의 사루프란 곳에서 대패한다. 저녁에 하늘을 덮을 정도로 큰 모래바람이 불어 하늘이 어두워지자 명의 군사들이 횃불을 밝혔는데, 이것이 적이 공격 목표를 식별하는 데 큰 도움을 주고 만다. 사루프 전투가 명이 멸망하고 청이 등장하는 분기점이 된다.

패전 책임자인 양호는 투옥되었고, 랴오둥 경략 후임으로 웅정필(熊廷弼)이 임명되었다. 그가 가장 두려워한 것은 누르하치가 아닌 장수들을 탄핵하는 쯔진성의 무책임한 언관들이었다. 출발 때 그는 황제에게 내부 논쟁에 의해 자신의 행동이 제약받는 일이 없도록 해달라는 상소를 올린다. 그는 랴오둥에 나간 명 군사들의 사기가 회복될 때까지 전투를 하지 않은 채 각지에 연락망을 구축해 만주군에 대비했다. 누르하치 역시 명의 움직임을 경계하며 1년 남짓 공격하지 않았다. 그러나 만력제가 죽고 태창제도 급사한 뒤 천계제가 즉위하자 예상대로 언관들이 들고 나섰다. 웅정필이 전투를 하지 않고 있다며 비난하기 시작했다. 결국 이에 혐오를 느낀 웅정필은 사직했다.

그 뒤 랴오양과 선양이 함락되었다. 누르하치는 싱징에서 랴오양으로 천도한다. 명의 조정에 요인(妖人) 위충현이 출현했던 시기이다. 명의 원정군은 궤멸해 산해관 서쪽으로 퇴각했다. 산해관은 물론 난공불락의 요새이지만, 그 앞에 있는 닝위안성(寧遠城) 역시 견고해 만주 8기도 어찌해 볼 도리가 없었다. 닝위안성을 지키는 명장 원숭환(袁崇煥)은 푸젠 당국에 명령해 포르투갈의 대포인 홍이대포를 설치해 놓고 있었다. 본 적도 없는 신무기의 출현은 연전연승을 거듭하던 만주군에게 큰 타격을 주었다. 닝위안성 원숭환의 포격으로 누르하치가 부상을 입었고 당시 부상으로 인해 결국 숨을 거둔다. 즉위 11년 만의 일이었다. 명 왕조는 천계 6년(1626년), 위충현의 생사(=사당)가 세워진 해였다.

홍타이지는 '반간(反間)의 책략'으로 명장 원숭환을 제거하는 데 성공했다. 당시 압록강 하구에 있는 피도(皮島)에서 모문룡(毛文龍)이라는 총병(總兵:부대장)이 밀수에 몰두하고 있었다. 물론 궁정에도 뇌물을 바쳤다. 위충현 시대 때 피도에 그의 동상을 세우기도 한 그렇고 그런 인물이었다. 원숭환은 이러한 내용을 알게 되자, 모문룡을 불러내 그가 인솔해 온 2만 8천여 군사 앞에서 처형했다. 이미 숭정(崇禎)의 시기였고, 모문룡의 죄상은 천하에 드러났기 때문에 죄인을 한 명 처형한 데 불과했다. 그러나 궁정에서 모문룡의 뇌물을 받아온 사람들은 원숭환을 증오하게 된다. 이를 안 홍타이지는 궁정에 첩자를 보내 원숭환이 만주군과 내통하고 있다는 얘기를 퍼뜨렸다. 만주군 쪽에서 증거를 만들어냈기 때문에 내통 혐의는 사실처럼 비쳐졌다. 원숭환은 베이징으로 소환되어 처형되었다. 숭정 3년(1630년)의 일이었다.

닝위안성에 있던 부하 조대수(祖大壽)와 하가강(何可綱)은 원숭환의 소식에 절망해 1만 5천여 명의 기병을 이끌고 산해관을 나와 만주에 투항했다. 모문룡이 처형되었을 때도 그의 부하 공유덕(孔有德) ·

경중명(耿仲明)·상가희(尙可喜)와 같은 역전의 장수들이 항복했다. 그뿐 아니었다. 항복한 군사들이 공포의 대상이던 홍이대포를 들고 나온 것이다. 철을 다룰 줄 아는 병사도 있었기 때문에 누르하치가 홍이대포에 쓰러진 지 5년 뒤 만주군은 홍이대포를 주조할 수 있게 되었다.

그 뒤 홍타이지는 조선에 병력을 보내 종주권을 인정받았고, 네이멍구의 여러 부(部)를 평정했다. 국호를 청(淸)으로 한 것은 1636년의 일로 명의 숭정 9년에 해당한다. 청이란 국명에서 여진족에서 탈피해 천하 국가를 목표로 삼았음을 알 수 있다. 수도는 이미 선양으로 천도했고 당시의 고궁이 지금도 남아 있다. 산시(陝西)에서 일어난 반란군과 명 왕조의 홍승주(洪承疇)가 최선을 다해 싸운 결과 틈왕 고영상(高迎祥)을 죽였다. 그 뒤 고영상을 대신해 반란군의 수령이 된 사람이 이자성이다.

이자성의 군사는 숭정 14년(1641년)에 뤄양을 함락하고 만력제가 가장 아끼던 정귀비(鄭貴妃)의 아들 복왕(福王) 주상순(朱常洵)을 죽였다. 고영상과 다른 길로 나갔던 반란군 장헌충(張獻忠)도 샹양(襄陽)을 함락하고 양왕(襄王) 주익명(朱翊銘)을 처형했다. 이자성은 같은 해 난양(南陽)을 차지했고 당왕(唐王) 주율명(朱聿銘)을 제거했다. 명의 황족이 속속 반란군의 손에 살해되었다. 홍무제가 왕들을 번병으로 삼으려 했으나 영락제 이후 왕들은 무력해져서 번병의 기능을 제대로 하지 못했다. 홍무제가 추진한 황제 독재는 마지막 숭정제에 의해 남용되었다. 숭정제는 재위 17년간 50명의 각료를 파면 혹은 처형했다. 일곱 명의 총독과 열한 명의 순무(巡撫:성장省長)가 사형에 처해졌다. 시의심이 많은 덕에 홍타이지의 '반간의 책략'은 성공했다. 이렇게 간부들이 파리 목숨이었기 때문에 무신이든 문신이든 신하들은 모두 전전긍긍할 뿐이었고 사기는 바닥에 떨어졌다.

홍타이지의 야심 앞에 남은 장애물은 이제 산해관뿐이었다. 이를 돌파하기 위해서는 관외(關外) 4성인 진저우(錦州)·쑹산(松山)·싱산(杏山)·타산(塔山)을 함락해야 한다. 명은 반란군 토벌에 공이 있던 홍승주를 총독으로 삼아 산해관에 파견했다. 그는 수비에 치중하려 했으나 중앙에서 파견된 관리는 속전을 촉구했다. 전비(戰費) 팽창을 우려했기 때문이다. 별 수 없이 홍승주는 군을 쑹산성에 집결시켰는데, 이 정보를 알아낸 홍타이지는 엿새를 밤낮으로 달려 쑹산에 도착, 전의를 잃은 명군을 격파하고 관외 4성을 속속 점령했다. 홍승주는 청에 항복하고 총병(總兵) 오삼계(吳三桂)는 패주했다. 1642년의 일이다. 청은 그해 한군8기(漢軍八旗)를 창설한다. 청 왕조의 군제에 한족이 대거 늘어나 만주8기를 본뜬 기(旗) 조직이 도입된 것이다.

3

명이 쑹산에서 대패한 해에 이자성은 카이펑을 함락했고 그 다음해엔 청톈(承天)을 차지한다. 장헌충은 후베이를 나와 초왕(楚王) 주화규(朱華奎)를 죽인 뒤 스스로 대서왕(大西王)이 되었다. 그 해 홍타이지가 돌연 사망한다. 질병 없이 쓰러졌다는 기록으로 봐선 심장 발작이었을 가능성이 있다. 향년 쉰두 살이었다. 장남 호격(豪格)은 즉위를 거부해 여섯 살 난 동생 복림(福林)이 후계자가 되었다. 사실 청 왕조 군대의 실력자는 홍타이지의 동생 도르곤으로 호격은 자신이 즉위한 뒤 숙부에게 살해당할 것을 두려워했다고 한다. 어린 황제를 도르곤과 그의 동생 도도가 보좌하게 되었다. 원호는 순치(順治)로 바뀌었다.

청은 누르하치를 태조, 홍타이지를 태종이라 불렀고, 복림 시대에 함곡관으로 입관(入關)했기 때문에 그를 세조라 불렀다. 청은 명과 마찬가지로 1제1원호제(一帝一元號制)였으므로 황제를 원호와 같이 불러도 무방할 것이다. 앞으로 세조 복림을 순치제(順治帝)로 부르기로 한다.

순치 원년(1644년)은 명의 숭정 17년으로, 갑신년에 해당한다. 중요한 해였다. 명 왕조가 1644년에 멸망한 해이다. 그해 1월에 이자성은 시안에서 즉위하고 국호를 대순(大順), 원호를 영창(永昌)으로 한 뒤 동정군(東征軍)을 발동시켰다. 2월 산시(山西)에 들어가 타이위안을 함락하고, 고전 끝에 닝우도 차지했다. 그곳에서 베이징까지 명의 방어망은 두터웠다. 그러나 다퉁이나 쉬안푸의 총병이 항복하겠다고 밝혀옴에 따라 별 저항 없이, 창취(長驅)와 베이징까지 진격할 수 있었다. 베이징은 정보가 차단되어 있어서 이자성의 군대가 돌연 나타난 듯이 보였다. 황색 투구를 쓴 이자성의 병사들은 순식간에 베이징성으로 진입했다.

숭정제는 아들을 도피시킨 뒤 장평공주(長平公主)와 소인공주(昭仁公主)를 죽였다. 이때 그가 "그대는 왜 우리 집안에 태어났는가"라고 한탄한 말이 유명하다. 그 뒤 숭정제는 쯔진성 북쪽 징산(景山)의 수황정(壽皇亭)에서 목매 자살했다. 원이 북쪽으로 도주하고 명의 대군이 베이징에 들어온 지 276년째 되는 해의 일이다.

역사의 요점은 정권(=왕조)의 흥성과 멸망이다. 명의 흥성과 멸망을 비교해 보는 것도 흥미로울 것이다. 홍무제의 황제 독재 강화는 마지막 황제 숭정제 때에 와서는 황제 혼자만이 모든 것을 처리해야 하는 상황 속에서 끝났다. 그러나 숭정제에게만 책임을 묻는 것은 불공평하다. 많은 사가들은 명의 멸망은 신종(神宗) 만력제 때부터 시작되었다고 본다. 그는 25년간이나 조정에 나오지 않았던 황제이다. 더구나 홍무·영락 시대에 황제가 모든 것을 좌우할 수 있도록 명 왕조의 권력 구조가 개조되었다.

이자성은 숭정제를 자살하게 하고 쯔진성의 주인이 되었으나 승리에 너무 도취했던 것 같다. 각지에서 속속 항복을 상신하는 항표(降

表)가 올라오자, 이제 전쟁은 끝났다며 자만심에 빠졌다. 황제의 옥새 (玉璽)를 만들게 하고 영창전(永昌錢) 주조로 바쁜 나날을 보냈다. 그러나 산해관에 있던 오삼계(吳三桂)는 항표를 보내지 않았다. 그뿐 아니라 오삼계가 이자성과 전투를 준비 중이라는 정보가 들어왔다. 이자성은 격분해 10만 병사를 이끌고 토벌에 나섰다. 오삼계는 이전까지 적이었던 청의 섭정 도르곤에게 지원병을 청하는 문서를 보냈다.

항간에 전해지는 얘기로는 오삼계도 이자성의 대순국에 투항하려 했으나 베이징에 남아 있던 자신의 애첩 진원원(陳圓圓)을 이자성의 부장이 차지한 것을 알고 개인적 원한을 갚기 위해 청에 원병을 청했다고 한다. 동시대 시인 오위업(吳偉業)의 「원원곡(圓圓曲)」에 그 내용이 있다.

아마도 항간에 떠돌던 소문 이상의 배경이 있었을 것이다. 명 황제의 원수를 갚기 위해서는 청의 힘을 빌릴 수밖에 없었지만, 이는 결과적으로 만주족을 중원으로 끌어들인 셈이 된다. 아마 오삼계는 만주족의 인구가 적고, 순치제 즉위식이 아직 끝나지 않은 점에서 만주족을 끌어들여도 체재 기간이 그리 길지 않으리라고 판단했던 것 같다.

오삼계의 요청을 받아들여 섭정 도르곤은 직접 주력군을 이끌고 진격했다. 다소 들떠 있던 이자성의 군사는 설마 변방의 대군단이 몰려오리라고는 꿈에도 생각하지 못했다. 이자성의 군대는 궤멸했고 오삼계와 청군이 그 뒤를 쫓는 장면을 상상할 수가 있다. 베이징에서는 이자성의 즉위식을 한없이 기다렸다. 이자성은 다시 베이징으로 돌아와 오삼계의 친족 30여 명을 제거하고 곧바로 즉위 대전을 열었다. 그리고는 다음날 베이징을 떠나면서 궁전과 성루에 불을 질렀다. 청군이 베이징에 입성한 것은 그 하루 뒤였다.

명의 문무 제신들은 성밖에 도열해 청군의 입성을 맞이했다. 불과 40일쯤 전에 똑같은 자세로 이자성의 군사를 맞아들였던 그들이었다.

4

베이징에 들어가면 무고한 살인을 삼가고, 재물을 약탈하지 말 것이며, 건물에 방화하지 말라. 이를 어기는 자에게는 죄를 물으리라.

베이징으로 향하면서 섭정 도르곤은 장수들에게 이 같은 훈령을 내렸다. '폭력을 사용하지 말고, 백성을 구하며, 반역자를 벌하고, 이를 통해 천하를 평안하게 한다'라는 내용도 있다. 해방군 입장으로 입성한 것이다.

이자성도 베이징에 들어갔을 때는 같은 지시를 했으나 그의 군대는 너무도 복잡한 요소가 혼합되어 있었다. 이엄(李巖)과 송헌책(宋獻策)의 군대는 그래도 규율이 잘 지켜졌으나 전투에 강했던 유종민(劉宗敏)의 군대는 잔학 행위를 거듭했다. 장헌충이 도중에 따로 행동한 데서도 알 수 있듯이 반란군은 결속에 문제가 있었다. 장난의 경제력을 배경으로 이민족 몽골 정권을 붕괴시킨다는 대의를 내건 홍무제 주원장에 비해, 이자성 반란군의 기초는 너무도 취약했다. 베이징에서 나온 뒤 이자성은 급속히 힘을 잃어갔고 추격당한 끝에 죽음을 맞았다. 주민들에게 살해되었다는 얘기도 전해진다. 그것이 베이징에서 빠져나온 다음해의 일이므로 너무도 급속히 힘을 잃었다고 할 수 있다. 장헌충은 지주 관료를 너무 심하게 대했기 때문에 지식층을 끌어안을 수 없었다.

청은 복종의 증표로 변발을 요구했고 '이를 거부하는 자는 옥석을 구분하지 않고 불태울 것이며 모두 도륙한다'는 엄격한 원칙을 세웠다. 적당한 타협은 용납하지 않았다. 변발과 죽음 중 하나를 선택하라고 강요했다. 청 왕조는 중화제국을 추구했기 때문에 베이징 점령만으로는 만족할 수 없었다. 이미 명의 부도(副都) 난징에 망명 정부가 들어서 있었고 청은 천하 제패를 위해 대군을 남하시켰다.

원래 난징은 명 건국 당시의 수도였다. 영락제가 천도한 뒤 난징은 부도로서 정부와 여러 기관이 축소판 형태로 설치되어 있었다. 예를 들면 태학(太學)도 있었다. 일본의 히라도(平戸)에서 일본 여성이 낳은 정성공(鄭成功)은 귀국한 뒤 난징의 태학에서 공부했다. '투무의 변' 당시에도 난징으로 천도하자는 제안이 나왔었다. 명의 유신들이 난징에 망명 정권을 수립한 것은 어찌 보면 당연했다. 각지에서 명의 황족들이 난징으로 몰려들었다. 그러나 누구를 황제로 옹위할 것인가를 놓고 명의 '집안 전통'인 권력 투쟁이 벌어지고 만다.

친(親:황통에 가까운 사람)을 세울 것인가 현명한 인재를 황제로 옹립할 것인가의 문제였다. 황통에 가장 근접한 인물은 이자성에게 살해당한 복왕(福王) 주상순(朱常洵)의 아들 복왕 주유숭(朱由崧)이었다. 그러나 그는 탐욕스럽고 음란하고 술에 빠져 지냈으며, 신하를 학대했고 간섭하기를 좋아했다. 한마디로 구제불능이었다. 현명한 인물을 선택할 경우 만력제의 조카인 노왕(潞王) 주상방(朱常淓)이 있었다. 마사영(馬士英)이나 완대성(阮大鋮)처럼 위충현에게 붙어 출세했다가 몰락한 진영은 복왕을 추대하려 했고, 전겸익(錢謙益)과 사가법(史可法) 같은 동림당 계열은 노왕 옹립을 주장했다. 결국 마사영 진영이 승리해 복왕은 감국(監國)을 거쳐 황제를 칭하게 된다. 동림당계 사람들이 "국가가 어려움에 처했을 때 내분이 벌어지면 안 된다"며 양보했던 것이다. 그러나 복왕은 즉위하자마자 백성의 혼인을 금지시킨 뒤 환관을 각지에 파견해 황비(皇妃)를 골랐다. 세상이 동요했고 난징 정부는 인망을 잃었다.

청의 섭정 도르곤은 복안의 하나로 과거 금과 남송의 관계 부활도 생각했던 듯하다. 그러나 난징 망명 정부가 너무도 엉망이었기 때문에 남정(南征)에 자신을 갖게 된다. 동생 도도를 정국대장(定國大將)으로 삼아 남하시켰다. 귀순하는 자는 용서하지만 저항할 경우 용서하지 않는다는 과거 몽골이 사용한 공포 정책을 답습했다. 아무 저항 없이 들판을 지나가듯 남하하다가 양저우에서 사가법(史可法)의 저항을 받자 용서 없이 대학살을 자행한다. 사가법은 자살했다. 양저우의 대학살은 본보기였다. 이런 상황에서 난징은 아무런 희망을 가질 수 없었고 순치 2년(1645년) 5월 15일에 함락당했다. 정확히 1년 전 같은 날 복왕이 즉위했었다. 난징이 함락되기 전에 도주한 복왕은 우후에서 청군에 붙잡혀 베이징으로 호송되었고 다음해 죽었다.

5

청 왕조 초기의 대화가인 석도(石濤)는 본명이 주약극(朱若極)이며, 명 왕조 초왕(楚王)의 친족으로 알려져 있다. 독특한 화풍으로 알려진 팔대산인(八大山人)도 본명은 주탑(朱耷)으로 영왕(寧王)의 친족이었던 듯하다. 이같이 전국에 주씨 제왕은 상당수 있었으나 중앙에서 파견 나온 감시가 붙어 있어 아무런 권한도 없었다. 행동의 자유조차 없었다. 이런 상태로는 번병(藩屏) 역할을 수행할 수 없었다. 단지 명 왕조가 붕괴한 뒤 반청 저항 운동의 심벌로써 왕들의 존재 가치가 인정되었다.

홍무제에겐 스물여섯 명의 아들이 있었고 각각 왕에 책봉되어 있었다. 열 번째 아들의 10대 후손인 노왕(魯王) 주이해(朱以海)가 저장의 반청 집단에 의해 옹립되었다. 저장은 남송의 수도였던 곳으로 주민들의 민족 의식이 매우 강했다. 그러나 청의 압도적인 무력 앞에 장국유(張國維)·장황언(張煌言)의 저항도 헛되이 노왕은 배를 타고 바다로 도주해야 했다. 홍무제의 스물세 번째 아들의 8대 후손인 당왕(唐王) 주율건(朱聿鍵)은 난징이 붕괴된 후 푸젠으로 돌아가는 집단에 구원되는 식으로 남하했다. 이 집단에는 푸젠에 강력한 지반을 갖고 있는 정(鄭) 일족의 정홍규(鄭鴻逵)도 있었다.

당왕은 숭정제에 의해 한 번 폐위당했었다. 이자성이 난양(南陽, 허난성)으로 쳐들어와 병사를 모집했는데, 그것이 죄가 되었던 것이다. 그 후 동생이 당왕에 즉위했다. 왕들은 반란군이 근접해도 병사를 모을 수 없었던 것이다. 폐위되어 펑양(鳳陽, 안후이성)에 유폐되었는데 난양이 이자성의 군대에 함락되고, 당왕으로 있던 동생이 살해되자 난징에 망명 정부를 세우고 당왕으로 복귀한 것이다. 당왕은 푸젠에서 즉위하고 원호를 융무(隆武)라고 했다. 융무제라 불러야 할 것이다. 푸젠의 난안(南安)에서 달려온 정성공은 융무제를 알현하고 국성(國姓)인 주(朱)를 받았다. 그가 국성야(國姓爺)라 불리는 것은 이 때문이다. 실제로 그는 주씨 성을 사용하지 않았다. 융성제는 너무 무계획적으로 북벌을 단행하다가 푸젠 팅저우(汀洲)에서 청의 군사에 생포되었고, 푸저우(福州)로 끌려가 처형당했다.

해상(海商)이기도 했던 푸젠 정씨의 영수 정지용(鄭芝龍)은 청에 투항했으나 그의 아들 정성공은 그 후 난아오(南澳), 진먼(金門), 샤먼,(廈門)에서 저항했고, 한때 군대를 이끌고 난징을 공격하기도 했다. 정규 훈련을 받지 않았고 실전 경험도 별로 없던 이 군대는 도중에 작은 마을을 손쉽게 점령하여 교만해졌다. 그래서 난징에서 대패한 것이다.

작은 승리에 도취해 명령을 듣지 않았다.

후일 일본에 망명한 주순수(朱舜水, 1600~1682년)는 난징을 공격하는 정의 군사에 대해 그렇게 적고 있다. 정성공의 통솔력에도 문제가 있었겠지만, 그의 나이가 너무 젊었다는 문제도 있었을 것이다. 주순수는 일본에 망명해 도쿠가와 미쓰쿠니(德川光國)의 빈객(賓客)이 되었다. 망명 이유에 대해서는 다음과 같이 설명하고 있다.

청의 세력을 적으로 돌릴 수 없고, 잃어버린 국토를 회복할 수 없으며, 패장敗將 정성공의 힘이 미약하다.

융무제가 사망한 뒤 광둥의 자오칭(肇慶)에서 계왕(桂王) 주유랑(朱由榔)이 즉위해 영력(永曆)으로 개원했다. 이 정권은 쫓겨서 윈난으로 가는데 정성공은 영력이란 원호를 채택했고, 샤먼(廈門)을 쓰밍(思明)으로 개칭한 뒤 그곳을 본거지로 삼아 계속 저항했다. 북벌을 포기한 그는 네덜란드 동인도회사가 점거 중이던 타이완에 병사를 보내 네덜란드 수비병을 항복시켰다. 타이완에서 네덜란드 세력을 쫓아낸 것은 정성공의 큰 공적이라 할 수 있다.

정성공의 타이완 공략은 1661년의 일로 그해 정월 청의 순치제가 스물네 살의 나이로 죽었다. 중국의 관습에 따라, 정월에 죽었으나 그해는 순치 18년이라 했고, 다음해 강희(康熙)로 개원되었다. 네덜란드가 항복했을 무렵 윈난에서 미얀마로 도주한 영력제가 미얀마인에 잡혀 오삼계에게 넘겨졌다. 영력제는 다음해 쿤밍(昆明)으로 끌려가 처형된다. 과거 명의 장군이었던 오삼계는 산해관에서 청에게 원군을 청했고, 청의 평서왕(平西王)에 책봉되어 명의 잔당을 소탕하고 있었다. 정성공은 영력제의 뒤를 따르듯 타이완에서 죽었다. 네덜란드가 항복한 것이 12월이고, 정성공의 사망은 그 다음해인 강희 원년(1662년) 5월의 일이다. 만 서른여덟 살이었다. 아들 정경(鄭經)이 뒤를 이었고 타이완을 거점으로 저항을 계속했으나 21년 뒤인 강희 22년(1683년) 마침내 청에 항복했다. 당시까지 타이완에서는 이미 죽은 영력제의 원호를 사용하고 있었다. 청에 항복한 것은 타이완에서는 영력 37년에 해당한다. 이로써 '깃발의 나라' 청은 중국 전토를 제압하게 된다.

3대 전후

1

명 왕조에는 명군(名君)이 적었을 뿐 아니라 단명했다. 반면 청 시대에는 강희(康熙), 건륭(乾隆)과 같은 명군의 치세가 각각 60년에 달했다. 명에서는 '투무의 변' 때의 영종, 표방의 정덕제, 25년이나 조정에 나가지 않았으며 종사를 돌보지 않은 만력제 같은 형편없는 황제들이 나왔으나 청의 경우 그렇게 어리석은 황제는 출현하지 않았다. 청은 황태자를 옹립하지 않고 황제의 유조(遺詔)로 후계자를 지명했다. 황제가 급사할 것에 대비해 건청궁(乾淸宮)의 옥좌 뒤편에 걸린 정대공명(正大公明)이란 액자 뒤에 황제가 평소 마음에 두고 있는 후계자의 이름을 적어 봉한 뒤 보관했다.

이는 치열한 경쟁으로 즉위 전에 문제가 발생하는 것을 막기 위함이었다. 또 황자들이 지명받기 위해 문무 연마에 노력함으로써 장래의 황제를 교육한다는 장점도 있었다.

여섯 살에 즉위해 입궐한 순치제는 한(漢)의 문화에 심취했다. 중국 고전 중 야사나 소설을 닥치는 대로 읽었다고 한다. 그렇다고 정치를 소홀히 했던 것은 아니다. 어린 황제를 보좌한 숙부인 섭정 도르곤이 발군의 자질을 가지고 있었기 때문이다. 도르곤은 황부(皇父)라 불렸다. 사람들은 그가 언젠가는 조카를 몰아내고 제위에 오를 것이라고 예상했다. 도르곤은 서른아홉에 사망했는데 좀더 장수했더라면 실제 그런 일이 생겼을지도 모르겠다. 청의 문헌에는 교묘히 삭제되어 있으나 태종 홍타이지가 죽은 뒤 도르곤은 형의 미망인이자 순치제의 어머니를 부인으로 삼은 것으로 알려져 있다. 순치제는 도르곤 부인의 아들이었기 때문에 찬탈할 필요조차 없었던 것이다.

만주족 사회에서는 일반적인 일이었지만 이 같은 일은 한의 문화에 푹 빠져버린 순치제에게는 불륜으로 비칠 수도 있다. 변방 민족은 모두 이러한 풍습을 갖고 있었다. 순치 7년(1650년), 도르곤이 죽자 탄핵이 줄을 이었고 그가 반란을 꾀했다며 묘(廟)가 철거되었다. 열세 살 순치제의 친정이 시작되었고 묘 철거는 황제가 결재한 것이었다. 온갖 죄목이 도르곤에게 뒤집어씌워졌는데, 그 중 황제 즉위를 거부한 호격(=순치제의 형)을 협박해 그 부인을 강탈한 것은 사실이다. 영웅 도르곤은 호색한이었다. 한의 문화와 그 윤리관에 푹 빠진 순치제는 호색은 차치하고 불륜을 용서할 수 없었다. 스물네 살에 숨을 거두면서 순치제는 이런 당부의 말을 했다.

일찍이 한漢의 풍습에 너무 빠져 순박했던 만주족의 관습을 무시했다. 이를 다시 되살려달라.

뒤를 이은 강희제(康熙帝)도 주자학에 빠져 『강희자전』을 만드는 등 한(漢) 문화에 열정을 쏟은 인물이다. 그러나 만주족의 순박함을 유지하려고 노력했다. 균형 잡힌 명군이었다.

순치제의 사망과 관련해 많은 얘기들이 있다. 격정적인 그는 사랑하는 동귀비(董貴妃)의 죽음을 슬퍼하며 출가를 결심했는데, 이에 대해 조정이 대외적으로 황제가 사망했다고 발표한 뒤 여덟 살 난 강희제 현엽(玄燁)을 옹립했다는 설이다. 순치제는 우타이산(五台山) 청량사(淸涼寺)에 들어간 것으로 알려졌다. 주자학의 열렬한 신봉자로 불교에 그리 관심이 없었던 강희제가 멀고 먼 산시성(山西省)의 우타이산을 다섯 번이나 찾아간 점, 태황태후 및 황태후가 강희제와 함께 우타이산을 찾은 일, 순치제가 실제로 죽은 것으로 알려진 시기 이후에는 발을 완전히 끊었다는 것이 그 소문의 근거이다.

출가해 세상을 등졌다는 소문에도 불구하고 열세 살 때부터 친정한 순치제의 공적은 적지 않았다. 그 이전은 도르곤의 공적이지만 후반 10여 년은 순치제가 청 왕조의 기초를 닦았다고 할 수 있다. 입관 이래 멸망하기까지 269년 사이에 정치에 큰 영향을 미친 환관은 단 한 사람도 나오지 않았다.

이는 순치제의 엄격한 조치 덕분이었다. 환관이 정부 고관과 교제하는 것을 금지시켰고, 실제 이를 위반한 환관 오양보(吳良輔)는 처형되었다. 환관 관리인 13아문(十三衙門)을 만들었으나 환관이 정치에 지나치게 관여하거나 발언하면 능지처참이란 최고형에 처한다는 내용을 쇠로 만든 비문에 새겨 궁정 안에 세웠다. 강희제는 13아문까지 폐지하고 환관을 무소속 잡역직으로 격하시켰다.

강희제의 치세는 61년, 그의 아들 옹정제는 13년, 손자 건륭제는 60년이었다. 더구나 건륭제는 건륭이란 원호가 할아버지의 원호보다 '장수'하는 것을 피하기 위해, 생존해 있는 동안 아들 가경제(嘉慶帝)에게 양위했다. 강희·옹정·건륭의 1백3십여 년은 '3대'라 불리며 청의 황금 시대로 평가된다. 아버지와 아들 사이에 끼인 옹정제는 차별받던 천민을 양민으로 편입하고, 소수 민족의 지방을 개토귀류(改土歸流:내지화內地化)하는 등 치세에 밝았다. 그러나 정치면에서 냉혹한 일을 많이 했고, 비밀경찰의 시대였다고 한다. 무엇보다 경쟁자였던 형제에게 가혹했다. 물론 치세 기간에서도 차이가 나지만, 청대에서 사람들은 강희와 건륭을 칭송하면서 옹정은 슬며시 제외하는 경우가 많다.

2

명의 잔존 세력인 복왕(福王) · 당왕(唐王) · 계왕(桂王)은 타이완의 정성공을 제외하곤 거의 순치제 때 멸망했다. 이는 청사(淸史)에서 '전3번(前三藩)의 난'으로 불린다. 그러나 보통 3번의 난이라 할 경우 후3번의 난을 지칭한다. 한족 무장으로서 만주 왕조인 청의 건국에 공적을 세운 오삼계 · 상가희 · 경중명은 각각 윈난 · 광둥 · 푸젠에 평서왕 · 평남왕 · 정남왕으로 책봉되었다. 오삼계는 산해관에서 도르곤에게 원군을 요청한 장군이며, 상가희와 경중명은 피도에서 밀수를 자행하던 모문룡의 부장(部將) 출신이다. 모문룡이 원숭환에게 처형당한 뒤 홍이대포를 갖고 청에 투항한 인물들이다.

변경에 한족 왕이 할거한다는 것은 청으로서는 큰 위협이 잔존한다는 애기가 된다. 중국을 평정하는 데 그들은 녹기영(綠旗營:한인 부대)을 이끌고 참전해 군벌이 되었다. 재정(財政)이나 인사(人事)에서 일체 중앙의 지시를 받지 않았다. 윈난의 평서왕 오삼계는 티베트와 차〔茶〕와 말〔馬〕 교역을 했고, 관세 · 염세(鹽稅) 징수뿐 아니라 동전까지 주조했다. 그는 도르곤에게 원군을 요청할 때부터 언젠가는 만주족을 쫓아내겠다고 다짐했다. 그런 생각에 변화가 없었기 때문에 대담한 행동을 할 수 있었던 것이다.

'후3번의 난'의 발단은 평남왕 상가희와 아들 상지신(尙之信)의 불화에서 비롯되었다. 강희 12년(1673년) 상가희는 은퇴해 랴오둥으로 돌아갔고, 아들을 평남왕에 책봉해 줄 것을 조정에 상신했다. 그러나 강희제는 세습을 허용하지 않고, 광둥의 평남왕을 폐지한 뒤 철번(撤藩)을 명령했다. 단호한 조치였다. 오삼계와 경정충(耿精忠, 경중명의 손자)도 시험삼아 철번을 상신했으나 조정은 주저함 없이 철번을 명령했다. 결국 오삼계는 천하도초토(天下都招討) 병마대원수를 칭하고 반청의 깃발을 올렸다.

스무 살 강희제는 반란에 과감하게 대처했다. 건국 이래 최대 위기였다. 그는 3번 토벌에 한인 군대를 동원했다. 위험해 보였지만 강희제는 절대적인 자신감을 갖고 있었다. 오삼계는 계왕(桂王) 영력제를 추격해 살해했으나 아무런 명분도 없었다. 단지 반청·반만주를 주창한 것이었다. 30년간이나 만주의 청 왕조에 봉사하고 왕에 책봉된 인물이기 때문에 같은 한족이라고 그를 지지할 이유가 없었다. 3번 중 오삼계가 가장 강력했다. 뒤늦게 반란을 일으킨 상지신은 아버지의 집을 포위해 분사(憤死)시켰으나 강희 15년(1676년) 12월에 청에 항복한다. 다음해 경중명의 손자 경정충도 항복했다. 오삼계는 1678년 헝저우(衡州, 후난)를 수도로 삼고 3월에 제위에 올랐으나 8월에 사망한다. 손자 오세번(吳世璠)이 제위를 이어받은 뒤 윈난으로 철수했다. 이로써 승패는 결정났다.

청에 항복한 상지신은 오삼계 토벌에 원군을 보내라는 조정의 명령에 응하지 않았고, 오삼계가 죽은 뒤 처음으로 광시의 우쉬안(武宣)을 공격했다. 그러나 상지신에 대한 조정의 불신은 극에 달해 그는 베이징으로 소환된 뒤 처형당했다.

윈난에 들어간 오세번도 추격을 받고 강희 20년(1681년)에 자살한다. 앞서 투항한 경정충 역시 얼마 뒤 처형된다. 3번의 난은 청군의 압승으로 끝났다. 2년 뒤 타이완에 본거지를 마련한 정(鄭) 일족이 항복했다. 정성공의 아들 정경(鄭經)은 정남왕 경정충의 반란에 호응해 푸젠의 샤먼(廈門), 취안저우, 장저우(漳州)를 점령하고 남하해 광둥 각지를 공격했다. 그러나 반란이 진압되자 다시 타이완으로 철수해 오세번이 자살한 해에 죽는다. 청에 항복한 것은 그의 아들 정극상(鄭克塽)이었고, 그는 베이징으로 호송되어 한군8기의 정황기(正黃旗)에 편입되어 공작 작위를 받았다.

3번은 일단 청에 항복한 뒤 다시 반란을 일으켰기 때문에 청은 두 번째 항복에 대해선 용서하지 않았다. 이에 비해 타이완의 정씨 가문은 정성공 이래 청에 항복한 일이 없다. 주자학의 신봉자였던 강희제는 그러한 충성을 관대하게 대했다.

중국은 청의 판도에 들어갔다. 타이완에도 1부3현(一府三縣)이 설치되었다. 중국에서 번왕(藩王)이 사라졌고 구석구석까지 중앙에서 관료가 파견되어 통치하게 된다.

다음은 대외 문제였다. 강희 28년(1689년), 네르친스크 평화조약으로 러시아와의 국경을 안정시켰다. 또 준갈이(좌익, 서몽골이란 뜻)의 갈단이 전 몽골을 통일하기 위해 동쪽으로 침략해 오자 강희제는 두 번의 친정을 통해 대타격을 가했고, 갈단은 자살했다. 준갈이는 그래도 굽히지 않고 쿤룬(崑崙) 산맥을 넘어 티베트를 점령했다. 라마교 문제도 있기 때문에 이는 청에게 중요한 사건이었다. 칭하이(靑海)를 통한 공격이 실패하자 청의 군대는 칭하이와 쓰촨 양쪽에서 진격해 강희 59년(1720년)에 마침내 준갈이 세력을 티베트에서 일소했다. 같은 해 청군은 투루판 분지를 제압했다.

외정이 많았음에도 강희 시절에는 증세(增稅)가 없었고, 오히려 부세(賦稅)를 면제해 준 예가 종종 있었다. 국내 안정으로 경제 활동이 활발해지자, 세수(稅收)가 자연히 늘어났던 것이다.

강희제 자신이 학자여서 주자학뿐 아니라 예수회 신부로부터 수학도 배웠고 학술을 장려했다. 한편 한족이 갖는 '이적사상(夷狄思想)'에 대한 경계심을 늦추지 않았다.

만주족을 비방하거나 청 입관(入關) 후 명의 원호, 즉 영력제 등을 사용하는 자는 극형에 처했다. 비록 죽은 사람일지라도 묘를 파헤쳐 시신을 다시 처형하는 철저함을 보였다. 이를 '문자(文字)의 옥(獄)'이라 부른다. 철저한 공포 정치였다.

3

청은 만주족 풍습인 변발을 강요했으나 이를 도저히 받아들이지 못하는 사람들도 있었다. 그들이 선택할 수 있는 길은 출가해 삭발하는 것뿐이었다. 실제 많은 사람들이 출가했으며 거기에 여유량(呂留良)이라는 인물이 있었다. 법명은 내가(耐可)였다. 봉건제 복귀를 주장한 사람으로, 그의 주장은 배만사상(排滿思想)으로 연결되었다. 그의 저술이 문제가 된 것은 그가 사망한 뒤 50년 후의 일이다. 그러나 사체를 끄집어내 처형했다. 옹정 10년(1732년)의 일이다.

옹정제는 사상(思想)에는 사상으로 대처한다는 방침을 취했고, 여유량의 사상을 계승해 반란을 꾀했다는 증정(曾靜)을 용서한 뒤『대의각미록(大義覺迷錄)』을 편찬했다. 청 왕조 통치의 정통성, 화이사상(華夷思想)의 부당성을 지적한 것으로, 증정의 전향문「귀인설(歸仁說)」이 부록으로 붙어 있다. 그러나 다음 건륭제 시대가 되자 일단 용서받았던 증정이 사형에 처해졌고,『대의각미록』도 금서가 된다.

문자의 옥이 건륭제 시대 들어 한층 엄격해진 것은 사상계에 배만사상이 널리 퍼졌기 때문이다. 문제를 일으킨 인물의 아들과 손자까지 처형되는 경우도 있어 학자들은 공포에 떨었다. 필화(筆禍) 사건 중에는 단지 필자가 의식하고 쓴 것으로 오해받은 경우도 있다. 붓을 잡고 시문을 쓰려는 사람들은 위축되었을 것이다. 학자는 위험을 피하기 위해 고증학(考證學)에 치중하게 된다. 고증학은 대부분 안전했기 때문이다. 이로 인해 청대의 학문은 고증학이 주류가 되었고 과학 정신의 싹이 텄다. 그러나 여기에는 앞에서 언급한 배경이 있었다.

건륭제가 편찬한『사고전서(四庫全書)』는 고금의 서적 중에서 엄선된 양서(良書)와 관련 양서의 제목과 해설을 붙인 것이다. 3,458종, 약 8만 권에 달했다. 이 필사본이 일곱 부가 있으니 엄청난 작업이었을 것이다. 그 중에는 일본의 야마노이 가나에(山井鼎), 다자이 슌다이(太宰春台), 네모토 부이(根本武夷)의 저작도 있다. 엄청난 문화 사업이었으나 이는 사상 검열적 측면이 강했다. 많은 서적이 금서가 되었고 불태워졌다.

옹정 시대에 대규모 외정은 없었으나 건륭제 시대에는 드물지 않았다. 두 차례에 걸친 준갈이 원정을 비롯해 후이부(回部, 남신장南新疆) 원정, 진촨(金川), 타이완, 미얀마, 베트남, 구르카에 병력을 보냈고, 네팔의 카트만두 부근까지 원정군의 말발굽 소리가 들렸다. 티베트에는 주장판사대신(駐藏辦事大臣)을 두어 지배를 강화했다. 건륭제는 10여 차례의 군사적 대공훈을 세웠음을 자랑했고, 스스로 그 기록인 『십전기(十全記)』를 만들어 십전노인(十全老人)을 자칭했다. 강희제 시절에 비해 건륭제의 외정은 국민에게 큰 부담을 주었다. 또 내란의 경우 강희제 때는 3번의 난 이후 타이완의 주일관(朱一貫)의 난이 거의 유일했으나 건륭기에는 빈발한다. 타이완 천지회(天地會)의 난, 후베이 백련교의 난, 모두 비밀결사 봉기로 환부가 깊었음을 말해준다. 청의 황금 시대는 이미 지나가고 있었던 것이다.

오랜 폐해도 있었을 것이다. 할아버지 강희제의 재위 기간인 61년을 넘어설 수 없다며 건륭제는 재위 60년 만에 퇴위했다. 그러나 이미 여든다섯이었다. 그는 퇴위한 뒤에도 여든아홉에 사망하기까지 정무를 봤다고 한다. 후베이 백련교의 난은 그의 생존 때 평정되지 않았다. 최대 문제는 총애하던 신하 화신(和珅)이 지위를 이용해 사복을 채우고 있었는데, 건륭제가 이를 알지 못했다는 것이다. 건륭제는 감찰어사가 화신의 사치를 탄핵하자, 역으로 감찰어사를 해임할 정도로 그에 대한 신임이 절대적이었다.

가경(嘉慶) 4년(1799년) 건륭제가 죽자 화신은 스무 가지 죄를 이유로 자살을 명령받았다. 재산이 몰수되었는데, 황금 1백5십만 냥을 비롯해 국가 세입 10년분에 해당하는 부를 착복한 사실이 드러났다. 권력을 얻은 지 10여 년에 불과하므로 매년 국가 예산의 절반을 착복했다는 계산인데, 이를 알아차리지 못한 것은 건륭제의 책임이라고 할 수 있다.

학자들을 탄압한 '문자의 옥'의 계절이었으나 서민들은 상당히 오랜 기간 평화를 누릴 수 있었다. 생활도 평안해져 인구는 점차 늘어났다. 강희제 때 2억이던 인구는 약 1세기 지난 건륭제 말기에는 4억으로 늘어났다. 그러나 경작 면적은 10여 퍼센트밖에 늘지 않았다. 인구의 대부분은 농민이었으므로 생활이 어려워질 수밖에 없었다. 백성들은 건륭제 말기의 외정 때문에도 고통받았을 것이다.

총애를 받던 화신의 출현은 정치가 퇴폐했음을 보여주는 증거 중 하나였다. 사람들은 문화와 생활 면에서도 병이 깊어지고 있음을 느꼈다. 관리와 군대의 기강이 흐트러졌고 생활은 점차 고통스러워졌다. 청 왕조 초기의 석도, 팔대산인, 그리고 강희·건륭 중기까지의 양저우8괴(揚州八怪, 금농金農·정섭鄭燮·이선李鱓·황신黃愼·나빙羅聘·이방응李方膺·왕사신汪士愼·고상高翔)의 시대는 끝났고, 뛰어난 예술가나 문인은 나오지 않았다. 건륭 말기부터 빈발하기 시작한 반란은 그와 같은 퇴폐의 한 표현이었을 것이다.

백련교는 미륵이 지상에 내려와 세상을 바로잡는다는 종교이다. 원 왕조 말기의 동란도 백련교 신자가 중심이 된 홍건의 난으로 막을 열었다. 건륭제의 사망은 1799년이므로, 19세기의 문턱에 와 있었다. '3대의 봄'이 지난 뒤 세상은 많은 모순으로 가득 차, 교정이 필요한 시기를 맞고 있었던 것이다. 후베이를 중심으로 한 백련교의 난은 산시(陝西), 쓰촨으로 파급되었다. 그뿐 아니라 백련교 일파인 천리교(天理敎)는 궁정의 환관들에게까지 영향을 미쳤다. 가경 18년(1813년) 환관 신자의 인도로 천리교 반란군 약 1백 명이 쯔진성을 공격, 이

틀 동안 전투를 계속했다. 이를 '금문(禁門)의 변'이라 부른다. 이때 외조(外朝)와 내조(內朝)의 경계인 룽쭝먼(隆宗門)의 현판에 박힌 화살촉이 아직도 남아 있다. 왕조의 석양을 상징하는 듯하다.

4

청조 건국 당시 대항해 시대는 이미 시작되어 있었다. 포르투갈, 스페인과 같은 이베리아 반도 국가들이 선구자였다. 네스토리우스파가 아닌 가톨릭 계열 기독교도 전해졌다. 예수회 선교사들은 중국인의 조상 숭배와 공자 숭배를 허용하면서 많은 신자를 획득했다. 이에 대해 다른 교파가 교황청에 예수회를 이단이라고 직소했다. 그러나 조상 숭배를 인정하지 않는 한 중국에서 신자를 얻기란 불가능했다. 가족제도 속에서 사람들은 생활했고, 관리가 되면 반드시 문묘(文廟)에서 공자께 제사를 올려야 했다. 일본에서와 마찬가지로 예수회는 지도층 신자 획득에 비중을 두었다.

이것이 세상에서 말하는 '전례(典禮) 문제'이다. 강희제는 중국의 풍습인 조상 숭배와 공자 숭배를 인정하지 않는 교단의 포교를 금지했다. 강희제는 교황청 특사를 감금했고, 옹정제는 천문대장(天文台長)이나 화가처럼 정부에 고용된 자 이외의 외국인을 추방했다.

이를 통해 청국은 외국과 절연한 셈이 되었다. 단, 아주 멀리서 오는 상인들은 불쌍히 여겨 교역을 허용했다. 장소는 광저우로 국한했고, 그들의 가족들은 광저우에 들어갈 수 없었다. 그리고 교역 시즌이 끝나면 이들은 반드시 귀국해야 했다.

그 시절 일본이 교역을 나가사키(長崎) 항 한 곳에 국한한 것과 비슷하다. 일본은 네덜란드와의 교역만 허가했으나 청은 특별히 국가는 제한하지 않았다. 나가사키의 데지마(出島)에 비해 광저우의 이관(夷

館)이 편리했던 것은 마카오에 포르투갈인의 특별 거주지가 있었기 때문이다. 가족을 마카오에 거주하게 하고, 종종 마카오를 찾아가면 되었던 것이다. 마카오는 아직 포르투갈 영은 아니었다. 포르투갈은 총독을 파견했으나 청 왕조도 아오먼동지(澳門同知)라는 지방 장관을 파견했다.

나가사키 무역은 네덜란드인이 독점했지만 광저우에서 무역의 주역은 영국의 동인도회사였다. 당시 영국에서는 차가 유행해 '티 타임'이 대중화되었고, 찻잎에 대한 수요가 급증했다. 또 아직 아삼이나 실론에서 차가 재배되지 않아 중국이 유일한 공급원이었다. 많은 찻잎이 광저우에서 런던으로 수송되었으나 영국은 중국에 수출할 만한 상품이 없었다. 이로 인해 청과 영국의 무역은 항상 영국의 수입 초과가 되었고, 동인도회사는 무역 역조 해소에 고심했다.

이때 등장한 것이 아편이다. 중국은 일찍부터 아편을 약품으로서 수입하고 있었다. 특히 타이완에서는 말라리아의 특효약으로 알려져 있었다. '아편을 마시면 장수한다'는 허위 선전으로 급속히 보급되었다. 아편은 명상적이며, 동양의 마약으로 일컬어진다. 현실의 시름도 잊게 해준다. 아편 유행은 생활을 어렵게 한 원인이기도 했다. 또 사회가 정체되어 일반인에게 오락거리가 적었다는 현실이 아편이 널리 보급된 배경이라고 분석하는 사람도 있다. 하여간 중국은 아편을 대량 구매하는 국가가 되었고, 당시까지의 수출 초과가 수입 초과로 역전되었다. 매년 적자 폭이 늘어 국가 재정에 큰 부담이 되었다.

무역 결제는 은(銀)으로 했다. 찻잎 수출로 양은(洋銀:멕시코 은화)이 대량으로 들어왔던 것이 바로 최근의 일인데, 이번에는 중국의 은이 속속 빠져나가기 시작한 것이다. 이것이 '루은(漏銀)'이며 정치 문제가 되었다.

당시의 세제(稅制)는 은 본위였으나 실제 납세는 동전으로 했다. 오랜 기간 은 한 냥의 세금은 동전 7백~8백 문(文)으로 지불했다. 환율이 비교적 안정되어 있었다. 그러나 은이 유출되자 경제 원칙대로 은의 가격이 급등했다. 은 한 냥은 동전 1천 문을 넘었고, 1천2백 문, 1천4백 문 등 속속 올라갔다. 은으로 조세를 납부해야 하는 일반 서민에게는 실질적으로 엄청난 세금 인상이었던 셈이다. 당연히 서민 생활을 압박했다. 세금을 낼 수 없어 처벌을 두려워한 나머지 사람들이 잇따라 도주했고 사회가 불안해졌다. 경제·정치뿐 아니라 인도적 측면에서도 아편의 해독은 무시할 수 없었다. 아편 수입이 늘어난 것은 가경 시대(1796~1820년)부터인데, 다음의 도광(道光) 기간(1821~1850년)이 되자 수입 곡선이 급상승했다. 방치할 수 있는 상황이 아니었다. 도광제(道光帝)는 중신들에게 대책을 물었다. 각지의 총독과 순무(巡撫)의 의견을 들었고, 가장 뛰어난 대책을 가진 사람에게 아편 금지 실행 역할을 맡겼다. 도광제가 가장 탄복한 것은 호광(湖廣, 후베이·후난) 총독이던 린쩌쉬(林則徐)가 상신한 것이었다. 아편 엄금론이었고 단계적 실행 등 방안이 매우 구체적이었다. 우창(武昌, 후베이성)에 있던 린쩌쉬를 베이징으로 불러 전권을 행사할 수 있는 흠차대신(欽差大臣)에 임명하고 아편 수입 현지인 광저우로 급파했다.

여기서부터 중국 근대사가 시작된다고 봐도 좋을 것이다. 린쩌쉬는 광저우에 도착하자 영국 상인이 보관 중이던 아편 2만 상자를 몰수했다. 그리고 후먼(虎門) 절벽 위에 사방 50미터짜리 연못 두 개를 만들고 아편에 석회와 소금을 섞어 완전히 녹인 뒤 바다로 흘려보냈다. 이보다 완전한 처리법은 없었다.

당시 이관이 포위되어 물과 식량을 공급받을 길이 끊기자, 영국이 저장해 둔 아편을 내놓은 것이다. 물론 큰 손해를 본 상인들의 불만은 대단했다. 아편 상인들은 귀국해 자국의 국회에 항의하고 대청 전쟁에 나설 것을 설득했다. 이로써 영국은 중국에 원정군을 보내 딩하이(定

海)를 함락하고, 베이징 외항인 톈진을 공격했다. 적이 베이징에 근접한 뒤에야 당황해하며 대책을 마련하는 것이 청 왕조 수뇌의 습관이었다. 린쩌쉬는 파면되었고 대신 치산(琦善)이 흠차대신이 되었다. 도광 20년(1840년)의 일이다. 청조는 영국의 요구를 이 핑계 저 핑계를 대며 들어주지 않았으나 영국도 원정군을 파견한 이상 확실한 결과를 얻어야만 했다. 광저우를 공략했으나 중국 관군이 아닌 민간의 평영단(平英團)이 저항하는 이상한 전투가 되고 말았다. 영국군은 창장에 들어가 자푸(乍浦), 상하이(上海), 전장(鎭江)을 빼앗고 난징을 압박했다. 청조도 마침내 굴복하고 1842년 굴욕적인 난징 조약을 체결했다. 조약에 의해 홍콩은 영국에 할양되었고 광저우·샤먼(廈門)·푸저우(福州)·닝푸(寧浦)·상하이 등 5개항을 개항했다. 전비 배상 1천2백만 달러, 몰수당한 아편 대금 6백만 달러, 중국의 무역독점체제 폐지 등이 조약의 내용이었다. 실제로는 너무도 총괄적인 조약이었기 때문에 다음해 5항 통상장정, 후먼 추가 조약, 왕샤 조약(望廈條約, 미국), 황푸 조약(黃埔條約, 프랑스)에 의해 구체화되었다. 치외법권, 조계(租界) 등 불평등 조항이 설정되어 이것이 그 후 각국과의 조약 체결의 모델이 된다.

잇따르는 국난

1

아편 전쟁으로 드러난 것은 청의 군대에 전투 능력이 없다는 현실이었다. 8기군(八旗軍), 녹기영(綠旗營, 한족 부대), 모두 쓸모가 없었다. 장병들의 질이 현저히 떨어져 있었다. 수렵 시절 만주족의 야성은 찾아볼 수 없었다. 입관(入關) 초대의 순치제가 이미 한화(漢化)된 황제였다. 청 왕조 시대를 통해 만주족에게 '만주어를 배우고 관의(寬依)를 입지 말라'는 내용의 조서(詔書)가 종종 나왔다. 만주족이 더 이상 만주어를 말하지 못하게 되었고, 한족 풍의, 행동하기에도 불편한 옷을 입고 다니게 된 것이다. 수렵에 편리한, 몸에 딱 맞는 통소매의 만주 옷을 입는 사람이 적어졌음을 말해 준다. 청 왕조 말기에는 이런 조서를 내린 황제 자신이 만주어를 못했다. 군대에 야성을 요구하는 것은 무리였다.

만주족은 상공업에 종사하는 것이 금지되어 있었다. 과거시험도 장려하지 않았다. 결코 한족 보호가 아니었다. 소수 만주족에 의한 중국 지배였으므로 원칙적으로 만주족은 군인이 될 것을 장려했고, 대신 다양한 특전을 부여했다. 특전은 사람을 타락시킨다. 만주8기 기병(騎兵) 중 말을 타지 못하는 사람마저 있었다.

아편 전쟁 약 10년 뒤 태평천국의 난이 시작된다. 당시까지 반란은 백련교처럼 미륵하생(彌勒下生)의 국가 정화 운동이 많았으나 아편 전쟁에 의해 기독교 포교가 인정되면서 반란의 새 얼굴로 기독교가 등장한다. 주로 광둥·광시 지방에서 일어나고 있다. 광저우가 기독교 포교의 중심지란 점도 있으나 5개항 개항에 의해 그 지방에 실업자가 늘고, 사회 불안이 타 지역보다 심했던 것도 원인 중 하나이다.

남방의 물자나 독점 무역항이던 광저우에 수입된 상품(대부분 아편)을 하천의 수로 혹은 육로를 이용해 인구가 많은 창장 연안으로 운반하는 일을 생업으로 삼는 사람들이 많았다. 이들은 상하이 개항으로 큰 타격을 받았다. 외국 선박이 수시로 상하이에 입항했다. 난징 조약은 무역량을 늘렸으나 타격받은 직종은 운수업만이 아니었다. 근대 중국의 큰 문제로 민족 산업 붕괴가 있었다. 광저우에 인접한 포산시(佛山市)는 구식 단철업(鍛鐵業)의 중심지였으나 외국에서 대량 생산된 농기구와 못, 철판이 염가로 들어와 철 관련 업종 종사자들은 모두 실업자가 되었다. 광시의 숯 제조업자들도 도산했다. 그들이 만드는 목탄은 제철에 사용되는 것이었는데, 단철업 도산에 따른 연쇄 도산이었다.

수송업자들의 실업은 명 왕조 말기 역참제 폐지에 의한 역부들의 실업과 비슷했다. 직업 성격상 그들도 조직을 갖고 있었다. 소수 지배가 특징인 청조는 결사를 금지했다. 한족이 조직을 만들어 단결할 것을 우려했다. 업자의 상부 조직에 불과한 것조차 조정은 의심의 눈초리로 쳐다봤다. 그러나 업자들은 그런 조직이 있어야 안심하고 일할 수 있기 때문에 자연스럽게 결사가 생겨났다. 결사는 금지되어 있었기 때문에 별 위험이 없는 조직까지 비밀 결사 형태를 띠게 되었다. 청 왕조 때는 종종 '수부(水夫) 설교 금지'가 나오고 있다. 운하의 수부들이 신앙 명목으로 결사를 만들었는데 이를 금지한 것이다. 반체제가 아님을 명확히 밝히기 위해 안청방(安淸幇:청조를 평안하게 하는 그룹)이란 이름을 붙인 적도 있다. 이것이 또 청방(靑幇)이란 비밀결사 조직이 된다.

태평천국의 난의 수령은 과거에 낙방한 서생인 홍슈취안(洪秀全)이었다. 광저우에서 외국인 전도사로부터 기독교 소책자 『권세양언(勸世良言)』을 받았는데, 어느 날 고열로 고생하며 꾸었던 꿈이 그 책자에 적힌 여호와나 그리스도와 비슷하다고 생각했다. 그는 꿈속에서 여호와로부터 세상을 바르게 하라는 명령을 받았고, 그리스도는 그의 형이 되었다. 여호와는 천부(天父), 그리스도는 천형(天兄)이며 홍슈취안 자신은 천왕(天王)이라고 자칭하게 된다.

홍슈취안은 동지이자 후일 남왕(南王)이 되는 펑윈산(馮雲山)과 같이 포교 활동을 시작했다. 두 사람 모두 지식층이었으며, 간부로 참가한 사람으로는 숯을 굽던 양슈칭(楊秀淸, 후일 동왕東王), 빈농 출신인 샤오자오구이(蕭朝貴, 후일의 서왕西王), 소지주 출신 웨이창후이(韋昌輝, 후일 북왕北王), 어머니가 동족(僮族)인 서생 스다카이(石達開, 후일 익왕翼王)가 있었다. 모두 객가(客家)라 불리던 사람들이었다. 객가란 손님, 즉 나중에 각지에서 온 사람을 지칭한다. 객가의 전설에 따르면, 북송이 금 왕조에 멸망당했을 때 금의 백성이 되는 굴욕을 거부하고 각지로 남하한 기개 있고 의식 있는 그룹이었다고 한다. 새로 온 사람들이기 때문에 원래 그곳에 살던 사람들로부터 차별받았고, 척박한 토지만 경작할 수 있었다. 이를 극복하기 위해 그들은 근면했고 교육을 중시했다. 중국의 부인들은 당시 일반적으로 전족을 하고 있었으나 객가 여성들은 일을 해야 했기 때문에 전족을 하지 않았다.

기독교 신자, 객가를 중심으로 광시에서 일어난 반란 집단이 진톈촌(金田村)에서 거병했다. 1850년의 일이다. 그들은 융안저우성(永安州城)을 점령하고, 그곳에서 태평천국 건국을 선언했다. 청군을 그들을 진압하지 못했고 태평군은 진격을 거듭했다. 광시성·구이린·후난성·창사(長沙)처럼 청군의 방어가 견고할 경우 이내 함락을 포기하고 앞으로 나아갔다. 태평군은 후난 웨저우를 점령하고 우창을 점령했을 때 1백만 대군으로 늘어 있었다. 틈틈이 선전 공작도 했으나, 엄청난 무기·선박과 더불어 수많은 병사를 확보할 수 있었던 것은 웨저우와 우창에서의 전투 뒤의 일이다. 우창에서 창장으로 들어가 수륙 양로로 곧바로 난징을 공격해 함락시켰다. 광시 진톈촌에서 시작된 대장정이 었는데, 청의 군사가 얼마나 형편없었는지 짐작할 수 있다.

2

난징 점령 뒤 태평천국은 타락의 길을 걸었다. 천왕 홍슈취안은 궁 전에 틀어박혀 종교 저술에 몰두했고, 실권은 동왕 양슈칭이 장악하고 있었다. 남왕과 서왕은 장정 도중 사망했다. 동왕은 유능했으나 무학 (無學) 탓인지 독선적인 면이 있었다. 또 오만했다. 북왕은 이에 복종 하는 듯하다가 돌연 쿠데타를 일으켜 동왕을 살해했고, 그 북왕을 천 왕이 처형했다. 1856년의 일이다. 동서남북의 4왕은 모두 죽고, 북왕 에 의해 가족이 몰살당한 익왕 스다카이는 절망 속에 따로 세력을 만 들어 군단장이 되었으나 쓰촨에 들어간 뒤 소멸했다.

태평천국에는 리슈청(李秀成), 천위청(陳玉成)같이 새로 간부가 된 사람들이 선전했으나 톈진 부근까지 북진한 뒤 쇠퇴하기 시작한다. 남 방 사람이 주축인 군단이 겨울에 작전을 펴는 것이 무리였다. 태평천 국을 압박한 것은 결코 청 왕조의 군대가 아니었다. 상(喪)을 당해 귀 국하던 쩡궈판(曾國藩)이 후난에서 모은 의용군은 왕조의 군대를 능 가하는 활약상을 보였다. 쩡궈판은 문하생을 장교로 삼고, 순박한 청 년을 병사로 삼았다. 절반이 아편을 피우는 왕조 군대와는 큰 차이를 보였다. 이 새 군대는 후난의 별명을 따서 상군(湘軍)이라 불렸다. 얼 마 뒤 리훙장(李鴻章)도 고향 안후이에서 유사한 성격의 군대를 조직 했다. 리훙장의 군대는 회군(淮軍)이라 불렸다.

외국은 초기에는 중립적인 태도를 취했으나 난이 진행되면서 청 왕조 편에 서게 된다. 기독교를 표방해 친근감을 느껴 초기에는 사절단을 파견하기도 했으나 태평천국이 중국의 주인이 될 경우 외국에 불리한 상황이 전개될 것이라고 판단한 것이다. 청 왕조와 체결한 불평등 조약을 태평천국이 인정할 것 같지 않았기 때문이다. 더구나 태평천국은 아편을 엄격히 금지했다. 아편이 무역 상품 중 1위였기 때문에 전국적인 아편 금지는 그들에게 상업적으로 큰 손해를 줄 것이 뻔했다. 리홍장의 노력으로 외국 부대가 결성되었고, 영국인 고든이 지휘권을 잡고 태평천국의 군대와 싸웠다. 이들은 상승군(常勝軍)이라 불렀다.

태평천국은 난징을 톈징(天京)이라 불렀는데, 1864년에 함락된다. 홍슈취안은 그 전에 자살한 것으로 전해진다. 태평천국 혁명이 실패한 최대 원인은 내분에 있었다. 토지 정책에서 평등을 주장했고, 여성의 지위 향상 같은 이념적으로 주목할 만한 것들이 있었다. 그러나 톈징에 들어가면서 복잡한 계급 호칭을 만드는 등 당초 이상에 등을 돌렸다. 이상과 현실의 불일치도 패배를 초래한 원인 중 하나였다. 또 상군과 회군의 건투를 예상하지 못했다.

태평천국 전쟁은 14년간 지속되었고, 청조 멸망의 큰 원인이 되었다. 전쟁이 한창일 때 영국·프랑스 연합군이 광저우에서 약탈과 폭행을 자행했고, 총독을 포로로 잡았다. 또 창춰와 베이징을 공격해 이궁(離宮) 원명원(圓明園)을 불태우며 엄청난 만행을 저질렀다. 이들은 청 왕조에게 난징 조약보다 더욱 불리한 조약을 받아들이게 했다. 이를 애로우 호 사건이라 부른다. 애로우 호는 중국인 소유의 아편 밀수선이다. 당시 아편 밀수는 1년에 10달러의 등기료를 홍콩 관청에 지불하고, 선박을 영국 국적으로 등록하는 것이 일반적이었다. 조약에 따라 외국 선박은 임시 검문을 할 수 없었기 때문이다. 광저우 주장(珠江)에 정박한 애로우 호를 청국이 검문한 것이 전쟁 발발 동기였다.

사실 애로우 호는 선적 등기 기한이 이미 지나 영국의 선박이라고는 할 수 없었다. 영국은 이를 알았음에도 사실을 숨긴 채 출병했다. 보다 유리한 조약을 체결하기 위한 '일격'이었다. 프랑스는 밀입국해 오지에 들어간 선교사가 살해되었다는 이유를 들었다.

적당한 개전 이유가 없던 미국과 러시아도 옵저버를 파견해 베이징 조약에서 영국과 프랑스가 인정받은 것과 동등한 권리를 받아냈다. 베이징 조약에 의해 열국 외교관의 베이징 상주가 인정되었고, 청 왕조는 총리각국사무아문(總理各國事務衙門)을 설치했다. 그로부터 40년 지나 의화단(義和團) 사건이 발생한 뒤, 이 기구가 외무부가 된다. 베이징 조약에는 '세율표 개정을 위한 위원 임명'이란 영문 모를 항목이 있었다. 이 항목 때문에 이 조약은 아편 무역을 공인한 문서가 되었다. 금수품은 물론 세율표에 들어가지 않는다. 그러나 베이징 조약에 의해 아편이 '양약(洋藥)'이란 명칭으로 삽입된 것이다. 아편 전쟁 뒤 체결된 난징 조약에서도 아편을 문서로 공인하는 것을 꺼렸는데, 베이징 조약에는 당당히 들어간 것이다. 중국에서는 애로우 호 사건을 제2차 아편 전쟁이라 부른다. 아편 선박 임시 검문에서 시작되어 아편 무역 공인으로 끝났기 때문에 그 명칭은 적절하다.

1862년 일본 정부가 무역 실습을 위한 선박 지토세마루(千歲丸)를 상하이에 파견한 시점은 마침 태평군이 상하이를 공격하던 때였다. 다카스기 신사쿠(高杉晉作)는 포성을 듣고 흥분해 있었다.

3

태평천국의 톈징이 함락되던 해, 중앙아시아의 '야쿱벡'이 신장(新疆)을 침입했다. 러시아 제국이 중앙아시아를 제압하자, 이에 쫓겨 내려왔던 것이다. 중국은 더 이상 외국에 문을 닫고 지낼 수 있는 상황이 아니었다. 야쿱벡이 14년간이나 신장에 머물렀던 것은, 청 왕조가 이곳에 동원한 군대를 남쪽으로 이동시켰기 때문이다. 즉 메이지(明治) 7년(1874년) 일본의 사이고 쓰구미치(西鄉從道)가 이끄는 군대가 타이완을 침략, 이를 격퇴하기 위해 군대가 이동했던 것이다. 일본은 류큐(琉球, 현재의 오키나와) 호적의 주민이 타이완 고산족에게 살해당했다는 이유로 출병했었다. 문제가 해결되고 일본이 타이완에서 철수한 뒤에야 쭤쭝탕(左宗棠)이 이끄는 군대가 서쪽으로 향했다. 러시아는 야쿱벡의 난을 이유로 중국의 이리(伊犁) 지방을 '보호 점령' 했다. 러시아는 청 왕조의 힘으로는 야쿱벡을 신장에서 쫓아낼 수 없다며 평화가 회복되면 점령지를 반환하겠다고 했다. 쭤쭝탕의 군사는 야쿱벡을 공격했고, 궁지에 몰린 야쿱벡이 자살함으로써 난은 평정된다. 이리조약(=페테르스부르그 조약)에 의해 러시아는 점령지의 동쪽 절반만을 반환하고, 서쪽은 현재까지 러시아 영토로 되어 있다. 또 원군을 요청하지 않았음에도 러시아군 주둔 비용 9백만 루블을 지불해야 했다.

이리 조약 3년 뒤 청·불 전쟁이 시작되었다. 프랑스의 침략은 항상 가톨릭 교도 보호가 명분이었다. 프랑스는 이 명분으로 베트남에 출병했고, 베트남 정부는 종주국인 청 왕조에 원병을 요청했다. 프랑스는 푸젠성의 푸저우 마웨이(馬尾) 군항을 공격해 푸젠 해군을 전멸시켰다. 그러나 상황은 청 왕조에 유리했다. 타이완 상륙에 실패한 프랑스 함대는 저장에서 포격을 받았고, 부상 입은 제독 쿠르베는 펑후도(澎湖島)에서 사망했다. 베트남에서도 노장 펑쯔차이(馮子材)가 흑기군(黑旗軍)을 이끌고 프랑스 군대를 격퇴했다. 이때 패전으로 프랑스 페리 내각이 붕괴되었다. 그럼에도 리훙장은 프랑스군이 송코이 강의 델타 지역을 제압했던, 즉 전성기 때에 잠정 체결한 간명조약(簡明條約)을 추인하는 형태로 강화를 체결했다.

푸젠 해군은 린쩌쉬(林則徐)의 조카이자 사위였던 선바오전(沈葆

楨)이 창건했다. 푸젠 해군이 전멸했기 때문에 전쟁을 계속하면 리훙장 자신의 핵심 무력인 북양(北洋) 해군을 동원해야 했다. 이는 그의 정치적 자산이어서 잃고 싶지 않았다. 그래서 불리한 강화조약을 체결한 것이다. 국익보다 사익을 우선시한 처사였다.

1·2차 아편 전쟁의 패배로 서양의 기술은 받아들여야 한다는 생각이 당시 고급 관료 사이에 확산되었다. 특히 열심이었던 사람을 양무파(洋務派)라고 불렀다. 반면 '중체서용(中體西用)', 즉 본체는 역시 중국 정신이고 서양의 것은 단지 사용하는 물건에 국한하자는 생각이 지배적이었다. 일본의 '화혼양재(和魂洋才)'와 비슷하다.

국방에 대한 기본적인 생각도 긴 국경선을 맞대고 있는 러시아를 가장 경계해야 한다는 입장과 아편 전쟁 이후 대규모 원정군을 보낸 영국이야말로 주적(主敵)이란 생각으로 양분되었다. 전자를 새방파(塞防派), 후자를 해방파(海防派)라 부른다. 새방파는 의외로 아편 전쟁의 영웅 린쩌쉬가 이끌었고, 쭤쭝탕으로 이어졌다. 해방파의 영수는 리훙장이며 친러 노선을 걸었다.

청·불 전쟁 뒤 청·일 전쟁이 일어났다. 조선에서 동학혁명이 일어나 조선은 청국에 원군을 요청했다. 톈진 조약에 의해 청·일 양국은 출병할 경우 상대에게 통고하기로 되어 있었다. 예를 들어 청이 출병하면 일본도 출병할 권리를 얻었다. 일본은 조선을 세력권에 넣기 위해 청국이 출병토록 했다. 이는 당시 외상이던 무쓰 무네미쓰(陸奧宗光)의 『건건록(蹇蹇錄)』에 분명히 기록되어 있다. 청국이 출병하고 조약에 의해 일본도 출병했으나 동학혁명은 이미 평정되어 있었다. 일본은 조선을 세력권에 넣는다는 당초 계획을 달성하기 위해 조선에 다음과 같은 공문을 작성할 것을 강요했다.

조선 정부를 대신해 아산牙山에 머물고 있는 청군을 격퇴시켜 달라.

조선 정부는 주저했으나 일본군은 이미 진격을 시작했다. 창칼의 위협 아래 공문은 작성되었다. 오토리(大鳥) 공사가 문서의 날짜를 변경했다는 것이 거의 정설로 알려져 있다. 총리 이토 히로부미(伊藤博文)가 이를 보고하자, 메이지 천황은 조사를 명령했다.

그런 공문公文이 나왔을 때 어떤 행동을 취할 것인지 사전에 훈령訓令은 있었는가?

이토 총리는 천황이 청군 공격에 반대한다는 것을 알고 아산 공격 중지를 지시했으나 무쓰 외상이 이를 무시함으로써 전쟁이 벌어졌다. 1894년 8월 1일 선전 포고가 나왔으나 메이지 천황은 "대신(大臣)의 전쟁이지 짐의 전쟁이 아니다"라며, 이세(伊勢) 신궁과 고메이(孝明) 천황릉에 개전(開戰)을 보고할 칙사 파견을 거부했다.

청군은 연전연패했고, 정원(定遠)·진원(鎭遠) 같은 거함을 보유한 북양 함대도 황해에서 일본 해군에 격파당했다. 청·불 전쟁 때와 마찬가지로 리훙장은 강화를 서둘렀다.

시모노세키 조약에 의해 청은 일본에 타이완과 랴오둥 반도를 할양하고, 전비로 2억 냥을 지불해야 했다. 온갖 불리한 조항도 강요받았다. 당시 청국의 세입은 9천만 냥 정도였다. 이 조약이 얼마나 가혹했는지 알 수 있다. 프랑스·독일·러시아의 간섭에 의해 랴오둥 반도가 청국에 반환되자 일본이 들끓었다. 10년 뒤 러·일 전쟁이 일어난다. 러·일 전쟁이라고는 하지만 전쟁터는 중국이었다.

4

시모노세키 조약이 체결된 1895년은 청의 광서(光緒) 21년으로 3년에 한 번 열리는 회시(會試:최고의 과거시험)가 베이징에서 열리는 해였다. 회시를 치루기 위해 베이징에 모인 전국의 준재들이 이 굴욕적인 조약에 분개했음은 물론이다. 그 중에 학자로서는 이미 이름이 알려진 캉유웨이(康有爲)가 있었다. 그가 필두가 되어 정치 개혁을 촉구하는 상서를 만들었고, 거인(擧人:회시 수험자) 1천여 명이 서명했다. 그러나 무자격자에 의한 상서라며 접수를 거부당했다.

캉유웨이는 그해 회시에 급제해 진사가 되었고 관직에 올랐다. 상서를 낼 수 있는 자격자가 되어 캉유웨이는 다시 상서를 올렸지만 전달되지 않았다. 광서제(光緒帝)가 성인이 되었기 때문에 서태후(西太后)는 은퇴해야 했으나 당시 청국은 여전히 서태후 독재 정권이 유지되고 있었다. 서태후는 도광제(道光帝)의 아들인 함풍제(咸豊帝)의 비(妃)였는데, 동치제(同治帝)의 어머니라는 이유로 권력을 얻은 것이다. 동치제가 후사 없이 죽자, 네 살 난 짜이톈(載湉, 함풍제의 동생 순친왕醇親王의 아들로 어머니는 서태후의 여동생)을 옹립했다. 그가 바로 광서제이다. 네 살 때 즉위했으므로 서태후의 수렴 정치(여성의 섭정) 기간이 길었고 그녀는 권세의 포로가 되고 말았다.

캉유웨이의 상서는 우여곡절 끝에 광서제에게 전달된다. 일본의 메이지 유신과 러시아의 표트르 대제의 개혁을 모델로 삼아 기존 방식을 변혁하자는 말하자면 변법을 촉구한 것이었다. 청국을 입헌군주국으로 변경해 국난에서 벗어나자는 내용이다. 젊은 광서제는 감동을 받았으나 보수적인 서태후는 용납하지 않았다. 역시 황족의 필두이자 보수적 인물인 공친왕(恭親王)의 압력도 있었다. 그 공친왕의 죽음이 광서제에게 용기를 주었는지도 모른다. 그러나 이 황제는 2품 이상 대신을 임면할 권리가 없었다. 서태후가 장악하고 있었다. 광서제가 변법에 착수한 사실을 안 서태후는 변법파에 동정적인 호부상서(戶部尚書) 웡퉁화(翁同龢)를 해임해 버렸다.

일을 서두르던 캉유웨이는 변법에 소극적인 간부를 파면하고 변법파인 양루이(楊銳), 류광디(劉光第), 린쉬(林旭), 탄쓰퉁(譚嗣同), 이 네 명을 군기대신(軍機大臣) 보좌역으로 장경(章京)에 임명했다. 캉유웨이의 뛰어난 제자 량치차오(梁啓超)와 더불어 이 인물들이 변법의 집행자가 되었다. 그러나 서태후가 빈번히 방해 공작을 벌였다. 결국 이화원(頤和園)에 있는 서태후를 살해하든가 유폐시키는 수밖에 없었다. 쿠데타를 일으키려면 병력이 필요했다. 당시 북양군은 청·일 전쟁 패전에 대한 반성으로 본격적인 서양식 훈련을 시작했다. 이를 신건육군(新建陸軍)이라 불렀다. 서양식 훈련을 받고 있으므로 변법에 동정적일 것이라고 생각했으나 착각이었다. 탄쓰퉁은 신건육군의 책임자 위안스카이(袁世凱)를 찾아가 쿠데타에 협조해 줄 것을 부탁했다. 결국 위안스카이의 밀고로 변법파에 대한 탄압이 시작되었다. 영국의 비호를 받은 캉유웨이나 일본 공사관으로 도주한 량치차오는 목숨을 부지했다. 그러나 탄쓰퉁는 체포 이틀 만에 참수되었다. 탄쓰퉁은 일단 일본 공사관까지 가서 시문(詩文)과 자신이 소장하던 주요 서적을 량치차오에게 맡겼다. 그러나 망명은 거부했다.

각국이 변법을 시행하면서 피를 흘렸다. 중국에서 변법 때문에 유혈 사태를 맞았다는 이야기는 들은 적이 없다. 중국이 어려움에 처한 것은 그 때문이다. 내가 유혈의 시작이 되고자 한다.

탄쓰퉁은 이렇게 말한 뒤 기개 있게 처형의 길을 걸은 것이다. '백일유신(百日維新)' 혹은 1898년의 간지를 따서 '무술변법(戊戌變法)'이라 불리는 이 개혁은 이렇게 좌절되었다.

다음해 의화단이 산둥에서 일어난다. 보수적인 서태후는 의화단의 배척 운동을 이용했고, 결국 서방 외교관 살해 사건이 일어나 8국 연합군의 베이징 입성이라는 결과를 초래한다. 서태후와 광서제는 시안으로 도주했고, 청·일 전쟁 때 실각한 리훙장이 광둥에서 불려와 각국과 강화를 맺었다. 배척파의 황족 장친왕(莊親王)은 자살을 명받았다. 단군왕(端郡王)은 신장으로 유배되었고, 위셴(毓賢)·치슈(啓秀) 같은 이는 사형당했다. 배상금은 4억 5천만 냥이었다. 4부 이자로 39년간 갚아야 했다. 이자를 합하면 10억 냥이 된다. 청조가 멸망한 뒤 중화민국이 이를 떠안아 1940년까지 계속 갚아갔다.

러·일 전쟁에서 일본이 승리하자, 일본 유학 붐이 크게 일었고 1만여 명의 청년이 일본으로 떠났다. 루쉰(魯迅)은 러·일 전쟁 이전에 일본에서 유학했다. 캉유웨이·량치차오 같은 망명자도 있었으나 상당수 유학생들은 입헌군주제를 제창하는 보황파(保皇派)였다. 이에 대해 청조를 무너뜨리자는 혁명파도 있어 일본을 무대로 논쟁이 벌어졌다.

혁명파는 쑨원(孫文)·황싱(黃興)·장빙린(章炳麟) 등이었다. 의화단 사건이 일어난 1900년에 혁명파는 후이저우(惠州, 광둥성)에서 봉기했다. 봉기는 실패했으나 1906년 도쿄에서 중국혁명동맹회가 결성되었다. 쑨원은 종종 외국으로 나가 연설하며 세력을 모았다. 쑨원은 일찍이 혁명사상을 품고 있었고, 시모노세키 조약 다음해인 1896년 런던의 청국 공사관에 감금되었다. 쑨원은 비밀리에 중국으로 송환되어 반란분자로 처형될 뻔했으나 홍콩의학교 시절의 은사에 의해 구출되었다. 런던에서의 이 사건은 신문에 크게 보도되었고, 쑨원의 이름은 세계에 알려졌다.

중국에서는 일본에서 귀국한 혁명동맹회 동지인 쉬시린(徐錫麟)·추진(秋瑾, 여성)이 저장과 광둥 황강(黃岡)에서 봉기했으나 모두 실패했다. 가담자는 전사하거나 처형되었다. 1907년의 일이다. 황싱은 1910년과 다음해 광저우에서 두 번에 걸쳐 봉기했다. 후자는 황화강

(黃花崗) 사건으로 72명이 희생되었다.

광서제는 1908년 죽고 서태후도 그의 뒤를 따르듯 다음날 죽는다. 청조는 위안스카이를 파면하고 황족 내각을 만들었으나 이미 통치 능력을 잃은 상태였다. 어린 황제 푸이(溥儀)가 즉위했고 선통(宣統)으로 개원했으나 저급한 정쟁(政爭)이 계속되었다. 황족 내각을 만든 것은 왕조의 말기 증상이라고 해도 좋을 것이다. 태평천국에서도 말기 때 홍슈취안이 육친만을 믿는 현상이 벌어졌었다.

1911년 신해년에 우전부대신(郵傳部大臣) 성쉬안화이(盛宣懷)가 철도 간선 국유화를 선언한 것을 계기로 반청 혁명 운동이 거세졌다. 서양식 훈련을 받은 신군(新軍) 중에는 일본에 유학한 논객이 있었고, 혁명을 선전했다. 10월 10일 우창에서 일어난 신군 봉기는 청조에게 치명적이었다. 이제 청조에게는 봉기를 진압할 힘이 남아 있지 않았다.

청조의 요인들은 파면된 위안스카이에게 사태 수습을 의뢰할 수밖에 없었다. 청조의 장례식을 치르는 역할이 위안스카이에게 맡겨진 것이다.

쑨원은 난징에서 중화민국 임시 대총통(大總統)에 취임했다. 청조는 입관 이후 269년 만에 멸망했다. 중국은 오랜 왕조 통치에 종지부를 찍고 공화국이 된다. 중화민국 원년은 1912년이다.

현대로

1

청조 말기에 총리대신 제도가 신설되었다. 신해년(1911년)의 총리 대신은 경친왕(慶親王)이었으며, 우창(후베이성) 봉기가 일어난 뒤 위 안스카이로 바뀌었다. 위안스카이가 청의 마지막 총리대신이다. 각료 는 열한 명으로 이 중 만주족은 단 한 명뿐이었다. 섭정왕 순친왕(醇 親王)을 암살하려다 실패한 왕자오밍(汪兆銘)과 황푸성(黃復生)은 석방되었다.

위안스카이에게는 계획이 있었다. 남방의 혁명파와 타협한 뒤 자신 의 왕조를 만들어 황제가 되려 했다. 당연히 그에게 청조에 대한 충성 심 따위는 없었다. 그는 우창에서 봉기한 군대를 진압하기 위해 청군 (淸軍)을 남하시켰다. 그의 직계인 펑궈장(馮國璋)이 군대를 인솔하 고 있었는데, 위안스카이는 그에게 한양(漢陽)에서 진격을 멈추라고 명령했다. 이후 '위안스카이 계열'의 군대는 북군(北軍), 혁명파는 남 군(南軍)이라 부르는 것이 좋겠다.

우창 봉기 때 쑨원은 미국에서 중국 개혁을 위한 운동을 벌이고 있 었다. 그는 우창 봉기 소식을 듣고도 곧바로 귀국하지 않고 유럽으로 갔다. 청조는 4개국으로부터 차관을 받고 있었으나 이를 중지시키고 새로운 공화국을 위한 경제 원조를 요청한 것이다. 쑨원이 상하이에 도착한 것은 그해 12월 25일의 일이다. 쑨원은 자신의 역작인 삼민주의(三民主義)를 통해 국민혁명을 일으키려 했다. 삼민이란 민족(民族)·민권(民權)·민생(民生)으로, 현실주의자인 그는 이를 당장 실시하기는 곤란하다고 보고 군정(軍政)·훈정(訓政)·헌정(憲政) 3단계로 시기를 나누었다.

쑨원이 귀국하기 전 중화민국 임시정부 조직 대강이 마련되었고, 임시 대총통 선거 실시가 결정되었다. 물론 쑨원을 위한 자리였다. 귀국 전 누군가 그 임무를 담당해야 했는데, 리위안홍(黎元洪)을 대원수로 황싱을 부원수로 임명했다.

군대의 진격을 정지시킨 위안스카이는 맹우 탕사오이(唐紹儀)를 파견해 대화로 해결하겠다는 자세를 보였다. 남쪽 대표는 리훙장 외교노선의 후계자인 우팅팡(伍廷芳)이 있었다. 그는 마침 상하이에 있었고 공화제에도 찬성했다. 우팅팡은 혁명파의 설득을 받고 남쪽 대표로 나선다. 탕사오이나 우팅팡 모두 리훙장 인맥이고, 같은 광둥 출신에 미국 유학파였다. 우팅팡은 리훙장을 수행해 시모노세키에 간 적도 있다. 대화의 베테랑이다. 그러나 탕사오이가 협상 도중 철수한다. 남쪽은 북과 대화를 진행하면서 한편으론 대총통 선거를 추진했는데, 이는 북을 무시한 조치란 이유를 들었다.

사실은 위안스카이의 사전 지시에 의한 철수였다. 위안스카이는 청조의 선양을 받아 제위에 오르는 것은 어렵기 때문에, 우선 공화국의 대총통이 된 뒤 공화제는 중국에 맞지 않는다고 선포해 다시 왕조를 열 생각이었다. 탕사오이가 협상 도중 철수한 것은 위안스카이와 쑨원의 직접 교섭의 길을 열기 위한 것이었다.

귀국해 난징에서 임시 대총통이 된 쑨원과 청국 총리대신 위안스카이 간에 전보를 이용한 대화가 시작되었다. 쑨원은 임시 대총통 지위를 위안스카이에게 양보했다. 쑨원은 극히 현실적이었고 '자리'에 욕심이 없었다. 당시 외국으로부터 청조의 종언과 공화제 중국을 인정받기 위해서는 위안스카이만한 적임자가 없었다. 쑨원의 양보로 남북 전쟁은 방지되었다.

　다소 저항은 있었으나 선통제 푸이는 1912년 2월 12일 퇴위하고 그달 15일 위안스카이가 임시 대총통에 취임했다. 그는 내각 수반에 탕사오이를 지명했으나 내각책임제가 아니란 사실에 실망한 탕사오이는 6월 사직하고 상하이로 가버렸다.

　위안스카이의 독재 성향이 서서히 드러나자, 동맹회는 국민당으로 변신했고, 쑨원도 베이징으로 들어갔다. 제1당이 내각을 구성하는 정당 내각제 실현을 위해 정력적으로 활동한 쑹자오런(宋敎仁)은 위안스카이에 의해 암살당했다. 위안스카이는 진보당을 만들었다. 그러나 의원수는 중의원에서 국민당이 269명임에 비해 진보당은 154명, 참의원에서도 국민당 123명에 진보당 69명에 불과했다. 위안스카이는 국민당에 대한 탄압을 시작한다. 이로써 제2혁명이 시작되었다.

　장시성 후커우(湖口)에서 리례쥔(李烈鈞)이 거병했으나 준비 부족으로 실패했다. 쑨원도 푸젠에서 타이완을 경유해 일본으로 망명했다. 그해 제1차 세계대전이 발발해 위안스카이의 정치적 입지는 유리해졌다.

2

　위안스카이는 북양(北洋) 군벌 출신이다. 이는 리훙장의 회군(淮軍)을 뿌리로 한 것이다. 회군 이전에는 쩡궈판의 상군(湘軍)이었다. 청의 군대에 전투력이 없다는 데서 자생적으로 생겨난 의용군이 마침내 청의 국군이 된 것이다. 리훙장은 북양 무비학당(武備學堂)이란 사관학교를 만들었다. 그곳 출신자는 필연적으로 북양 군벌의 인맥이 되었다. 단, 황제의 자리를 노리는 위안스카이는 2인자를 용납하지 않았다. 거물급보다는 중간급 인사들이 서로 경쟁을 벌이는 것이 위안스카이에겐 유리했다. 돤치루이(段祺瑞) · 펑궈장(馮國璋) · 왕스전(王士珍) · 차오쿤(曹錕) · 쉬스창(徐世昌) · 루융샹(盧永祥)이 북양 군벌 인맥이지만 걸출한 인물은 없다. 영웅이 나타나는 것을 막기 위해 위안스카이가 권모술수를 썼던 것이다. 위안스카이는 후일 군벌간 혼전이 벌어진 데 대한 책임 중 상당 부분을 져야 한다.

세계대전이 발발하자 세계의 이목은 유럽에 맞춰졌다. 한반도를 세력 아래 둔 일본은 이때가 중국 침략의 호기라고 보고, 서둘러 21개조의 요구를 중국에 밀어붙였다. 대전이 끝나면 열국이 간섭할 것이 뻔했기 때문이다.

1915년 1월 18일 오쿠마(大隈) 내각이 제출한 21개조는 많은 요구 사항을 담고 있었으나 핵심은 동북의 권익이었다. 러 · 일 전쟁 뒤 포츠담 조약에 의해 얻은 관동주(關東州) 조차지는 1923년 중국에 반환해야 했다. 또 만주 철도 중 안봉선(安奉線)은 1923년에, 다른 철도는 1939년에 중국이 사겠다고 청구할 경우 이에 응해야 할 의무가 있었다. 일본은 이를 99년 연장할 것을 요구한 것이다. 99년이라면 거의 반영구적으로 차지하겠다는 뜻이었다.

한국 강섭 직후였으므로 중국은 신경이 날카로워져 있었다. 일본의 요구는 동삼성(東三省, 만주)을 식민지화하겠다는 것이었다. 위안스카이는 이 요구를 받아들일 경우 국내적으로 중대 문제가 될 것이 뻔했으므로 반대했다. 교섭은 스물다섯 차례나 벌어졌고 일본은 5월 7일 최후 통첩을 했다. 위안스카이 정부는 이를 받아들일 수밖에 없었다. 그 뒤 중국 전역에서 배일(排日) 운동이 일어났다. 위안스카이에 대한 평판은 악화되었고, 이 일로 그는 황제가 되려는 계획을 1년 늦췄다고 한다.

위안스카이는 제제(帝制) 준비 기관으로 주안회(籌安會)를 만들었다. 표면적으로는 군주제와 민주제 중 중국에 적합한 체제가 무엇인지

연구하는 것이 목적이었으나 결론은 처음부터 정해져 있었다. 또 저작물에서 '중국에는 공화제보다 군주제가 적합하다는 것은 거의 의문의 여지가 없다'고 주장한 미국 콜롬비아 대학 프랭크 굿노 교수와 황제제(帝制)를 찬성한 일본의 법학박사 아리가 나가오(有賀長雄)를 정치고문으로 받아들였다. 주안회 회원들에 의해 전국 청원연합회가 창설되었다. 전 국민이 간절히 원하기 때문에 위안스카이가 마지못해 제위에 오른다는 형식을 취하려는 것이었다.

1915년 초 일본은 중국에 21개항을 요구했었다. 그리고 그해 12월 12일 위안스카이는 베이징 회인당(懷仁堂)에서 고관들을 접견하는 자리에서 마침내 제위에 오르겠다는 뜻을 통고하고, 다음해부터 홍헌(洪憲)이란 원호를 사용하기로 한다. 전국적으로 엄청난 반대 운동이 벌어졌다.

위안스카이가 제위를 노린다는 사실이 확인되었을 때, 베이징을 탈출해 일본 · 베트남을 거쳐 윈난으로 들어가 '토원군(討袁軍)'을 일으킨 인물이 있었다. 일본 사관학교를 졸업했고, 스물아홉 살 때 일어난 신해혁명 때는 윈난 협령(協領 : 여단장旅團長)으로서 혁명에 참가해, 윈난을 평정한 차이어(蔡鍔)란 인물이다. 후난 출신인 그는 윈난이 지역 기반이어서 그곳에서 호국군을 발진시킨다. 윈난에서 구이저우(貴州), 쓰촨으로 진격하는 사이, 광둥과 광시가 위안스카이로부터 독립하겠다고 선언했다. 이반 움직임이 중앙에서 저장, 산시(陝西), 장시, 후난, 신장까지 확산되었다. 결국 위안스카이 주변에서도 반대 목소리가 나왔다. 차이어의 거병은 제3혁명이라 불린다. 실패한 제2혁명과 달리 제3혁명은 소기의 목적을 달성했다.

위안스카이는 입법원에서 퇴위를 선언할 수밖에 없었다. 황제 자리에 앉은 지 불과 80여 일 만의 일이다. 퇴위 후에도 대총통 자리에 머물며 재기를 노렸으나 6월 6일 사망함으로써 황제를 향한 꿈은 사라지고 말았다. 그 뒤 베이징과 그 주변 지역은 군벌간 혼전의 시기를 맞는다.

　신해혁명 때 활약했던 리위안홍이 이번에도 대총통 자리를 맡게 되며 부총통에 펑궈장, 국무총리는 돤치루이가 취임했다. 리위안홍은 고향이 후베이이며 톈진 수사학당(水師學堂) 출신 해군장교이다. 청·일 전쟁 때는 정원(定遠)의 포술장(砲術長)을 맡았고 구사일생으로 목숨을 건졌다. 신해혁명 때는 우연히 후베이에 있었기 때문에 발탁되었다. 이전에는 혁명에 가담한 적이 없고, 그렇다고 직계인 북양 군벌파로 분류하기도 힘든 인물이다. 너무도 배후가 없었다는 점 때문에 대총통이란 자리에 적합했다. 반면 오랜 기간 창장 하류에 있던 부총통 펑궈장의 배후에는 미국과 영국이 있었다. 국무총리 돤치루이의 뒤에는 일본이었다. 데라우치(寺內) 내각은 돤치루이 정권에게 5억 엔 이상의 차관을 제공하고, 군사·정치 고문을 파견했다.

　1차 세계대전 참전 문제를 놓고 대총통은 반대, 총리는 찬성이었다. 대총통은 장로들과 상의했으나 아무도 책임 있는 답변을 하려하지 않았다. 당시 공화국 시대를 맞았음에도 변발을 고집하던 시대 착오적인 사고 방식을 지닌 장쉰(張勳)이란 인물이 있었다. 그의 배후에는 독일이 있었는데 독일은 전쟁으로 원조할 여력이 없었다. 장쉰은 1차 대전을 기회삼아 청조 부활을 노렸다. 지난날 시대의 선구자였던 캉유웨이가 이 부활 운동에 가담한 것은 역사의 애환이다. 지지하는 사람은 없었고, 부활 운동은 12일 만에 막을 내린다.

　부활 운동을 계기로 군벌간 혼전이 시작된다. 출신지에 따라 돤치루이를 안후이파로 부르며, 펑궈장은 즈리파(直隸派)라 한다. 1차 대전이 끝나고 영국과 미국이 복귀하자 즈리파가 힘을 얻었다. 펑궈장은 죽었으나 차오쿤이란 실력자가 뒤를 잇는다. 두 파의 싸움에 끼어든 것이 일본을 배후로 둔 펑톈(현재의 랴오닝성 선양)의 장쭤린(張作霖)

이었다. 펑톈파는 즈리파와 손잡았고, 안후이파는 대패했다. 그러나 이번에는 펑톈파와 즈리파가 전리품을 놓고 싸움을 시작한다. '펑 · 즈 전쟁'은 두 번 일어났고, 먼저 즈리파가 승리해 차오쿤이 대총통이 되었다. 두 번째는 즈리파의 펑위샹(馮玉祥)이 같은 파의 우페이푸(吳佩孚)에 반기를 들고 국민군이라 칭한 뒤 베이징을 제압했다. 그 결과 차오쿤이 유폐되었고, 돤치루이는 부활한다.

장쉰의 부활 운동이 1919년, 안 · 즈 전쟁이 1920년, 제1차 펑 · 즈 전쟁은 1922년, 제2차 펑 · 즈 전쟁은 1924년이었다. 펑 · 즈 양군은 두 번의 전쟁으로 원수 사이가 되었으나 배후 세력인 영국과 일본이 중재를 벌여 연합하며, 함께 펑위샹의 국민군을 베이징에서 쫓아냈다. 펑위샹은 크리스천 제너럴이라 불렸다. 군대는 국민의 것이라 생각해 국민군이란 이름을 붙였는데, 당시로서는 위험한 급진사상이었다.

펑 · 즈 양파는 총통직을 두지 않기로 하고 남방의 쑨원이 중심인 혁명 세력에 대항하는 방법을 협의했다. 북방은 군벌의 보수적 지배 아래 있었고 광둥에는 혁명파의 거점이 있었다. 중국이 양분된 것이다.

3

국민들은 군벌 정치에 진저리를 쳤다. 역사를 잘 아는 사람들은 과거 왕조를 무너뜨린 세력이, 결국은 구세력에 가까운 호족들에게 그 성과를 빼앗겼다는 사실을 떠올렸을 것이다. 적미(赤眉)나 황건(黃巾)의 사례가 좋은 예이다. 이번에는 군벌의 배후에 외국 세력이 있기 때문에 더욱 복잡했다. 이때 베이징에 있던 루쉰은 당시 시대에 대해 이렇게 말하고 있다.

신해혁명을 보고, 제2혁명을 봤고, 위안스카이가 제호帝號를 자칭하는 것과 장선의 부활을 봤다. 이리저리 살펴봤고 의구심을 가졌다. 실망했으며 낙담했다.

위안스카이가 21항목을 받아들인 지 2년 뒤 중국의 군벌 정권도 독일과 단교하고 형식상 참전하게 된다. 참전을 결정한 미국이 중국에게도 동참을 권유하는 형식이었다. 일본은 중국이 자신과 상담하지 않은 데 대해 유감을 품었다.

1917년 러시아 혁명이 일어났다. 타국에 비해 중국 진출이 늦었던 미국은 '문호 개방과 기회 균등'을 주장했다. 일본은 '영토가 인접한 국가 사이에서는 어차피 특수한 관계가 발생한다'고 주장, 타협이란 형식으로 이시이(石井)-랜싱 협정이 탄생한다. 이는 워싱턴 회의에서 '중국에 관한 9개국 조약'이 나오면서 곧바로 사문화(死文化)되지만, 당시 일본으로서는 이를 통해 돤치루이 정권과 군사 협정을 맺었고 시베리아 출병의 길을 열었다. 이 군사 협정은 중국에서 일본의 군사적 우월권을 인정하는 것이었기 때문에 맹렬한 반대 운동이 일었다.

세계대전에 의해 구미의 경제적 압력이 약해지면서, 중국 민족경제 상황이 호전되었고 부르주아 혁명의 기초가 마련되었다. 지식층은 중국의 국민성을 근본적으로 개조하고 근대화해야 한다는 생각을 갖게 되었다. 언제까지나 실망하고 낙담하고 있을 수만은 없었다. 이러한 반성과 자각의 결과가 1919년의 5·4운동이었다.

신해 때나 제2, 제3 혁명 때 볼 수 없었던 전혀 다른 형태의 민중 운동이었다. 중국은 1차 세계대전 참전국임에도 강화회의에서는 산둥의 권익(독일이 갖고 있던 것)이 중국에 반환되는 것이 절망적이라는 내용의 뉴스가 5·4운동의 계기였다. 5월 4일 톈안먼 앞에 모인 3천여 명 학생들이 매국분자에게 징벌을 가했다. 1915년 일본의 21개조 요구 당시 외교부 차장이자 교통부 총장이던 차오루린(曹汝霖)의 집을 습격했고, 대일차관 책임자인 장쭝샹(章宗祥)이 구타당했다. 이 데모로 학생 30명이 체포되었다. 형식적으로는 이것이 전부였다. 그러나 중국 지식인의 의식이 높아졌음이 이를 통해 증명되었다. 베이징의 5·4는 곧 전국으로 확산되었다. 총파업 선언으로 6월 3일 베이징에서는 1천여 명이 체포되었다. 주요 도시에서 일본 상품 거부 운동, 파리 강화 조약 반대 운동이 장기간 이어졌다. 매국노로 낙인찍힐 것을 우려해 강화 회의에 참석 중이던 중국 대표가 정부의 훈령을 기다리지 않고 조인을 거부했다.

5·4는 문화와 정신의 혁명이기도 했다. 구어체로 적는 '백화문(白話文)'이 이 무렵에 정착했고, 그 모델이라 할 루쉰의 『광인일기(狂人日記)』가 발표된 것은 5·4운동 1년 전의 일이다. 후스(胡適)의 문학 혁명도 5·4와 관련지어 해석해야 할 것이다. 정치적으로는 제국주의에 대한 저항이었고 정신적으로는 반봉건이며 개성의 해방을 추구한 것이다.

중국에서 공산당은 5·4 직후 결성되었다. 국민당도 새로이 조직되었고 진보적 정치 강령을 채택했다. 외국에 유학한 학생들도 조직을 통해 힘을 기르는 데 노력하기 시작한다. 과거의 개인적 충동성 애국 운동이 진일보한 것이다. 저우언라이(周恩來)가 프랑스에서 유학 그룹을 조직한 것은 1922년의 일이다.

북방 군벌과 대립하는 남방에서는 1917년 광둥에 호법군(護法軍) 정부가 수립되었고, 1921년에는 중화민국 정식 정부가 성립, 쑨원이 총통에 취임했다. 물론 북벌을 통한 전국 통일을 추구했다. 실제 쑨원도 구이린에 참모본부를 설치하려 했다. 그러나 북벌은 북방의 군벌 정부와 내통하던 천중밍(陳炯明)의 쿠데타로 좌절되고, 쑨원은 50여 일 동안의 군함 생활 뒤 홍콩을 거쳐 상하이로 가야 했다. 쑨원은 상하이에서 중국공산당의 리다자오(李大釗)를 만난다. 공산당 2전 대회에서는 공산당원이 개인 자격으로 국민당에 가입하는 방안이 제안되었다. 쑨원은 삼민주의의 기초 위에서 가입하는 것을 조건으로 리다자오의 요구를 받아들였다. 이로써 1차 국공 합작이 실현되었다.

4

북벌을 단행하기 위해서는 조직과 훈련이 필요했다. 쑨원은 장제스(蔣介石)를 모스크바에 파견해 적위군(赤衛軍)의 조직과 훈련 방법을 배우게 했다. 랴오중카이(廖仲愷)에겐 광둥 황푸(黃埔)에 군관학교를 설립하게 했다. 1924년 6월 당 대표 랴오중카이, 교장 장제스의 면면으로 황푸 군관학교가 발족했다. 쑨원은 그곳에서 삼민주의를 강연했다. 현재 삼민주의란 이름으로 간행되고 있는 것은 이 강연을 기초로 한 것이다. 이 학교 정치부 주임에 프랑스에서 돌아온 저우언라이가 취임했고, 예젠잉(葉劍英)은 교도단 단장으로, 또 천청(陳誠)은 교관으로서 학생 훈련을 맡았다. 초기 학생 중 린뱌오(林彪)나 후쭝난(胡宗南)처럼 좌우 양진영의 간부가 된 사람이 적지 않았다. 북벌 때는 소대장급이었던 졸업자가 다수 전사했다. 황푸는 혁명의 요람이었다.

쑨원은 국민회의를 제창했다. 북벌이라는 '무(武)'와 회의라는 '화(和)'를 준비해 북방 군벌과 대화할 계획이었다. 상하이에서 일본을 경유해 톈진으로 갔으나 쑨원은 이때 이미 암에 걸려 있었다. 고베(神戶)에서 행한 강연 「대아시아주의」가 쑨원의 유언이 되었다. "일본은 열강의 꼬리에 붙어 중국 등 약소 아시아 국가들을 침략 대상으로 삼을 것인가 아니면 약소 아시아의 편이 될 것인가, 왕도와 패도 중 어느 쪽을 택할 것인가"라고 물었다. 1924년의 일로 쑨원은 그해 말 베이징에 들어갔으나 다음해 3월 12일 사망한다.

1926년 쑨원의 유지(遺志)인 북벌이 시작되었다. 북벌은 승리 속에 진행되었으나 도중에 국공(國共)이 분열해 버렸다. 상하이를 점령한 장제스의 백색테러가 그 신호가 되었다. 겨우 목숨을 부지한 저우언라이 진영이 난창(南昌)에서 봉기해 9월 이후 추수(秋收) 폭동을 일으켰다. 8월 1일 난창 봉기가 중국공산당의 건군기념일이다.

중국의 통일을 저지하기 위해 일본이 지난(濟南)으로 출병하기도 했다. 베이징에는 우페이푸(吳佩孚)와 손잡고 펑위샹(馮玉祥)을 추방한 장쭤린이 천하를 잡고, 안국군(安國軍) 총사령관, 육해군 대원수를 칭했다. 펑위샹은 국민당에 입당했고 서북 국민군 총사령으로서 허난성에 있었는데 북벌에 가담한다.

연전연패를 거듭한 대원수 장쭤린은 근거지인 펑톈으로 돌아가 재기를 노리려 했다. 일본은 장쭤린을 꼭두각시로 활용할 계획이었다. 그러나 그가 빈번히 미국·영국과 접근하자, 일본은 장쭤린을 배신자로 보게 된다. 장쭤린이 사라지면 동삼성(만주)을 통제할 자가 없어지고, 그 혼란을 틈타 일본의 만주 진주도 가능해진다. 이러한 사항을 검토한 뒤 고모토(河本) 대좌에 의한 폭파 공작이 감행되었고 장쭤린은 살해된다. 이 사건으로 일본 정부는 국회에서 '만주 모(某) 중대 사건'에 대해 공격받았다. 다나카 기이치(田中義一) 총리는 책임자 엄벌을 건의했으나 관동군 사령관의 예비역 편입과 고모토 대좌의 정직(停職)으로 끝났다. 결국 천황으로부터 불신(不信)에 대한 질책을 받고 총사직했다.

장쭤린의 아들 장쉐량(張學良)은 동삼성을 특수 지역으로 삼으려는 일본에 저항, '역치(易幟)'를 단행했다. 즉 북방 군벌의 오색기를 폐지하고, 국민정부의 청천백일기(靑天白日旗)를 내걸어 이곳이 중국의 일부임을 과시한 것이다. 이어 친일파를 숙청하고 만주 철도에 평행해 달리는 새 철도 부설 계획을 세웠다. 일본은 무력으로 이를 저지하려 했다. 류탸오후(柳條湖)에서 철도 폭파 계획을 세웠고, 이를 통해 만주사변을 시작한다. 1931년 9월 18일의 일로, 중국에서는 9·18사건이라 부른다. 일본군은 곧바로 동삼성을 점령하고, 청조 마지막 황제 푸이를 내세워 만주 제국이란 꼭두각시 국가를 만들었다. 각료는 장식품이었고 일본 관료들이 차관이 되었다. 한국을 강점하는 과정에서 사용한 바로 그 수법이었다. 이를 계기로 중국인의 반일 의식은 불타오르게 된다.

국공 합작이 파기된 뒤 중국공산당은 난창 봉기, 추수 폭동, 광저우 코뮌에 이어 장시와 후난의 경계에 있는 징강산(井岡山)에 들어갔다. 또 푸젠과의 경계에 가까운 루이진(瑞金)을 근거지로 삼았다. 국민당은 수차례 포위 공격했으나 공산당을 궤멸시킬 수 없었다. 9·18사건은 제3차 포위전이 한창일 때 일어났다. 포위 공격은 매년 거듭되었으나 홍군(紅軍)의 기지는 오히려 확대되었고, 국민당은 공격해야 할 범위가 확산된다. 또 공산당이 제창한 '북상항일(北上抗日)'이 국민적 지지를 얻었다. 국민당의 장제스는 우선 국내를 안정시킨 뒤 외적에 대항한다고 선언했다. 그러나 외적 퇴치를 뒤로 미룬다는 것은 동삼성을 빼앗긴 중국인이 찬동하기 힘든 주장이다. 역시 내전을 중지하고 항일로 나가자는 것이 훨씬 설득력이 있었다. 그럼에도 국민당은 루이진에 병력을 증강했고, 중국공산당은 마침내 무너져 소비에트 각 구(區)를 벗어나 이동하기 시작했다. 이것이 유명한 장정(長征)이다. 1만 2천5백 킬로미터의 대이동이었다. 장정 도중 쭌이(遵義, 구이저우성貴州省)란 곳에서 마오쩌둥의 지도력이 확립되었다. 갖은 고생 끝에 홍군은 산시성(陝西省) 북부로 들어간다.

국민당은 중국공산당의 새로운 근거지인 옌안(延安)에 대한 토벌에 전력을 다한다. 산시(陝西)의 17로군 사령관 양후청(楊虎城)은 북양 군벌로부터 산시(陝西)를 지켜낸 민족 의식이 강한 진보적 인물이었다. 그곳에 서북 공산당 토벌 부사령으로 부임한 장쉐량은 동삼성을 일본에 빼앗긴 인물이었다. 그의 부하도 공산당과의 전쟁보다 항일 전쟁에 의욕을 불태우고 있었다. 이들은 옌안 사람들이 '즉시 항일'을 외치는 것을 알고 접촉하기 시작한다.

서북의 전쟁이 정체 상태에 빠지자, 장제스는 초조해졌다. 그가 전투를 독려하기 위해 시안을 방문한 것이 1936년 12월의 일이다. 장쉐량과 양후청은 여기서 장제스를 포로로 잡고, '항일 구국' '내전 중지'를 호소했다. 이것이 '시안 사건'이다. 쑹메이링(宋美齡) 부인의 노력과 저우언라이와의 대화로 사건은 해결되었고, 제2차 국공 합작이 성립되었다.

일본이 중·일 전쟁이라 부르고, 중국이 항일 전쟁이라 부르는 전투가 일본 입장에서 보면 시작되었고, 중국 입장에선 계속되었다. 만주사변 이후 일본이 만주의 도적 떼라며 토벌한 것은 사실은 항일 게릴라 부대였다. 항일 전쟁은 이미 시작되었으며 1937년 7월 7일 루거우차오(盧溝橋) 사건으로 다시 불길이 거세진다.

일본에서는 대동원령이 내려졌고, 진흙탕 속으로 빠져들어가는 전쟁이 이어졌다. 스기야마(杉山) 육군장관은 개전 때 전투는 수개월 안에 끝난다고 천황에게 보고하고 있다. 중국 인민의 민족의식을 경시한 관측이었다. 그의 장담과는 달리 상하이나 수도 난징이 함락당해도 항일 전쟁은 끝나지 않았다. 일본에서는 난징 함락을 축하하는 연등 행렬이 벌어졌으나 현지에서는 일본군이 대학살을 자행했다. 난징에 입성한 마쓰이(松井) 최고지휘관이 울면서 부하들을 꾸짖는 일이 벌어졌다. 각국의 언론인들 앞에서 행해진 것으로, 이 학살은 세계에 타전되었다. 영국 일간지 『맨체스터 가디언』의 기자 해럴드 팀펄리의 르포 『일본군의 중국 내 잔학 행위』는 세계적 베스트셀러가 되었고, 일본은 국제적으로 고립되었다.

1945년 8월 중국과 일본간 전쟁이 끝나자, 국공 합작은 다시 결렬

되었다. 양당은 교섭을 거듭했고 마오쩌둥의 충칭(重慶) 방문과 미국 마샬 장군의 조정도 있었으나 결국 결렬되었고 내전에 돌입했다.

결과는 열세한 병력과 빈약한 장비를 가진 중국공산당의 승리였다. 미국 장비를 갖춘 국민당의 대군을 대륙에서 쫓아냈다. 공산당의 승리 원인 혹은 그 이후의 정치적 전개 상황을 포함해 우리에게 시간적으로 너무 가까운 현대의 역사를 이제는 냉철히 검토할 시점을 맞고 있는 듯하다. 1949년 10월 1일 톈안먼에서 중화인민공화국이 건국을 선포한 것을 마지막으로 이제 붓을 놓기로 한다.

진순신(陳舜臣)의 중국 노트

여기 실린 세 편의 글은 진순신의 중국 취재 여행기를 담은 에세이
『함소화(含笑花) 나무』에서 발췌한 것입니다.

천변만화(千變萬化)의 나라

'남선북마(南船北馬)'라는 표현이 있다. 중국 남부에는 수로(水路)가 많다. 자연 하천과 인공 수로가 모세혈관처럼 뻗어 있다. 창장이나 주장의 수계(水系)는 잘 알려져 있지만 저장의 첸탕장(錢塘江), 푸젠의 민장(閩江)도 매우 큰 강이다.

자동차를 타고 가면서 차창 밖을 내다보면 돌연 논 위를 큰 범선이 미끄러져 지나가는 것을 발견하고 놀라곤 한다. 물론 배가 논 위를 통과하는 것은 아니다. 논 건너편 수로 위를 배가 유유히 지나가는 것이다. 이렇게 착각할 정도로 보이지 않는 감춰진 수로가 많다.

푸젠의 산간 지방을 하루 동안 자동차로 달린 적이 있다. 자동차는 강변 길을 달렸다. 계속 같은 강의 강변 길을 달리고 있다고 생각했는데, 안내하는 사람이 이 강은 아까의 강과는 다른 강이라며 새로 강 이름을 가르쳐주었다.

같은 강이어도 이름이 바뀌는 경우는 종종 있다. 저장성의 첸탕장(錢塘江)은 항저우 만(灣)으로 흘러가는 강이지만, 그 직전까지는 푸춘장(富春江)이라 불린다. 그 상류는 퉁장(桐江)이며, 퉁장에 신안장(新安江)과 란장(蘭江)이 합류한다. 란장의 상류는 취장(衢江)이며 그 상류는 다시 다른 이름으로 불린다. 그래서 첸탕장 수계(水系)라고 부를 수밖에 없는 것이다. 그러나 푸젠에서 내가 같은 강이라고 생각했던 것은 수계(水系)까지 다른 강이었다. 알아차리지 못하는 사이에

길옆의 강이 바뀐 것이다.

다리를 만드는 일이 지금보다 쉽지 않았던 예전에는 배를 타고 수로로 가는 것이 훨씬 빨랐을 것이다. 따라서 중국 남방 사람들에게 가장 중요한 교통 수단은 배였다.

중국 북방에도 황허라는 거대한 강이 있다. 그러나 흐름이 빠르고 겨울철에 결빙 지역이 많아 교통에 그다지 기여하지 못했다. 단지 결빙기 때 썰매로 이동할 수는 있었다.

창장은 상류 상당 부분까지 1만 톤급 선박이 항해할 수 있고, 작은 수로는 정크(중국형 범선)로 붐빈다. 이에 비해 황허에서는 가끔씩 쓸쓸히 홀로 항해하는 배만 볼 수 있을 뿐이다. 북방에서는 지평선까지 보리밭이 이어지거나 초원이 펼쳐진다. 진한 사막 냄새가 나는 토지가 많다. 자동차가 등장하기 전, 이 땅의 주요 교통 수단은 말이었다. 이런 상황을 '남선북마(南船北馬)'라고 표현한 것이다. 원래 이 말은 남쪽에 가면 배로 이곳저곳을 다니고 북에 가면 말을 타고 뛰어다닌다는 동분서주(東奔西走)와 같은 의미로 사용되기도 한다. 그래도 남북의 주요 교통 수단이 배와 말이란 사실에는 변함이 없다.

아편 전쟁 직전인 도광 18년(1838년) 후베이성 우창에 있던 호광 총독 린쩌쉬(林則徐)가 아편 문제 대책과 관련해 황제의 질문에 답하기 위해 상경했다. 도광제는 린쩌쉬의 인품과 그의 의견에 감복해 쯔진성 사기(賜騎)라는 특전을 주었다. 황제가 거하는 베이징 쯔진성에서는 신하는 말을 탈 수 없는데 이를 특별히 허가한 것이다. 11월 14일 린쩌쉬는 말을 타고 황제를 알현했다. 그날 그의 일기에는 황제로부터 그러한 유(諭:황제의 말씀)를 받고 머리를 조아리며 감사드렸다고 적혀 있다.

그대는 말을 잘 타지 못하니, 의자 가마에 앉도록 하라.

말을 타고 들어오는 린쩌쉬의 모습을 황제가 보았을 것이다. 그런데 말을 타는 모습이 너무도 위태로워 보여 내일부터는 여덟 명의 가마꾼이 드는 가마를 타고 들어오라고 명령한 것이다. 린쩌쉬는 과거에 급제한 문관이며 출신지는 푸젠이다. 즉 남방 사람이어서 '남선북마' 라는 표현에서도 알 수 있듯이 기마에 익숙하지 못했다. '남선북마' 란 표현은 고전으로 꼽히는 문헌에는 나오지 않는다. 자연스럽게 민간에서 정착된 말이며 모두들 공감하며 썼을 것이다. 고전에서 비슷한 표현을 찾자면 기원전 2세기 『회남자(淮南子)』에 이런 표현이 있다.

호인胡人은 말을 편해하고, 월인越人은 배를 편해한다.

호인은 일반적으로 외국인을 가리키는데, 『회남자』가 씌어진 전한 (前漢) 초기에는 흉노족을 의미했다. 『사기』에는 흉노를 호(胡)라 부른다. 당 왕조로 들어서면 '호' 라는 단어는 점차 서역의 이민족을 의미하게 된다. 변방의 흉노이건 서방의 실크로드 주변 사람이건 중국 전체 시각에서 보면 후베이는 북방에 속한다. 그 '호' 가 말을 능숙히 이용했던 것이다.

북방의 이민족을 호(胡)라고 부른 반면, 남방은 오(吳), 월(越) 혹은 만(蠻)이라 불렀다. 춘추 말기 오와 월이 대립했는데 오는 장쑤, 월은 현재의 저장을 근거지로 삼았다. 명신 범려에 의해 부국강병을 추구한 월이 숙적 오를 무너뜨리고 아버지의 수치를 설욕한 월왕 구천(勾踐)의 이름은 역사에 빛나고 있다.

『사기』는 월왕 구천의 선조가 하(夏) 왕조 창시자인 우(禹)의 후예이며, 후이지(會稽, 저장성)에 책봉된 뒤의 모습을 이렇게 적고 있다.

문신단발文身斷髮하고, 초래草萊를 개간해 마을로 바꾸었다.

문신이나 단발은 오랑캐의 풍습이다. 초래(草萊)는 황무지를 말한다. 중화(中華) 사람이라면 머리를 묶고 관(冠)을 쓴다. 물론 문신도 하지 않는다.

이 기록에 따르면 원래 중화의 사람이었으나 오랑캐 땅에 책봉되었기 때문에 오랑캐 풍습을 따랐고 황무지를 개간해 사람이 살 수 있는 마을로 만들었다는 것이다. 이는 그가 춘추의 유력한 제후가 되었기 때문에 자신의 출신을 장식한 데 불과하다. 오랑캐 풍습에 따른 것이 아니라 원래 오랑캐 출신이라고 생각하는 것이 자연스러울 것이다.

광둥을 월(粵)이라고 하는데, 월(越)과 같은 단어이다. 베트남을 한자로는 월남(越南)이라 하는데 바로 월의 남쪽에 있는 땅이란 뜻이다. 저장에서 푸젠, 광둥에 걸친 연안 지방에 살던 민족이 월 민족이다. 그들은 바다와 관계가 깊었다. 문신의 풍습은 바다 속에서 상어 같은 흉폭한 물고기의 공격을 막기 위해 시작되었다. 단발도 바다 생활에는 편했다.

해변의 주민은 당연히 배를 능숙히 조종한다. 해변이라고는 하지만, 그 주변의 바다는 많은 하천과 연결되어 있다. 월이 오를 공격했을 때 동원된 병력 중 '습류(習流) 2천 명'이란 표현이 나온다. 이는 유배를 사면받고 훈련을 받은 병사라는 설도 있으나 흐름[流]에 능숙한 수군(水軍)이라고 해석하는 것이 더 설득력 있다.

범려는 오에 승리를 거둔 뒤 월을 떠나는데, 『사기』에는 그 장면을 다음과 같이 묘사했다.

배를 타고 바다에 떠서 간다.

그들은 뱃사람이었던 것이다. 이렇게 살펴보면 호인(胡人)은 말, 월인(越人)은 배가 된다. 그렇다면 중화(中華) 사람들의 교통 기관은 무엇이었는지 소박한 궁금증이 생겨난다. 북쪽 끝에 호(胡)가 있고, 남쪽 끝에 월(越)이 있으므로, 중화의 사람은 양극단 사이에 있다는 결론이 나온다. 적당히 말을 타고, 적당히 배를 조정할 수 있었을 것이라는 절충적인 해답도 가능하다. 그러나 사실은 좀더 적극적인 사고 방식이 필요하다.

중화의 화(華)는 '문화가 있다'는 의미이며 황허 중류를 의미했다. 중국(中國)은 원래 '가운데 있는 나라'가 아닌 '나라의 가운데'를 의미했다. 오래된 시의 표현은 모두 그랬다. 예를 들어 중주(中州)는 주의 가운데, 중전(中田)은 밭의 가운데였다. 모로하시(諸橋)의 『대한화사전(大漢和辭典)』을 펼쳐서 '중국(中國)' 항목을 보면 첫 번째가 '나라의 한가운데, 나라의 중앙, 도(都)의 지방, 국중(國中)'으로 되어 있고, 이어서 '중국의 자칭(自稱)'이라 되어 있다.

사서에 '중국에는 그런 풍습이 있었는지 모르지만 우리와는 관계없는 일'이란 표현이 나온다. 구체적으로는 춘추전국 시대에 후베이, 후난 부근에 있던 초(楚)의 수장이 스스로 왕을 칭했을 때 그렇게 말하고 있다. 춘추 시대에는 주(周) 왕조가 존재했기 때문에 진(晋)이나 제(齊)의 실력 있는 제후라도 왕이라 칭하지 않고 공(公)이나 후(侯)라 했다. 유력 제후 중 최초로 왕을 칭한 것이 초나라이다. 뒤에 나타나는 전국(戰國) 시대의 7웅은 모두 왕이라 칭했으나 그 첫 테이프를 끊은 것은 초의 수장이다. 사서에 나온 그 문제의 발언은 이렇다.

"나라의 한가운데, 즉 수도에는 왕의 칭호를 사양하는 풍습이 있는지 모르나 우리 지방 사람들은 그런 것을 잘 모른다. 그러니 왕이라고 칭하겠다."

중화는 문화의 중심, 다시 말해 수도권을 말한다. 중국의 원래 의미와도 거의 같으며 국명이 된 경위와도 비슷하다. 『삼국지』「제갈량전」의 주(註)에 흥미로운 표현이 있다. 제갈공명 정도의 인물이기 때문에 '만약 제갈공명이 중화에서 그 뛰어난 재능을 빛냈더라도 많은 뛰어난 인사의 그림자에 가려지는 일은 없었을 것이다' 란 내용이다. 공명은 유비와 만나기 전에 양양(襄陽)에 있었다. 양양은 후베이성의 북부로 허난성과 경계에 가깝다. 그런 곳까지도 중화의 범위에서 제외시킨 것이다. 또『삼국지』의 같은 부분 앞쪽에는 공명의 발언이 나온다. 향수병에 걸려 귀향하려는 친구에게 충고하는 말이다.

중국에는 사대부가 많으니 굳이 고향에서만 교제할 필요는 없다.

양양을 떠나려는 친구에게 한 말이니 이때의 양양은 중국에 포함했다. 이를 통해 배송지(裴松之, 372~451년)가『삼국지』의 주(註)를 작성했던 5세기 초에는 중국이란 단어는 서서히 현재와 같이 국가 전체를 의미하게 된다. 그러나 중화는 여전히 황허 유역의 중앙부, 즉 수도권만을 지칭했음을 알 수 있다.

이 같은 고증을 한 것은 앞에서 언급한 '적극적인 사고'를 해보기 위해서였다. 지금 우리가 중국이나 중화라고 부르는 것은 적어도 5세기 이전보다 훨씬 넓은 영역을 말한다. 과거에는 문화의 중심, 문명이 가장 농후한 지역을 중국이나 중화라 불렀다. 혼란을 피하기 위해 그 지역을, 즉 황허 중류 일대를 '중원(中原)' 이라 부르기로 하자. 그 이전에는 천하나 사방(四方)이란 말이 현재 중국의 개념과 흡사하다.

처음으로 왕호(王號)를 사용한 초의 수장 웅거(熊渠)의 말은『사기』에 이렇게 기록되어 있다.

나는 만이蠻夷이다. 중국의 호칭 방식을 따르지 않겠다.

여기서 만이(蠻夷)는 야만스러운 이민족이란 뜻이 아니다. 자부심 높은 초의 수장이 그런 의미로 말할 리가 없다. 스스로를 이민족이라고 하는 것 자체가 모순이다. 여기서 만이라는 것은 중원에서 먼 곳에 사는 주민이란 뜻이다. 한마디로 '우리 시골 사람'이란 뜻이다.

『사기』의 연구자인 미국 학자 왓슨은 동양의 사마천과 서양의 혜로도투스를 비교했다. 왓슨은 이 두 사람의 현저한 차이 중 하나로 사마천의 『사기』에는 민족의 육체적 특징에 대한 기술이 거의 없으며, 혜로도투스의 저작에는 그것이 많다는 점을 들고 있다.

월인이 문신 단발하고 있다는 기록이 있다. 그러나 문신이나 단발은 모두 풍습이며 육체적 특징은 아니다. 한반도 사람이 상투를 추형(椎型)으로 틀었다는 기술도 있으나 역시 육체적 특징은 아니다. 혜로도투스의 『역사』에는 다양한 민족의 육체적 특징이 기록되어 있고 인도인의 정액은 검다는 내용까지 적혀 있다.

이는 무엇을 의미하는 것일까? 중국인은 민족의 육체적 특징보다, 문명의 높고 낮음에 더 관심이 많았음을 보여주는 것이다. 우왕의 후예, 즉 중원의 문명인이 월나라에 간다. 거기서 시골 사람이 된다. 문신, 단발한다는 것이 바로 그것이다. 그 시골 사람이 점차 문명화 되어 문신, 단발을 그만두고 의관을 차리면 중원 사람으로 대접받았다. 구천 시대의 월은 이미 제후의 일원이며 그 누구도 더 이상 만이(蠻夷) 취급하지 않았다.

그렇다면 문명이란 무엇인가? 매우 막연한 개념이다. 한마디로 정의하자면 야만스럽지 않은 것, 교양이 있는 것이다. 후에 공자가 체계를 만든 예악(禮樂)을 생각하면 그다지 틀린 정의는 아니다. 그 체계가 인정하는 생활을 하는 사람이 문명인에 포함된다. 민족이나 종족을 넘어서는 것이므로 잡다해질 수밖에 없다. 이것이 중국의 다양성의 근저에 있다고 봐도 좋을 것이다.

남선북마라는 말로 남북의 다양성을 화제로 올렸는데, 중국 동서의 다양성도 여기에 뒤지지 않는다. '관동은 상(相)을 내고, 관서는 장 (將)을 낸다'는 표현이 있다. 관(關)이란 허난성 링바오현(靈寶縣)에 있던 함곡관을 말한다. 함곡관을 기준으로 동쪽은 관동, 서쪽은 관서 라고 한다. 또 현재의 허난성과 산시성(陝西省) 경계 부근에 도교의 성산(聖山)으로 추앙받는 화산(華山)이 있다. 그 산의 동쪽을 산둥, 서를 산시성(山西省)이라 부르기도 하지만, 이는 현재의 산둥성이나 산시성(山西省)과는 관계가 없다. 오히려 관동, 관서에 가깝다. 상이 란 재상, 즉 문관을 말하며 장은 무관이다.

물론 예외도 적지 않지만 중원을 포함하는 관동은 문인이 많고 명 재상을 냈다. 제갈공명은 산둥 반도의 뿌리 부분인 랑예(琅邪) 출신이 다. 서성(書聖) 왕희지(王羲之) 일족도 같은 랑예 출신이다. 이에 비 해 산시성(陝西省)을 포함한 간쑤성까지 서쪽 지방에는 무용(武勇)이 뛰어난 인물이 곧잘 등장했다.『삼국지』의 동탁(董卓)이나 여포(呂布) 같이 용맹한 장수들도 있었다.

아편 전쟁 때 영국군이 저우산(舟山) 열도를 점령해 상황이 불리해 지자, 청 왕조는 간쑤성의 군대를 동원했다. 먼 곳의 군대에게 동원령 을 내린 사실에서 '동상서장(東相西將)'이란 표현은 정확하다고 해야 할 것이다.

흔히들 중국인의 성격에 대해 말들이 많다. 그러나 중국인 중에서 동의 상(相)을 얘기하는지 서의 장(將)을 말하는 것인지, 어느 쪽이냐 에 따라 큰 차이가 난다.

대인 풍격, 혹은 유유자적한 것이 중국인의 기본 모습이라고 생각하 기 쉽다. 그러나 동의하기 힘들다. 푸젠이나 광둥 일대의 사람들은 몸 집도 작고, 매우 기민하기 때문이다.

남방은 몸집이 작은 사람이 많고, 산둥 반도에는 큰 사람들이 많다. 산둥 대한(山東大漢), 즉 산둥의 대남(大男)이란 말이 있다. 중국의 동북(과거 만주라 불렸던 지역) 지역은 허베이성에서 이주한 사람들도 적지 않지만, 산둥 반도에서 이주한 사람이 더 많다. 그 때문인지 동북 지방 사람들은 평균적으로 몸집이 크다.

기질도 지방에 따라 판이하다. '후난 사람과는 싸우지 말라'는 속담이 있다. 후난 사람은 완고하고 다혈질이다. 혁명가들이 이 지방에서 배출된 것은 그곳의 기질 때문인지도 모르겠다. 신해혁명의 황싱(黃興), 쑹자오런(宋敎仁)에서 마오쩌둥과 류사오치(劉少奇)에 이르기까지 근대 혁명가 중에 후난 출신이 많다.

다혈질이라고 하면 '연조비가(燕趙悲歌)의 선비'라고 해서, 허베이성에서 산시성(山西省)에 걸쳐 비분강개형 열혈한이 많았다. 인생에서 기개와 뜻을 중시하며 결과는 신경 쓰지 않는다는 기질이다. 『삼국지』의 유비나 장비의 이미지가 떠오른다. 절대 살아돌아갈 수 없는 진시황제 암살에 몸을 던진 형가는 위나라 출신인데, 연(燕)에 거주하며 연조(燕趙)의 분위기에 젖었던 사람이다.

바람 쓸쓸하고 물 차가운데
장사壯士들은 한 번 간 뒤 돌아오지 않네

이 이별가는, 연조비가의 대표작으로 알려져 있다.

과거 오월(吳越)의 땅이었고, 오늘날 장쑤와 저장 지역은 '장난(江南)의 재자(才子)'라고 일컬어지는 수재를 많이 배출한 곳으로 유명하다. 중국은 6세기 말 수 왕조 때부터 시험으로 고급관료 후보를 선발하는 과거(科擧)를 실시했다. 과거는 청 왕조 말까지 1천3백 년간 지속된 제도이다. 그러나 과거 급제자의 대다수를 장쑤와 저장 출신이 차지했다. 이 때문에 성별(省別)로 합격자를 할당하던 시기조차 있었다. 예를 들어 청 왕조의 2백6십 년간 112회의 과거 최종 시험이 실시되었는데 112명의 장원 중 장쑤 출신이 마흔아홉 명, 저장 출신이 스무 명이었다. 실질적으로 장난인 안후이 출신 아홉 명을 합하면 장난 출신 수석급제자가 일흔여덟 명에 달하는 것이다. 나머지 10여 개 성은 모두 합쳐도 서른네 명에 불과하다. 장난의 인재들이 얼마나 학문에서 뛰어났는지를 보여준다.

그렇다고 장난 출신이 타 지역보다 뛰어나게 머리가 좋았던 것은 아니다. 학문을 닦을 수 있는 환경이 조성되어 있었을 것이다. 장쑤나 저장 모두 경제적으로 풍요로웠다. 하루 끼니를 해결하기 위해 어린 아이들까지 일해야 하는 지역에서는 우선 공부할 시간이 부족했을 것이다. 경제적 여유가 시간적 여유를 낳았고, 자제들이 공부에 전념할 수 있었다. 비싼 수업료를 주고 뛰어난 교사를 초빙할 수도 있다. 유지는 장서가(藏書家)이기도 했다. 그들의 저택 중 일부는 사실상 도서관이었다. 장난 이외의 지역은 이런 환경을 갖추지 못했다.

저장의 사오싱(紹興, 청 왕조 시대에는 후이지會稽와 산인山陰의 2현)은 청 왕조 시대에 수석급제자를 세 명이나 배출한 현이다. 중국의 현은 일본의 현보다 규모가 작다. 저장성에는 현이 일흔다섯 개 있었다. 그래서 능력 있는 인물을 배출한 저장에서도 사오싱은 상류층이었다고 할 수 있다. 이런 말이 있다.

천하의 일은 사오싱야紹興爺에게 물어라.

'사오싱야(紹興爺)'에서 '야(爺)'란 중국의 경우 나이와 무관하게 좋은 가문의 남자를 부르는 호칭이다.

조정에는 중신들이 있고 내각에 해당하는 기관도 있다. 이곳의 재상 이하 각료가 천하의 정치를 주무르고 있었다. 이들은 자신의 관할하는 사항은 잘 파악하고 있었지만, 다른 분야는 알지 못했다. 예를 들어 경제담당 각료가 교육 문제를 잘 모르는 경우가 많았다.

사오싱 출신 수재들은 실력은 충분했지만 정치의 전면에 나서는 것을 선호하지 않았다. 말하자면 본인이 직접 진흙탕에 들어가기보다는 배후에서 진흙탕 속의 사람들을 조종하려 했다. 그들은 정계에 들어가도 대개 정상급 사람들의 참모나 비서가 되었다. 각료의 출신지는 다양하지만 그들의 비서실장급 인사는 대개 사오싱 출신이었다. 각료끼리 횡적인 연락은 없어도 비서실장들은 대개 동향이어서 자주 만나고 연락했다. 그래서 천하 국가의 일은 각료보다 오히려 사오싱의 도련님들이 가장 잘 알고 있었을 것이다.

근대에 들어 대표적 사오싱 출신으로는 문학에서 루쉰, 정치에서 저우언라이, 교육에서는 차이위안페이가 있다.

청 왕조는 쇄국을 고집했으나 광저우만은 교역을 위해 개방했다. 광저우는 일본의 나가사키(長崎)에 해당했다. 외국과 접촉이 많아 선진적이었고 혁명의 싹이 자라기 쉬운 지역이었다. 쑨원과 같은 혁명가, 개량주의자 캉유웨이, 계몽사상가 량치차오가 광둥에서 나왔다.

산둥성 출신에 금융인이 많고, 베이징 서점 주인의 대부분은 산시(山西) 출신이라는 말은, 특정 업종에서 성공한 사람이 고향 사람을 불러와 자연히 후계자가 되었고 그 후계자가 다시 같은 업종에서 독립했기 때문일 것이다. 칠보(七寶)의 장인 대부분이 광둥 출신인 것은 그 기술이 전해진 지역이 광둥이기 때문인 것으로 여겨진다. 광둥의 메이현(梅縣) 하면 중국 사람들은 농구를 연상하고, 산시(陝西)의 후현(戶縣) 하면 농민화(農民畵)를 떠올린다. 그러나 이는 각각의 지방에 뛰어난, 그리고 열성적인 지도자가 있었기 때문이며, 지방성과는 무관하다.

옛부터 '추츠(龜玆)의 악(樂)'이라 해서 현재의 신장 웨이우얼자치구의 추츠 지역 사람들은 가무음곡(歌舞音曲)을 즐겼고, 당 왕조 시대에는 창안의 궁정기악(宮廷伎樂)에서도 추츠부(龜玆部)가 특출했다. 나는 추츠를 방문했을 때 그 지역 노인에게 이런 얘기를 들었다.

"이곳은 여름이 몹시 덥고, 밤이 되어도 열기가 남아 있어 잠을 잘 수가 없지. 그래서 젊은이들은 밤새 노래하고 춤추지. 그러다 보니 자연히 음악과 무용을 잘하게 되었을 거야."

열대야 때문에 음악과 춤의 명인이 되었다는 이 설명에 완전히 동의할 수는 없었다. 위구르족 사람들에겐 천성적으로 리듬감이 있어 보인다. 음악이 연주되면 그들은 자연스럽게 음악에 맞춰 몸을 움직였다. 종종 그들과 함께 어울려 춤을 추려고 했으나 매우 어색함을 느끼곤 했다. 역시 민족성이 따로 있다는 사실을 실감하게 되었다.

하나 더 민족의 특성을 예로 들어보자. 웨이우얼자치구 중 이리 지방에 사는 시보족(錫伯族) 자치구를 방문한 적이 있다. 시보족은 만주족에 속한다. 만주족은 베이징에 들어와 청 왕조를 세웠고, 중국을 2백6십여 년간 지배했다. 그러나 그 사이 만주족은 자신들의 고유어를 잃고 말았다. 타민족의 지배를 받아, 다른 언어를 강요당해서 고유어를 잃는 경우는 있다. 그러나 지배자 쪽이 자신들의 말을 잃어버렸다는 것은 특이한 예이다. 수백만 명의 만주족이 수억의 한족에 합류된 뒤 압도적인 한족의 문화라는 거대한 파도에 삼켜진 것이다.

만주어를 배우라는 조서(詔書)는 수차례 나왔으나 청 왕조 말기가 되면 만주족 황제조차 만주어를 못 하게 된다. 그러나 만주족의 일파인 시보족은 이리 지방의 국경 경비를 위해 가족을 데리고 파견되었고, 주변에 문화 수준이 높은 민족이 없었다는 점도 있어서 현재까지 만주어를 사용하고 있다. 현재 현성(縣城) 내의 정부 기관이나 상점 간판도 만주 문자로 표기되어 있다.

또 시보족에는 활의 명수가 많다. 중국 양궁 경기에서 우승하는 선수는 거의 시보족 출신이다. 시보족이 변경에 집단 이주한 것은 18세기 무렵으로 초원에서 군사 훈련을 계속했기 때문인지도 모른다. 시력이 아주 좋고 집중력이 뛰어나다고 한다. 반면 베이징 부근의 만주족은 궁술에 그리 뛰어난 재능을 보이지 못하고 있다. 이는 민족의 특성이란 면에서 흥미로운 부분이다.

시보족은 궁술 외에 또 다른 특기를 갖고 있다. 만주어를 상용하고, 항상 만주 문자를 읽고 있다는 것이다. 어떻게 보면 당연한 일이지만, 다른 만주족이 그 능력을 상실했기 때문에 이는 특기할 만한 일이라고 할 수 있다. 청 왕조 시대의 기록은 만주어로 적힌 것이 많다. 만문당안(滿文檔案)이라 해서 청의 역사를 연구하는 데 필수 자료이다. 신장 이리 지방의 시보족의 수재 중 현재 베이징으로 초청되어 만문당안 해독에 종사하는 사람이 적지 않다.

중국에 다양한 사람들이 살고 있음을 소개했는데, 그 다양성은 풍경에서도 나타난다. '남녹북황(南綠北黃)', 이는 남선북마(南船北馬)에서 힌트를 얻어 내가 지어본 표현이다. 풍경의 색채 기조를 생각하면 중국의 북쪽은 황허의 황토 지대를 떠올려 황색 이미지이고, 남쪽은 수전(水田)을 떠올려 녹색의 이미지가 아닐까 싶다. 물론 북쪽 보리밭도 아름답고, 열심히 식수(植樹) 사업도 하고 있으니까 언젠가 북황이란 표현이 맞지 않는 시대가 올 것이다. 황허는 황토가 섞여 황색으로 보이는 것이니까 댐이 많이 만들어질 경우 물빛도 맑아질지 모르겠다.

이미 많은 댐을 만들고 있는데, 현재 중국 최대의 댐이라 일컬어지는 것은 간쑤성 란저우시에서 그리 멀지 않은 곳에 있는 류자샤(劉家峽) 댐이다. 나는 그곳을 두 번 방문했다. '이것이 황허란 말인가.' 이런 감탄사가 나올 정도로 물이 맑았다. 타오허(洮河)가 합류하는 지점도 포함되어 있다. 타오허의 일부 밑바닥에 조석(洮碩)이라 불리는 벼루의 재료가 되는 아주 좋은 돌이 있다. 물살이 세어 과거에는 그 돌을 채취하는 것이 어려웠으나 댐이 생긴 덕에 작업이 쉬워졌다고 한다. 벼루는 돤시(端溪)가 유명하다. 돤시는 광둥성 서부에 있는 계곡 이름이다. 이곳 역시 채취하기가 어렵다고 한다.

돌은 인재(印材)로도 귀하다. 푸젠성 푸저우시 북쪽 20킬로미터 지점에 있는 서우산(壽山)은 옛부터 인재(印材)의 산지로 유명하다. '황금을 얻기는 쉬우나 전황(田黃)을 얻기는 힘들다'라는 속담이 있다. 전황이란 최고급 인재(印材)이며, 서우산 계곡 전저고사층(田底古砂層)에서 채굴된다. 문인과 묵객들은 서우산의 명인재를 탐내왔다. 그래서 그런 말까지 생겨난 것이다.

푸젠에서 잊어서는 안 될 풍경은 우이산(武夷山)이다. 그 유명한 우롱차의 산지이다. 우이 산간 충안현(崇安縣)에는 다엽연구소(茶葉研究所)도 있다. 그러나 차의 산지란 점 외에도 천하의 명승지로서 옛부터 사랑받아왔다.

우이9곡(武夷九曲)이란 말이 있다. 계곡이 아홉 번 굽이치고 그 굽어짐에 독특한 멋이 있다. 다양한 변화를 보여주는 경관이다. 주희(朱熹)의 「구곡의 노래」란 시가 있는데, 구곡의 경관을 하나하나 묘사해 후세 사람들이 즐겨 읊었다. 참고로 남송의 철학자 주희는 푸젠 출신이다. 명작은 애향심에서 나온 것인데, 9곡 곳곳에 봉(峰)이라 불리는 거암이 서 있다. 유명한 구이린 경관은 기괴한 봉이 이어지는 모습에 있다.

중국인은 경관 중에서도 바위에 중점을 두는 것 같다. 일본 정원에도 정원석은 반드시 필요한데, 중국 정원에서는 봉(峰)이 빠지지 않는다. 돌이라기보다는 바위이며 가로형보다는 위아래로 뻗친 것을 좋아한다. 그리고 운치 있는 사람들은 산보다는 물 속 바위를 더 좋아한다고 한다. 장쑤와 저장의 경계에 있는 타이후(太湖) 밑바닥에 있는 봉이 가장 사랑받고 있다. 이 중에서도 귀전(歸田)이란 부분의 것을 최고로 친다. 타이후 귀전석이 놓인 정원과 그렇지 않은 정원은 격이 다른 것으로 간주된다.

북송의 휘종(徽宗, 재위 1100~1125년)은 장난의 기암을 중원(中原)에 있는 수도 카이펑까지 가져왔다. 기암 외에도 진귀한 꽃도 수집했는데, 이를 운반한 수송 부대를 화석강(花石綱)이라 불렀다. 백성들은 이 작업으로 큰 고통을 겪었고, 국가 재정도 어려워졌다. 결국 각지에서 반란이 일어났으며, 그 예 중 하나가 『수호지』의 송강(宋江) 집단의 반란이다. 금(金)의 군사가 수도를 공격해 왔을 때 북송군은 이를 막아낼 힘이 없었다. 사가들은 휘종의 화석강이 북송을 멸망시켰다고 비판한다. 깊은 물속에서 거암을 잘라 끌어올리는 작업은 결코 쉬운 일이 아니다. 화석강은 거암을 운반하면서 방해가 되는 민가를 닥치는 대로 철거해 버렸다.

이런 대규모 작업을 벌여가면서까지 진목기암(珍木奇岩)을 수송했던 까닭은 그런 것이 북송에는 없었기 때문이다. 황허 바닥은 황토 모래이며 빼어난 암석을 얻을 수 없었다. 휘종은 이를 카이펑으로 운반해 와 간악(艮嶽)이라 불리는 인공 정원을 만들었다. 북방의 수도에 강남풍의 정원을 만든 것이다. 나라가 기울 정도로 무리하게 강행했기 때문에 백성들이 반발했다. 그러나 일류 예술가였던 휘종 황제가 원했던 것은 일반 백성의 비원이기도 했을 것이다.

북쪽에 있는 것이 남쪽에 없고, 남에 있는 것은 북에 없다. 사실 이는 매우 다양하다는 것을 의미하는데 때로는 섭섭함을 주기도 한다. 사막에서는 한 방울의 물조차 귀중하지만, 다른 지역에서는 하천이 범람해 인간을 위협한다. 누구라도 그 물을 사막으로 운반해 활용하고 싶은 것이다. 휘종은 황제란 절대 권력이 있었기에 그 꿈을 달성했다. 물론 그 대가는 너무도 컸다.

베이징을 방문하는 여행자가 반드시 찾아가는 이화원(頤和園)도 마찬가지이다. 청의 건륭제(乾隆帝, 재위 1735~1795년)는 장난의 풍물을 한없이 사랑한 인물이다. 그는 종종 장난을 방문했다. 어머니의 환갑을 기념해 명(明) 왕조 시절부터 있었던 호산원(好山園)에 대보은(大報恩) 연수사(延壽寺)를 건립하고, 부근을 강남풍 정원으로 꾸몄다. 산은 완서우산(萬壽山), 호수는 쿤밍후(昆明湖)라 이름 붙였다. 모두 인공 조경이다. 그 정원은 처음에는 청의원(淸漪園)이라 불렸으나 서태후 때 이화원으로 이름이 바뀌었다. 쿤밍후의 섬과 연결한 17공교(十七孔橋)나 옥대교(玉帶橋)의 모습은 장난의 경관 그 자체였다.

중국이 남북으로 분열해 있던 시절, 북방인에게 장난은 꿈의 땅이었다. 예를 들어 북쪽의 금과 남쪽의 남송이 대립했던 12세기 중반, 금의 황제 해릉왕은 남송을 병탄하겠다는 뜻을 품고 남송의 수도인 항저우의 산수, 성과 도시를 병풍에 그리고 거기에 이런 시를 적어 넣었다.

1백만 병력과 함께 시후西湖에 오르고
우산吳山 제일봉에 말로 오른다

원정 도중 해릉왕은 부하의 손에 살해되고 남쪽을 향한 욕망은 실현하지 못한다. 해릉왕 2대 뒤, 금 황제가 된 장종(章宗)은 북송 휘종 황제의 글을 견본삼아 그것과 똑같은 글씨를 써보기도 했다. 그런 사실에서도 남쪽에 대한 진한 동경심을 엿보게 된다.

오랜 남북 분열 기간 뒤 남쪽의 진(陳)을 멸망시킨 수(隋, 581~619년)는 남북 통일 뒤 곧바로 대운하 공사에 들어갔다. 군사력으로 통일을 달성했지만, 남쪽의 물자를 북으로 운반하지 못하면 진정한 통일이라 할 수 없었기 때문이다. 수의 뒤를 이은 당 왕조는 수가 건조한 대운하의 혜택을 크게 봤다.

중국은 광대하고 사람이나 물건의 경관도 다양하다. 그러나 결코 규칙 없이 산재해 있는 것은 아니다. 남과 북, 동과 서가 마치 서로를 보완하듯 하나의 완성된 천하를 만드는 것이 이상(理想)이었다. 분열의 시대는 있었으나 사람들은 그 상태에 안주하지 않았다. 항상 통일에 대한 소망이 있었고 마침내는 달성했다. 중국은 다양하면서 동시에 하나였으며 앞으로도 하나로 남을 것이다.

[역사를 안고 흐르는 황허]

'황허 천년일청(千年一淸)'이란 말이 있다. 황허는 그 명칭대로 항상 누렇고 탁하지만, 1천 년에 한 번 맑아진다는 것이다. 1천 년에 한 번 나타나는 기이한 현상이므로 성현이 나타나거나 천하가 태평해지는 서조(瑞兆)라고 전해진다. 반란 집단이 봉기할 때 '강이 맑아졌다'고 선전한다는 얘기를 어디선가 읽은 기억이 있다.

중국에서 앞뒤에 붙는 말없이 단지 '하(河)'라고 하면 황허를 가리킨다. 마찬가지로 강(江)만 쓸 경우 창장(＝양쯔장揚子江)을 말한다. 황허가 맑아진다는 것은 세상이 변할 전조이며, 사람들에게 '현 정권은 무너진다'고 하는 소위 혁명의 예고였다.

반면 왕조는 교체되지 않은 채 차기 제위에 오를 황제가 혹은 현재의 황제가 성천자(聖天子)가 될 전조라고 해석할 수도 있다. 집권 측이나 반란 진영 모두 맑아진 황허는 선전전에 이용할 수 있는 호재였다. 해석에 따라 대립하는 세력이 모두 이용할 수 있다는 점은 황허의 어머니 같은 모습을 보여줘 마음을 여유롭게 한다.

『후한서』본기(本紀)에 환제(桓帝) 연희(延熹) 8년(165년) 4월과 다음해 4월에 '하수(河水) 맑아지다'란 기록이 나온다. 그러나 그 뒤 성천자는 나타나지 않았고, 오히려 삼국지의 대동란이 이어졌다. 후한은 황허 물이 맑아진 지 반세기 만에 멸망했다. 이에 앞서 조조가 실권을 잡고 후한의 황제가 꼭두각시가 된다. 이 기록은 지인(濟陰), 둥쥔

(東郡), 지베이(濟北)의 황허 물이 맑아졌다는 것이므로 맑아진 곳은 황허의 일부분에 불과하다. 결과만을 놓고 볼 때 후한 왕조에게는 서조가 아닌 흉조였다.

남조(南朝)인 송의 원가(元嘉, 424~453년) 시대에 하수가 맑아졌고, 당시 사람들은 '미서(美瑞)'라 부르며 이를 기뻐했다고 사서에 기록되어 있다. 그러나 송은 그 반세기쯤 뒤 멸망했다.

당의 정관 14년(640년)에도 하수가 맑아졌고, 문인들이 노래를 지어 축하했다는 기록이 있다. 당은 그 뒤로도 2백6십여 년이나 계속되었으니 서조라고 해야 할 것이다. 그러나 단기적으로 보면 유능한 태종이 10년 뒤 죽고, 병약하고 결단력 없는 고종이 즉위했다. 마침내는 측천무후가 실권을 장악해 일시적으로 주(周) 왕조를 세웠다. 당 왕조의 입장에서 확실히 서조인 것만은 아니었다.

문헌에 나타나는 '하청(河淸)'은, 대부분 황허의 일부이든가 그 지류였다. 황허 전체가 맑아지는 경우는 없었다. 더구나 1천 년에 한 번이므로, '하청(河淸), 기다리기 어렵다'는 말도 생겨났다. 하청은 있을 수 없는 현상이라고 여겼던 것이다.

아마도 영원히 맑아질 리 없는 황허를 두고 사람들은 황허가 맑아질 날을 상상했을 것이다. 다시 말해 성천자의 세상은 환상임을 말하고 있는 것인지도 모른다.

황허가 탁한 것은 황토가 섞인 채 빠르게 흐르기 때문이다. 표면을 보면 유유히 흐르지만 그 아래는 급류이다. 오래 전부터 이런 말이 있다.

황허의 물 1석一石, 진흙 6두六斗

황허는 진흙 강이다. 급류에서는 물고기가 진흙을 마셔 질식해 떠오르는 경우도 있다고 한다.

어쩌다 흐름이 멈추면 그 유역의 황허 물만 맑아지는 현상이 일어날 수도 있다. 사서에 종종 '하청(河淸)'이란 기록이 나오는데, 결코 그 지방 사람들이 허위 보고한 것은 아닐 것이다.

황허에서도 댐으로 막힌 부분은 결코 탁하지 않다. 현재 황허 최대의 댐은 란저우에서 가까운 류자샤 댐이다.

황허는 칭하이에서 간쑤성으로 들어가 란저우에 도달하기 조금 전, 지류인 타오허와 합류한다. 그 부근이 류자샤이며 거대한 댐이 만들어졌다. 흐름이 막힌 뒤 그곳 물은 그 전처럼 탁하지가 않다. 나는 1975년 그곳을 방문했고 9년 뒤 다시 찾았다. 첫 번째는 댐이 완공된 지 얼마 지나지 않은 시점이었다. 댐 건설 뒤 생긴 인공 호수의 길이는 거의 일본 비와코(琵琶湖:일본 최대의 호수. 길이 63.5킬로미터, 면적 673.9평방킬로미터—옮긴이)와 비슷하다. 다만 주변 토지와 산은 아직 물의 은혜를 충분히 받지 못해 황량했다. 그러나 9년 뒤 두 번째 방문했을 때는 녹음이 무성했다. 두 번 모두 8월 말에 방문했으니 계절과는 무관했다. 많은 사람들이 이를 '맑아진 황허'의 은혜라고 생각하고 있는지도 모른다.

황허에 합류하는 타오허는 양질의 벼루를 만들 수 있는 돌이 나는 곳으로도 유명하다. 녹색의 아름다운 돌로 이것으로 만든 벼루는 조석이라 불린다. 돤시의 벼루와 함께 명품으로 꼽힌다. 타오허는 물살이 빨라 강바닥의 돌을 채취하기가 매우 어려웠다. 따라서 희소 가치가 있었다. 그러나 댐이 완성되자 물 흐름이 느려져 채취 작업이 쉬워졌다고 한다. 더구나 요즘엔 폭약을 사용하기 때문에 돌 채취가 더욱 용이해졌다.

많이 채취하면 가격이 싸지지 않냐고 안내인에게 묻자, 그는 "물론 공급이 늘었지만, 동시에 수요도 늘었다"라고 했다. 과거 벼루를 사용할 수 있었던 계층은 극소수였다. 그러나 지금은 그렇지가 않다. 인구도 많이 늘었다. 일본의 서예 인구 역시 1백 년 전과 비교할 수 없을 정도이다. 이것은 맑아진 황허가 베푼 은혜의 아주 작은 예에 불과하다.

관개(灌漑)나 발전(發電) 외에 댐에서 물고기도 양식할 수 있다. 류자샤 댐에서 물고기 양식을 시작했을 때 우한(武漢)에서 치어(稚魚)를 가져왔다고 한다. 즉 창장의 물고기를 황허에 방류한 것이다. 생선 맛은 창장이 황허를 압도한다. 그것은 황허의 물고기가 진흙과 모래를 마시기 때문일 것이다.

잉어가 폭포를 거슬러올라가는 고사(故事)는 산시성(山西省) 황허 강변의 허진현(河津縣)에서 나온 것으로 알려져 있다. 그곳에 룽먼산(龍門山)이란 산이 있다. 룽먼삼급(龍門三級)이란 말이 있는데, 룽먼으로 이어지는 폭포가 3단으로 되어 있어 물고기가 웬만해선 거슬러 올라가지 못하지만, 일단 올라가면 용이 된다고 한다. 하지만 올라가지 못한 물고기는 떨어져 이마를 다친다. 이는 관리 등용 시험과 유사했다. 관리 등용 시험은 급제하기가 어렵다. 하지만 일단 급제하면 엘리트 코스를 달리게 되므로 용으로 비유할 수 있다. 중국어에 과거에서 낙방한 것을 점액(点額)이라 했는데, 이는 폭포 오르기에 실패한 물고기가 떨어져 이마를 다치는 데서 나온 말이다. 백거이의 시(詩)에 이런 표현이 있다.

　다섯 번 룽먼龍門에 점액点額해 돌아가는 것은
　오히려 재능이 많기 때문이다

황허의 물고기 맛이 떨어진다고들 하지만 그래도 고대부터 잉어와 방어는 맛이 좋기로 유명하다. '낙(洛)의 잉어와, 하(河)의 방어는 소나 양보다 귀하다'고 일컬어졌다.

뤄수이(洛水)는 황허의 지류이며, 그 북쪽에 있는 뤄양(洛陽)은 중국의 고도(古都)이다. 진(秦)의 셴양(咸陽)이나 한(漢)·당의 창안은 역시 황허의 지류인 웨이수이 부근이었다. 황허의 본류에 인접한 대도시는 상류의 란저우와 하류의 지난 정도로 그 수가 적다. 그것은 황허가 은혜를 베풀기도 하지만, 홍수가 발생하면 엄청난 피해를 주기 때문이었다. 어머니 같은 강이지만 너무 가까이 접근하기에는 무서운 존재이다. 그 지류 정도가 접근할 수 있는 한계선이었을 것이다.

황허의 물 천상에서 내려와
분류奔流해 바다에 도착해서는 돌아오지 않네

이것은 이백(李白)의 시 한 구절이다. 황허는 급류이지만 유유히 흐르는 곳도 있다. 그러나 가끔씩 보게 되는 범람이 사람들의 뇌리에 너무 깊게 새겨져 '분류(奔流:어지럽게 흐르다)'란 말이 황허의 이미지가 되었다. 사람들은 온갖 지혜를 짜내 이 분류를 막으려 했다. 사람들은 가족과 생활을 지키기 위해 지혜를 짜냈고, 그렇게 노력한 결과 황허 부근에서 문명이 일어났을 것이다.

중국에서는 인간을 포함해 우주에는 법칙이 있다고 여겨져왔다. 그 법칙에 따라 운영하는 것이 성인(聖人)의 일이다. 그렇다면 성인은 어떻게 그 법칙을 아는 것일까? 고대 중국인은 어머니처럼 위대한 황허가 계시한다고 믿었던 것 같다.

'하도낙서(河圖洛書)'의 전설이 이를 말해 준다. 신화 시대인 복희(伏義)의 시기에 황허에서 나타난 용마(龍馬)의 등에 그림이 있었다. 이것이 하도(河圖)이다. 복희는 이를 통해 8괘(八卦)를 만들었다고 한다. 낙서(洛書)는 하(夏) 왕조의 시조인 우왕 때 뤄수이에서 나온 신귀(神龜)의 등에 새겨진 문(文)이다. 우왕은 치수(治水)의 공으로 추대되어 천자에 오른다. 낙서는 그가 홍수를 다스릴 때 나타났다.

봉조鳳鳥 오지 않고, 하河 도圖를 내지 않는다.

춘추 난세를 목격한 공자가 한탄한 말이 『논어』「자한(子罕)」에 나온다.
봉황은 성천자 출현의 전조이며, 하도(河圖)는 성천자의 법칙을 말
한다. '하도낙서'의 전설은 황허 치수(治水) 과정에서 얻은 다양한 경
험과 지식을 상징하는 것이리라.
중국에서 영원한 문제인 황허야말로 모든 법칙의 원천이다. 법칙은
얻을 수 있는 것이 아니라 노력해서 만들어야 한다는 교훈을 담고 있
는 듯하다.
당 왕조의 수공(垂拱) 4년(688년) 측천무후는 당을 자신의 신 왕조
로 탈바꿈시키기 위해 이런 내용의 문자를 하얀 돌에 새기게 했다.

성모聖母가 사람으로 임해, 영원히 제국을 창성하게 한다.

그리곤 그 돌이 뤄수이(洛水)에서 나왔다며 보도(寶圖)라 부르게
했다. 성천자 출현의 서조(瑞兆)라고 일컬으며 뤄수이의 신에게 감사
하는 의식까지 치렀다. 이는 '하도낙서'의 전설을 이용한 것이지만 그
전설에 담긴 교훈은 망각한 행태였다.
황허는 이렇게 역사를 그 흐름 속에 안아왔고, 앞으로도 계속 중국
에 숙제를 던지며 흐를 것이다. 그것이 난제라면 때로는 기분을 바꾸
고 각도를 바꿔 황허를 바라보자. 왕지환(王之渙)도 이렇게 말했다.

태양은 산에 의해 끝나고 황허는 바다로 들어가 흐른다.
천리를 보는 눈을 얻고자 다시 오른 한 층의 누각

도교잡감(道敎雜感)

　중국에서 도사(道士)처럼 생긴 사람과 처음 만난 것은 1980년 4월 쓰촨의 어메이산(峨眉山) 보국사(報國寺)를 방문했을 때였다. 머리카락을 위로 묶고 비녀를 꽂았다. 경외감이 드는 어마어마한 도복을 입고 긴 지팡이를 짚으며 돌계단을 오르고 있었다. 현재 중국에서 이런 차림의 사람을 보기는 힘들다. 지나가던 사람들도 모두 그를 신기하게 쳐다본 것으로 미루어 평범한 모습은 아니었던 듯하다. 그 도사는 다소 기분 나쁜 듯했고 뭔가 중얼거리며 홀로 걷고 있었다. 한 행인이 뭐라고 묻자, 갑자기 큰 소리로 이렇게 대답했다. "도불(道佛) 일체!" 질문 내용을 정확히 알아듣지는 못했지만 아마도 왜 도사가 절에 있느냐고 물어봤던 것 같다. 우리를 안내하던 사람은 그 도사가 '조금 정신이 이상한 사람' 같다고 말했지만 정신 이상자 치고는 한 치의 빈틈도 없는 의관이었다.

　그 후로는 스님은 많이 만났으나 도사는 만나지 못했다. 이는 중국 대륙에서 도교가 불교에 비해 지위가 낮음을 말해 주는 듯하다.

　중국은 물론 세계 각국도 도교를 학문의 연구 대상으로 삼는 일은 매우 드물다. 반면 불교는 수많은 사람들이 연구하고 있다. 이유야 많겠으나 가장 근본적인 이유는 도교가 학문 차원에서는 연구하기 어렵기 때문이다. 그 명칭 속에는 극도로 다양한 요소가 포함되어 있다.

　존 브로펠트의 『도교의 신비와 마술』이란 책에도 1949년 중화인민

공화국 성립 이후, 도관(道觀:도교의 사찰)의 수는 과거에 비해 급감했고, 1911년 청조 멸망 이후 천사(天師)의 권력이 매년 쇠퇴했다는 내용이 나온다. 20세기 들어 도교의 수난이 시작되었다는 말인데, 이는 중국 정부가 근대화를 추진하는 과정에서 도교의 미신적 부분이 근대화에 방해가 된다고 보고 배척했기 때문이다.

도교가 노장(老莊)의 철학이기 때문이기도 하다. 도교를 노자(老子)나 장자(莊子)와 동일시하는 견해가 있다. 노장과 도교는 완전히 별개의 것이라는 설도 유력하지만, 적어도 도교 쪽에서는 노자나 장자와 연결 고리를 만들어 노장을 간판으로 삼으려 해왔다. 도교가 학문 연구의 대상으로 다뤄지는 경우는 드문데, 노장이 도교의 한 요소라면 이 요소만은 예외적으로 연구가 잘 이루어진 편이다.

도교에는 유(儒)의 요소도 있다. 유(儒)는 윤리이며, 그것도 정치 윤리 색채가 농후하다. 수신제가(修身齊家)는 바로 치국평천하(治國平天下)를 위해서이다. 태평천하를 누리는 것이야말로 도가(道家)가 추구하는 것이기 때문에, 유(儒)가 도교의 한 요소가 될 수 있는 것이다. 또 유(儒)는 적극적으로 행동할 것을 강조하고 실천적 성격을 갖는다. 도가는 장수하기 위해 다양한 술(術)을 행하고, 선약(仙藥)을 만들려 한다. 이 적극성과 실천성에서 도(道)와 유(儒)는 연결된다. 노장은 무위자연(無爲自然)을 중시한다. 안달하거나 아등바등거리는 것을 꺼린다. 노장은 술(術)을 멀리하지 않았다.

선약을 만드는 것을 연단(鍊丹)이라 한다. 불로불사의 약을 얻기 위해 온갖 실험을 했을 것이다. 그것은 화학이었다. 기(氣)를 존중하고 우주의 기를 고찰하며, 천체의 운행을 연구했는데 이는 다시 기상학과 천문학에 해당한다. 도교에 과학적 요소가 있음을 결코 부정할 수 없다.

도교에서는 장수를 위해 체조를 하는데, 여기에는 위생보건적 요소가 깃들어 있다. 근대화를 추구하는 정권도 체조까지 배제하지는 않았다. 요즘에도 중국에서는 기공(氣功) 혹은 태극권 같은 건신술(健身術) 입문서가 많으며, 도교가 쇠퇴하기 이전보다 오히려 성황을 이루는 듯하다. 표면적으로 드러나지는 않지만 방중술(房中術)도 상당히 부활해 있다고 한다.

　도교에는 불교적 요소도 있다. 장릉(張陵, 혹은 장도릉張道陵)은 조조에 항복하고, 진남(鎭南) 장군, 낭중후(閬中侯)에 봉해진 장로(張魯)의 할아버지에 해당한다. 후한 말 불교가 중국에 보급되기 시작했을 무렵 그는 도교의 지도자였다. 그의 교단은 오두미도(五斗米道)라 불렸다. 『삼국지』에는 의사(義舍:무료 숙박업소)를 만들거나 여행자들에게 쌀과 고기를 제공했다는 기록이 있다. 불교 교단에 의한 자선 복지 사업을 모방했다는 설이 있다. 불교란 명칭이 아직 일반화되기 이전 'Buddha'의 음에서 따와 '부도(浮屠)'를 불교의 종교명으로 사용했는데, 그 중에는 도교(道敎)란 명칭을 불교에 사용한 예도 발견된다. 남북조 때에는 윤회, 삼세인과응보설(三世因果應報說) 같은 불교 경전의 사상이 도교로 흘러들어갔다.

　이렇게 살펴보면 도교란 도대체 무엇인지 의문이 일게 된다. 아무래도 중국 문화 그 자체가 도교란 말로 표현되고 있다는 느낌을 받게 된다. 그렇게 복잡다난한 것 속에 모순과 혼동이 있기에 완전한 모습을 파악할 수 없었던 것이다. 완벽하게 파악할 수 없는 것을 이해하는 방법 중 하나가 바로 몸으로 부딪치는 것이다. 존 브로펠트가 바로 그 방법을 사용하고 있다. 그가 그의 책에서 언급하고 있는 내용은 1930년대 중국의 모습으로 그가 실제 접한 도교의 주변에 대해 기술하고 있다.

　존 브로펠트는 1913년 생으로 열여덟 살 때 영국 캠브리지에서 공부했다. 2년 뒤 중국으로 건너와 7년간 중국 곳곳을 돌아다녔고 종종 사원이나 도관(도교의 사찰)에서 숙박했다고 한다. 브로펠트는 스스로 '히피의 원조'라고 묘사한다. 중국을 방랑하던 시기는 1933~1939년 이다. 중국과 일본이 치열한 전쟁을 벌이던 시기였다. 브로펠트는 1939년 런던으로 돌아가 '스쿨 오브 오리엔탈 스터디스'에서 배운다. 이 경력은 주목할 만하다. 동양학을 전공한 뒤 현지에서 연구한 것이 아니었다. 그는 먼저 히피처럼 중국 대륙을 방랑한 뒤 학부에 돌아가 동양학을 공부했다. 이러한 순서는 이례적이지만 이례적인 것에는 나름의 장점이 있고, 그의 『도교의 신비와 마술』이란 책에도 그러한 장점이 곳곳에 드러나 있다.

정규 학술 연구를 시작한 그는 한 가지 테마에 도전할 때마다 방랑 시절의 다양한 장면이 머리에 떠올랐고, 그것이 강렬한 조명 역할을 하며 연구의 길잡이가 되었음에 틀림없다.

나는 매년 중국을 방문해 각지를 여행하는데 종종 브로펠트와 흡사한 경험을 하곤 한다. 사전에 조사한 뒤 현지를 방문할 경우 예비 지식 때문에 처음 접하는 데서 오는 충격이 약해지는 듯했다.

어메이산 보국사에서의 도사와의 만남은 예상치 못한 일이었기 때문에 선명한 인상으로 남았다. 개인적으로 도교에 대한 관심이 그 만남으로 인해 상당히 커졌다.

어메이산은 과거 도교의 거점으로 도교 사찰들이 적지 않았다. 그것이 당 왕조 때 불교로 대체된다. 그 이후 보현보살(普賢菩薩)의 영장(靈場)으로서 완전히 불교의 산이 된다. 불교로 대체된 정확한 이유는 알 수 없다.

당 왕조 시절 도교는 황실로부터 우대받았다. 당의 황실은 이씨 성이며, 당은 도교에서는 신격화된 노자(노자 역시 이씨이다)의 후예를 자칭하고 있었다. 같은 성씨라는 이유로 궁중 의식에서는 도선승후(道先僧後)가 원칙이었고, 도교의 자리가 불교 위에 마련되어 있었다.

그러나 당 왕조는 불교의 흥성기이며 현장삼장(玄奘三藏)을 비롯해 인재가 많았다. 그들의 불교 연구는 심오했고 도교는 이론 투쟁에서 불교를 꺾을 수 없었다. 어쩌다 우대받은 도교가 도를 닦는 데 게을렀던 반면 불교는 땀흘리며 교세를 확장했다고 봐도 좋을 것이다. 다른 시대도 아닌 당 왕조 때 어메이산의 주도권이 도교에서 불교로 옮겨간 것은 그러한 배경이 있었기 때문일 것이다.

당 현종 시절 공식적으로 5악(五嶽)을 도교의 영장(靈場)으로 인정했다. 어메이산은 오악에 포함되지 않았고 그래서 도교 세력이 어메이산에서 철수되었는지도 모른다. 5악은 각각 타이산(泰山)·헝산(衡山)·화산(華山)·헝산(恒山)·쑹산(嵩山)에 있었다. 당 시절 5악에 진군사(眞君祠)가 세워졌는데, 그 중 타이산이 필두로 여겨졌다.

내가 타이산에 오른 것은 쓰촨의 어메이산에 올랐던 해의 일이다. 정확히 말하자면 그날은 어메이산에 올라 16일째 되는 1980년 5월 11일이었다. 음력로는 3월 28일로 타이산 묘회(廟會)가 열리는 날이어서 다소 인파가 많았다. 야외에 작은 연극 무대가 만들어졌고, 노천 시장이 타이산 일대에 들어섰다. 활기 넘치는 분위기는 있었으나 묘하게도 도교적 분위기는 풍기지 않았다. 산 정상 부근 벽하궁(碧霞宮)에 도착해서야 비로소 도교다운 분위기가 감돌았다.

타이산은 원래 인간의 선악을 엄중히 살피는 동악대제(東嶽大帝)를 제사지내는 장소였다. 그러나 언제부턴가 벽하원군(碧霞元君)이란 여신을 제사지내는 벽하궁이 주신(主神)처럼 되었다. 타이산 묘회는 바로 벽하원군의 탄생 기념일이다. 이 신은 천선낭낭(天仙娘娘)이라 불리며, 아들을 낳게 해주는 영력(靈力)이 있다고 한다. 아들이 없는 사람들의 절박한 심정이 벽하원군을 격상시켰고 마침내 동악대제보다 높은 신으로 만들었다. 이같이 도교는 인간의 원망과 밀접한 부분이 있다.

5악 신앙은 태고 적 자연 숭배에서 나왔을 것이다. 이는 5악에 국한된 것이 아니다. 의인 백이(伯夷)와 숙제(叔齊)가 서우양산(首陽山)에 들어가 고사리만 먹다가 굶어죽었다는 얘기도 산악 신앙과 관련 있을 것이다.

도교를 대표하는 시인은 역시 당의 이백이다. 그의 자(字)는 태백이었고, 태백은 바로 금성(金星)의 별칭이다. 성신(星辰)은 도교와 깊은 관계가 있고, 태(太) 역시 도교에서 즐겨쓰는 표현이다. 『장자』는 만유(萬有), 즉 우주의 근원적인 기(氣)를 태일(太一)이라고 표현했다. 태일이 바로 도(道)이다. 『사기』 봉선서(封禪書)에 태일은 '천신(天神)의 귀한 자'라고 기록되어 있다.

시안시(西安市) 서쪽 약 1백5십 킬로미터 지점에 타이바이산(太白山)이 있다. 친링(秦嶺) 산맥의 최고봉으로 해발 3,767미터인데 난톈먼(南天門)·싼칭츠(三淸池)·위황츠(玉皇池)·바셴타이(拔仙臺) 등 산의 지명도 도교적이다. 이 산을 노래한 이백의 「고풍(古風)」은 그의 작품 중 가장 도교적이다. 이 시는 고래로 중국인이 5정(희喜·노怒·애哀·락樂·원怨)이 뜨거워졌을 때 얼마나 강렬한 도교적 무드에 휩싸이는지 잘 보여주고 있다.

> 푸르른 태백이여
> 허다한 별들이 태백의 상공에 줄지어 있네
> 산의 정상에서 하늘까지는 불과 3백 리
> 세상과는 멀리 떨어져 있네
> 산속에 녹색 머리의 노인이 살고 있네
> 구름을 덮고, 눈 쌓인 소나무를 침상으로 삼고 있네
> 웃지도 않고 말도 하지 않으며, 동굴 속에 은둔하고 있네
> 나는 선인仙人을 만나러와 공손히 인사한 뒤 영생의 비결을 묻는다

선인은 구슬 같은 이를 보이며 웃고는

선약仙藥의 비법을 알려주었다네

그의 말 한 마디 한 마디 뼈에 새기고 있는데

돌연 노인은 번개처럼 사라져버렸네

서둘러 하늘을 올려봤으나 더 이상 좇아갈 수 없었네

그때 갑자기 5정五情이 뜨겁게 일었네

이제 앞으로는 단사丹砂 만드는 일에 전념하며

영원히 세상 사람들과 이별하려 하네

　산속에서 선인(仙人)을 만나 보결(寶訣:보물처럼 귀한 처생의 비결)을 받는 것이 인간의 소망이다. 여기서는 불로불사의 선약을 만드는 비법을 전수받는 순간 선인은 사라졌다고 되어 있다. 그런 것이 영감(靈感)이며 선인은 그 계기에 불과하다. 보결을 받은 뒤 그 주변을 어슬렁거리지 않는다. 위를 올려다봐도 더 이상 선인의 모습을 찾을 수 없다. 그러나 보결은 뼈에 새겨 이해했다. 깨달음을 얻은 희열인 것이다. 모든 감정이 최고조에 달한다. 누구나 이 순간을 원했고 도교는 그 원망(願望)에 나름대로 응답해 준 것이다.

　노장의 심원한 철학에서 현세 이익의 효능서(效能書)까지 도교에 모두 포함되어 있다. 높은 수준까지 도달한 사람에게는 심연(深淵)의 목소리로 대답해 준다. 그것이 도교일 것이다. 사람에 따라 다를 뿐 아니라 시대에 따라서도 다양한 모습을 보여주었다.

　존 브로펠트는 런던에서 동양학을 1년 정도 배운 뒤 군대에 들어갔다. 2차 대전 중 영국은 그 같은 청년이 상아탑에만 머무르는 것을 허용하지 않았다. 그는 육군대위가 되었고, 태평양 전쟁 발발 직후인 1942년 주중(駐中) 영국대사관의 문화담당으로 충칭(重慶)에 부임해 전쟁이 끝날 때까지 중국에 머물렀다. 종전 뒤 다시 캠브리지대학에 돌아가 1947년에 문학석사 학위를 받았다. 당시까지의 경력도 이색적이다. 그는 20대에 히피처럼 중국 각지를 방랑했고, 30대에 대사관 직원으로서 전쟁 중인 중국에 있었다. 충칭은 쓰촨에 있고, 도교적 분위기가 농후한 지역이었다. 그는 어느 정도 세월이 흐른 뒤 중국을 다른 눈으로 볼 수 있는 능력을 가진 인물이 되었다. 그 사이 많은 시간이 흘렀고 과거에 비해 지식도 꽤 축적되어 있었다. 소년 시절부터 브로펠트는 중국 문화에 끌렸는데, 점차 관심이 티베트 쪽으로 기울게 된다.

브로펠트는 신비주의적 성향을 갖고 있었던 듯하다. 티베트는 불교 중에서도 밀교적 흐름이 강하다. 중국 문화를 내포하고 있는 도교는 가치의 유무를 떠나서 신비주의적 무드가 있다.

도교의 이해는 중국 문화를 이해하는 데 필요불가결한 것임에도 불구하고 중국뿐 아니라 일본에서도 학문의 대상이 되는 경우가 매우 드물다. 반면 마스페로를 낳은 프랑스, 유럽 쪽에서는 상당한 업적이 있다. 아마도 중국에 기독교를 포교하기 위해 중국 문화 중에서도 특히 종교를 연구할 필요가 있었을 것이다.

중국의 도교는 매우 커다란 테마이며, 지금까지 이상으로 깊게 연구해야 함은 물론이고 다른 각도에서 조명해 볼 필요가 있다.

진순신(陳舜臣) 중국 라이브러리

중국 오천년 2

초판1쇄 발행일 2002년 2월 14일
초판2쇄 발행일 2002년 4월 10일

지은이 / 진순신
옮긴이 / 이혁재
펴낸이 / 정효섭

편집 / 승병철 · 우지은 · 이화진
디자인 / 정현석 · 이혜준

펴낸곳 / 다락원
출판등록 / 1977. 9. 16. 제1-126호
주소 / 서울시 종로구 송월동 141 다락원B/D
전화 / (02)736-2031   팩스 / (02)732-2037

값 9,000원
ISBN 89-7255-386-7 04910
ISBN 89-7255-384-0 (전2권)

＊잘못된 책은 바꿔 드립니다.

http://www.darakwon.co.kr

다락원 홈페이지를 통해 인터넷 주문을 하시면 자세한
어학 정보와 함께 주문 주소에서 책을 받아보시게 됩니다.